新编《中华人民共和国监察法》 理解与适用

马怀德　主编

施鹏鹏　吴建雄　副主编

人民出版社

作者简介

1. 马怀德,男,1965 年 10 月生,青海循化人,现任中国政法大学校长,第十四届全国政协委员,兼任中国法学会副会长、中国人权研究会副会长、中国纪检监察协会副会长、中国法学会行政法学研究会会长,最高人民法院特邀咨询员,最高人民检察院专家咨询委员,国务院学位委员会法学学科、纪检监察学科评议组召集人。直接参与《国家赔偿法》《立法法》《监察法》《行政许可法》等多部法律的起草工作。荣获第四届"全国十大杰出青年法学家"称号;入选中宣部文化名家暨"四个一批"人才和国家"万人计划"哲学社会科学领军人才。

2. 曹鎏,女,1983 年 3 月生,辽宁丹东人,现任中国政法大学法治政府研究院副院长、教授、博士生导师,兼任国家监察与反腐败研究中心主任。入选国家高层次人才特殊支持计划,北京高等学校卓越青年科学家计划等。兼任中国法学会行政法学研究会行政复议专业委员会执行主任、中国廉政法制研究会副秘书长、北京市监察法学研究会副会长等。多省市党委、政府法律顾问,多省市行政复议委员会委员等。著有《我国行政官员问责的法治化研究》《中国特色行政复议制度的嬗变与演进》等,参编《当代中国行政法》《监察法学》等二十余部著作教材。参与《行政处罚法》《行政复议法》多部法律法规制定和修订。在《中国法学》等杂志发表论文六十余篇,其中多篇文章被《新华文摘》《高等学校文科学术文摘》《社会科学文摘》《人大复印资料》等转载。教育部哲学社会科学研究重大课题攻关项目首席专家。主持国家社科基金、中国法学会重点项目、司法部国家法治与法学理论研究项目等七十余项课题研究。

3. 褚宸舸,西北政法大学行政法学院(纪检监察学院)教授、博士生导师,校监察法学学科带头人、硕士生导师组组长、纪检监察教研室主任,陕西高校廉洁文化研究中心副主任,枫桥经验与社会治理研究院执行院长。主要研究纪检监察学、宪法学、平安建设与社会治理、禁毒法学。西北政法学院法学学士、西南政法大学法学双硕士、浙江大学法学博士。兼任中国法学会宪法学、立法学、廉政法制三个研究会的理事,陕西省人大常委会立法、社会建设、监察和司法工作咨询专家。曾获全国禁毒工作先进个人、陕西省优秀中青年法学家、社会治安综合治理先进工作者等荣誉。主持完成两项国家级课题、六个省部级课题,出版独著专著四部,入选 2024 中国知网高被引学者 Top1% 名单。

4. 封利强,男,1973 年 11 月生,河北平山人,现任华东政法大学纪检监察学院教授、博士生导师,监察法治研究中心主任。兼任中国刑事诉讼法学研究会常务理事,中国廉政法制研究会常务理事,浙江省法学会监察法学研究会会长,浙江省纪委监委特约研究员,最高人民检察院重罪检察证据分析研究基地浙江分基地专家。2020 年获评"浙江省突出贡献中青年法学专家"。学术专长为刑事诉讼法、证据法、监察法和廉政建设。出版专著五部,在《法学研究》《中国法学》等发表论文四十余篇,主持完成十个国家及省部级项目。

5. 吴建雄,男,1954 年 12 月生,湖南常德人,现任湘潭大学纪检监察研究院院长、教授、博士生导师,中国反腐败司法研究中心主任、湖南省法学会法治反腐研究会会长、全国检察业务专家。曾任湖南省检察院研究室主任、检委会委员、检察长助理、二级高级检察官、最高人民检察院政治部宣传部副部长等职。中宣部"2010、2011 理论热点面对面"反腐败专题起草人。主持"中国特色社会主义国家监察制度研究"等国家重大项目、特别委托项目四项、省部级重大重点项目十三项,出版相关著作(教材)二十一部;在《求是》《人民日报》《光明日报》《中国法学》《中央党校学报》等报刊发表学术文章 200 余篇。先后获省部级特等奖一次、一等奖四次。

6. 施鹏鹏,男,1980 年 6 月生,福建晋江人,现任中国政法大学纪检监察学院教授、博士生导师,纪检监察学院副院长。曾任最高人民检察院二厅副厅长(挂职,2021年),最高人民法院访修学者(2017年)。中、法法学双料博士,可应用英、法、德、意、西、荷、葡、俄等多门语言从事学术研究,学术专长为纪检监察学、司法制度、刑事诉讼法、证据法和比较法。自2004年起在海内外出版专著、译著七部,在《法学研究》《中国法学》等发表论文和译文百余篇,主持及主研近十个国家及省部级项目。

7. 张红哲,男,1986年10月生,河南周口人,现任中国政法大学纪检监察学院副教授、法学博士,兼任中国纪检监察协会学科建设分会副秘书长。主要从事纪检监察、行政法等方面的研究。在《中外法学》《人民日报》等报刊发表学术论文十余篇,参编新时代马工程《监察法学概论》等教材四部。主持和参与国家社科基金项目、司法部法治建设与法学理论研究项目等省部级课题十余项。获北京市教学成果二等奖,为教育部哲学社会科学"中国纪检监察学自主知识体系构建创新团队"创新团队核心成员。

8. 夏伟,男,1992年10月生,安徽合肥人,现任中国政法大学刑事司法学院副教授、博士生导师,中国政法大学青年拔尖人才。北京高校青年教师创新教研工作室研究员、四川省教育厅专家智库首批专家成员。主持或参与国家社科基金项目及其他省部级以上项目十三项。在《中国法学》等发表论文、评论文章五十余篇,出版学术专著、编著、合著十一部,获得第九届董必武青年法学研究成果奖。

9. 喻少如,男,1968年10月生,湖北孝感人,现任西南政法大学行政法学院(纪检监察学院)教授、博士生导师、博士后合作导师,行政法学院(纪检监察学院)党委副书记、院长。教育部哲学社会科学研究重大课题攻关项目"全面依法治国视域下司法行政职能定位及作用发挥问题研究"(20JZD021)首席专家,入选2021年重庆英才计划(教育领域)创新领军人才。兼任中国法学会行政法学研究会理事,中国法学会立法学研究会理事,重庆市法学会理事,重庆市人民政府行政复议委员会特邀委员,重庆市人民检察院第一届民事行政检察专家咨询委员会委员。东南大学教育立法研究基地、武汉大学行政检察研究基地等兼职研究员。主要从事行政法与行政诉讼法、司法行政、纪检监察学等领域的教学与研究工作。出版《行政给付制度研究》《公民文化权的宪法保护研究——以国家义务为视角》《纪检监察学原论》等学术著作十部,发表学术论文八十余篇,主持国家社会科学基金课题、教育部人文社会科学基金课题等各类项目二十余项。

10. 林华,男,1984 年 6 月生,浙江瑞安人,中国政法大学教授、博士生导师,习近平法治思想研究院副院长,入选国家高层次人才特殊支持计划青年拔尖人才、北京市高层次人才计划青年英才。在《中国法学》《中国图书馆学报》等权威或者核心期刊上发表论文、译文五十余篇,主持国家社科基金课题、国家高端智库课题、北京社科基金课题以及中央政法委、教育部、财政部等部委委托的课题十余项。

11. 张瑜,女,1980 年 7 月生,四川荣县人,现任教育部教育技术与资源发展中心处长,中国政法大学国家监察与反腐败研究中心研究员。曾任西南交通大学纪委办公室副主任,借调在中央纪委党风政风监督室(2019 年)工作。学术专长为纪检监察学、党内法规、青少年法治教育。出版三部专著,主编两部、参编多部政策法规研究、释义著作。在《学习时报》《国家教育行政学院学报》等发表论文二十余篇,主持及主研近十个国家及省部级项目。

12. 宗婷婷,女,1989 年 5 月生,河南濮阳人,现任中国政法大学纪检监察学院副教授、硕士生导师,监察法学研究所副所长。一直从事行政法学交叉学科研究、监察法学研究。在《中共中央党校学报》《行政法学研究》《国家教育行政学院学报》等国内及国外期刊上独著或合作发表了十几篇论文,实际参与了多部行政法学、监察法学及相关领域教材的编写工作。主持了五项国家级、省部级纵向课题及校级课题,参与了包括国家重大社科基金、北京市重点社科基金、国家部委和中央及地方纪委监委等单位委托的二十余项纵向和横向课题的研究。

目　录

序

2024 年 12 月 25 日,第十四届全国人民代表大会常务委员会第十三次会议通过了《关于修改〈中华人民共和国监察法〉的决定》,修改后的《中华人民共和国监察法》(以下简称《监察法》)将自 2025 年 6 月 1 日起正式施行。这是《监察法》自 2018 年颁布以来的首次修订,内容涉及总则、监察组织制度、监察措施及程序、反腐败国际合作以及监察机关自身建设等各个方面,意义重大。此次修法旨在深入贯彻党的二十大和二十届三中全会决策部署,巩固拓展国家监察体制改革成果,解决新形势下监察工作中突出问题,并进一步推进监察工作规范化、法治化、正规化。《监察法》的修改和完善,是实现纪检监察工作高质量发展、推动全面建设社会主义现代化国家的重要保证。

此次《监察法》修改后主要有如下七个方面的变化:

第一,立法目的更加体系化。此次修法将"深入开展廉政建设和反腐败工作"确立为首要立法目的,将原本位于立法目的句首的"深化国家监察体制改革"修改为"持续深化国家监察体制改革",并置于"加强对所有行使公权力的公职人员的监督,实现国家监察全面覆盖"之后、"推进国家治理体系和治理能力现代化"之前。由此,这四层立法目的呈现层层递进的关系,从具体的"廉政建设和反腐败工作"到更高层次的"公权力监督",再到作为监督体系顶层设计之一的"监察体制改革",乃至整个国家层面上的"治理体系和治理能力现代化",构成了一个环环相扣、逻辑周延的目标体系。

第二,监察工作原则更加体现法治理念。此次修订在第五条有关"国家监察工作基本原则"的规定中增写了"遵守法定程序,公正履行职责""尊重和保障人权",并将"保障当事人的合法权益"修改为"保障监察对象及相关人员的合法权益",充分体现了以法治思维和法治方式反腐的基本理念。"遵守法定程序"原则是程序正义在监察法领域的集中体现,要求监察机关在工作中进一步增强程序意识,严格依法定程序公正履职;"尊重与保障人权"原则是《宪法》第三十三条在《监察法》中的贯彻和体现,着重强调监察工作中树立人权保障理念的重要性。与此修改相呼应的是,《监察法》第四十三条专门增加一款,规定了监察机关履职过程中对企业产权和自主经营权的保护以及对企业经营者人身、财产等合法权益的保护,体现了"尊重与保障人权"原则在监察程序中的具体要求。

第三,监察派驻制度更加有利于实现监察有效覆盖。此次修法新增了监察再派出制度,允许国家监委派驻垂管系统中央一级单位的监察机构向其驻在单位的下一级单位再派出。这一修改主要源于近年来派驻监督的实践探索,旨在解决垂管系统中因监察对象数量多、地域分散导致的监察监督不足问题。再派出制度的建立有利于监察权向下延伸,进而实现监察监督的全面有效覆盖。

第四,监察措施体系更加健全。此次修法新增了强制到案、责令候查和管护三项强制措施,与原有的留置措施共同构成了一套强度层次分明、功能相互衔接的监察强制措施体系,解决了以往监察强制措施单一、无法满足监察办案需求的问题。强制到案措施是对被调查人进行短暂的人身强制,使其配合调查;责令候查措施是对不必要或不适宜留置的被调查人课以一定的限制性义务,属于非羁押性强制措施,对人身自由的干预程度远小于留置;管护措施是针对未被留置但存在逃跑、自杀等重大安全风险的涉嫌严重职务违法或者职务犯罪人员进行短暂的人身自由剥夺,其与留置一样在留置场所执行,但时限最长为7—10日,远比留置期限短。可见,此次新增的三项强制措施在强度上小于留置,并可以分别承担不同程度的保障监察程序顺利进行的功能。这样层次化的制度设计体现了比例原则的要求,也是对总则中"尊重和保障人权"基本原则的有效贯彻,有利于监察机关更加精准、审慎地适用留置,进一步提升监察工作的规范化、法治化、正规化程度。

第五,监察程序更加符合办案实际。此次修法主要修改了留置的期限规定,在原有的期限规定基础上,允许特定的重大职务犯罪案件可以再延长两个月的留置期限以及在发现被调查人另有重要罪行时可以重新计算一次留置期限,由此解决实践中一些重大复杂的职务犯罪案件留置期限紧张的问题,同时也实现了严重职务违法案件和职务犯罪案件法定留置期限的区分,使得留置期限的设置更加符合比例原则的精神。对于新增的三项强制措施,监察法也相应规定了措施的审批制度和适用期限,并且配套建立了强制措施变更制度,赋予有关人员申请变更监察强制措施的权利。此外,修改后的《监察法》还明确公安机关负责省级以下监察机关留置场所的看护勤务,对留置看护队伍的组建作出原则规定,进一步提升了留置措施执行的规范化程度;《监察法》新增第五十一条规定了审理工作的总体要求,确立了"依法审理"和"全面审理"两项原则,更加有利于审理程序发挥审核把关和监督制约作用。

第六,反腐败国际合作职责更加充实。此次修法补充完善了《监察法》第五十八条关于国家监察委员会在反腐败国际合作方面的职责,进一步明确了反腐败国际合作的主体,并增加了"遣返""联合调查""调查取证"三项具体的反腐败国际合作内容,为国家监察委员会及有关单位未来开展范围更广、程度更深的反腐败国际合作指引了方向。

第七,对监察机关及其人员的监督更加严格。此次修法在《监察法》第六十二条、六十四条分别增加了特约监察员监督制度和监察人员禁闭制度,并结合新增的三项监察强制措施,完善了对监察机关及其人员违法办案的申诉制度和责任追究规定。监察机关聘请特约监察员并由特约监察员对监察机关及其工作人员履职进行监督,在一定程度上能够提升监察工作的透明度,促进监察机关的规范化法治化正规化建设。监察人员禁闭制度是指针对涉嫌严重职务违法或者职务犯罪的监察人员,可以经审批对其采取禁闭措施,以防止造成更为严重的后果或者恶劣影响。新增这一措施旨在及时遏制监察人员的职务违法犯罪行为,确保监察工作的公正廉洁,这是完善监察机关自我监督机制的一项重要举措。在对监察机关及其人员的申诉制度和责任追究规定中新增有关采取强制到案、责令候查、管护等强制措施不当或违规的情形,是配合新增监察强制措施的体系性修改,有助于监察机关及其工作人员更加合法、公正、精准地适用这些监察措施。

为了便于读者了解此次《监察法》修改的重要变化,学习领会修改后《监察法》的条文体系和核心要义,我们组织编写了《新编〈中华人民共和国监察法〉理解与适用》一书。本书编写分工如下:

第一章　总则　曹鎏

第二章　监察机关及其职责　褚宸舸

第三章　监察范围和管辖　封利强

第四章　监察权限　封利强　吴建雄　施鹏鹏　张红哲

第五章　监察程序　夏伟　封利强　喻少如

第六章　反腐败国际合作　林华

第七章　对监察机关和监察人员的监督　张瑜

第八章　法律责任　宗婷婷

第九章　附则　宗婷婷

全书由马怀德、施鹏鹏统稿。

因时间仓促,本书难免有疏漏和错误,敬请读者谅解。

中国政法大学校长、教授

中国纪检监察协会副会长

国务院学位委员会纪检监察学科评议组召集人　马怀德

2025 年 1 月 3 日

第一章　总　则

　　法律总则在法律文本中具有基础性与纲领性的特性,明确立法的目的、理念和精神,为法律的实施提供指导思想和框架,在文本中起到统领性的作用。《中华人民共和国监察法》(以下简称《监察法》)总则共有六个条款,分别规定了《监察法》的立法目的和立法依据、监察工作的领导体制和指导思想、监察委员会的性质和职责、监察委员会依法独立行使监察权、国家监察工作的基本原则与基本方针等内容。本次修改(2024年12月25日十四届全国人大常委会第十三次会议修改《中华人民共和国监察法》,下同)在总则部分进行了多项完善,进一步明确了廉政建设和反腐败工作的新要求。首先,第一条关于立法目的的规定中,将首要立法目的"深化国家监察体制改革"调整为"深入开展廉政建设和反腐败工作,持续深化国家监察体制改革",更加突出廉政建设的重要性,并将开展反腐败工作提至首要目的,明确了《监察法》的时代任务和实际需求。其次,细化和完善了第五条关于国家监察工作的基本原则。原条款强调了"以事实为根据、以法律为准绳"的基本要求,以及"权责对等,严格监督"和"惩戒与教育相结合,宽严相济"等原则。修改后的条款新增了"遵守法定程序,公正履行职责"和"尊重和保障人权"的内容,并在"保障当事人的合法权益"基础上进一步明确为"保障监察对象及相关人员的合法权益",体现了监察工作的规范化、法治化和正规化导向。通过以上修订,《监察法》总则强化了国家监察工作的法治精神与制度保障,为监察工作推进国家治理体系和治理能力现代化提供更加有力的支持。

第一条 【立法目的和立法依据】

为了深入开展廉政建设和反腐败工作,加强对所有行使公权力的公职人员的监督,实现国家监察全面覆盖,持续深化国家监察体制改革,推进国家治理体系和治理能力现代化,根据宪法,制定本法。

【理解与适用】

本条是对《监察法》的立法目的和立法依据的规定。《监察法》原本规定的立法目的有四:一是深化国家监察体制改革;二是加强对所有行使公权力的公职人员的监督,实现国家监察全面覆盖;三是深入开展反腐败工作;四是推进国家治理体系和治理能力现代化。本次修改对立法目的表述进行调整,将首要立法目的调整为"深入开展廉政建设和反腐败工作",进一步明确了《监察法》的立法宗旨,为新征程《监察法》的适用指明新的方向。本次修改《监察法》,共用五句话表述,包含四层目的内涵,分别是深入开展廉政建设和反腐败工作;加强对所有行使公权力的公职人员的监督,实现国家监察全面覆盖;持续深化国家监察体制改革;推进国家治理体系和治理能力现代化。四个目的内涵层层递进,构成一个具有整体性且逻辑关系严密的目标体系。本条款规定的立法目的在《监察法》的各章节和具体规定中都有明显体现,《监察法》具体规范和制度的设计也紧紧围绕立法目的予以展开。

宪法作为国家的根本法,具有最高的法律效力。《宪法》第一百二十三条至一百二十七条对监察机关、监察权等监察事项作出了明确规定,在根本法层面上创设监察权、确定监察委员会的性质与地位,为《监察法》的制定提供了宪法依据。

一、《监察法》的立法目的

第一,深入开展廉政建设和反腐败工作。《监察法》实施以来,我国开展了史无前例的反腐败斗争,不敢腐、不能腐、不想腐一体推进,"打虎""拍蝇""猎狐"多管齐下,反腐败斗争取得压倒性胜利并得到全面巩固。但应当深刻认识到,党风廉政建设和反腐败斗争存在长期性、复杂性、艰巨性的特性,全面从严治党虽取得了显著成效,但还远未到大功告成的时候。当前的反腐败斗争形势依然严峻复杂,遏制增量、清除存量的任务依然艰巨。党的二十大报告提出"反腐败是最彻底的自我革命"的重大命题;党的二十届三中全会提出"完善一体推进不敢腐、不能腐、不想腐工作机制,着力铲除腐败滋生的土壤和条件"。本次修改将《监察法》首要立法目的修改为"深入开展廉政建设和反腐败工作",对此修改的理解必须在一体推进"三不腐"的腐败治理现代化背景下进行考量。①

廉政建设和反腐败斗争是中国共产党进行自身建设的两个方面。第一,深化监察体制改革,首先就是要将廉政体制建设起来,并将根本性、全局性、稳定性、长期性作为廉政建设的根本性要求。廉政建设体现"标本兼治,综合治理"的反腐败斗争方针,包括思想道德和党纪国法两道防线。反腐败不仅要"治标",同现存的腐败现象进行坚决的斗争;更要注重"治本",铲除腐败赖以滋生的土壤。第二,从政治实践来看,无论是"深化国家监察体制改革"还是"加强对所有行使公权力的公职人员的监督,实现国家监察全面覆盖",目的都是为了深入开展和全面推进反腐败。② 监察法的实质就是反腐败立法。将"深入开展廉政建设和反腐败工作"调整为《监察法》的首要立法目的,意味着在腐败治理新发展阶段,必须深化标本兼治、系统治理,构建集中统一、权威高效的反腐败体制、机制,提高反腐败效能。本次修改在第二十一条新增强制到案措施,解决监察实践中被调查人经通知不到案的问题,增强监察执法权威性,是立法目的中"深入开展廉政建设和反腐败工作"的具体体现。

---

① 参见曹鎏:《推进反腐败国家立法的实现路径研究》,《中国纪检监察研究》2024 年第3 期。

② 参见姜明安:《监察法研究》,法律出版社 2023 年版,第 116 页。

第二,加强对所有行使公权力的公职人员的监督,实现国家监察全面覆盖。监察体制改革之前,我国的权力监督体系呈现以纪委为主导、检察院为保障、行政监察机关为补充的三轨并行的"三驾马车"模式,①存在监督资源分散、同体监督乏力的弊端。因而,制定《监察法》的直接目的之一是实现对所有行使公权力的公职人员的监督,以国家法律的形式填补国家监督空白。监察体制改革将县级以上地方政府的监察厅(局)、预防腐败局与人民检察院查处贪污贿赂、失职渎职以及预防职务犯罪等部门的相关职能整合至监察委员会,并且实行纪监合署。如此一来,监察权摆脱政府的行政约束,其职能转变为独立的国家监察职能,监察权也获得了与行政权、司法权相并列的宪法地位。② 监察全面覆盖包括监察对象全覆盖和监察事项全覆盖。在监察对象方面,《监察法》第十五条详细规定了监察对象的范围,将所有类型的公权力包括执政党的权力全部纳入监察范围,实现了监察对象全覆盖,使党内监督与国家监察有机结合;在监察事项方面,《监察法》对公职人员的约束既包括对公职人员依法履职、秉公用权、廉洁从政从业以及道德操守情况进行监督检查等事前预防,对公职人员涉嫌贪污贿赂、滥用职权、玩忽职守、权力寻租、利益输送、徇私舞弊以及浪费国家资产等职务违法和职务犯罪进行调查等事中处置,也包括"以案促改""以案促治"等事后整改,覆盖了公权力运行的全过程,即以"全周期管理"方式,一体推进"三不腐"工作机制。

第三,持续深化国家监察体制改革。国家监察体制改革是健全党和国家监督体系,推进反腐败治理体系与治理能力现代化的重要战略部署。③ 本次修改将原本的首要立法目的"深化国家监察体制改革"进行顺序调整,并修改为"持续深化国家监察体制改革"。原因在于,《监察法》实施已六年有余,在

---

① 参见秦前红:《困境、改革与出路:从"三驾马车"到国家监察——我国监察体系的宪制思考》,《中国法律评论》2017年第1期。

② 参见李晓明:《从行政监察到国家监察及其学科原理的建构》,《法治研究》2021年第1期。

③ 习近平:《在新的起点上深化国家监察体制改革》,《思想政治工作研究》2019年第4期。

监察体制改革初始阶段,已形成了以《监察法》为统领性法律,以《中华人民共和国公职人员政务处分法》(以下简称《政务处分法》)、《中华人民共和国监察官法》(以下简称《监察官法》)等监察法律为补充,以《中华人民共和国监察法实施条例》(以下简称《监察法实施条例》)等监察法规为具体性规范的监察法律体系,实现了规则之治意义上的监察法治。① 但《监察法》在实施过程中也出现了新情况新问题,如案件留置期限紧张、监察机关强制措施单一等。基于国家监察体制改革的高度复杂性,必须与时俱进修改《监察法》,将前一阶段监察体制改革积累的宝贵经验制度化,并继续不断摸索与积累经验,在持续的改革与发展中反复试错从而实现自我修正与提升。新阶段持续深化国家监察体制改革的着力点在于实现纪检监察工作规范化、法治化、正规化的高质量发展。通过完善系统集成、协同高效的纪检监察工作体系,健全科学严密、系统完备的纪检监察法规制度体系,推动党统一领导、全面覆盖、权威高效的监督体系,将改革初期的规则之治转向新阶段的良法善治。

第四,推进国家治理体系和治理能力现代化。党的十八届三中全会指出,全面深化改革的总目标是完善和发展中国特色社会主义制度,推进国家治理体系和治理能力现代化。党的十九届四中全会将"坚持和完善党和国家监督体系"纳入国家治理体系和治理能力现代化建设总体布局。"深化国家监察体制改革是贯彻党的十九大精神、健全党和国家监督体系的重要部署,是推进国家治理体系和治理能力现代化的一项重要改革。"②党的二十届三中全会进一步从优化监督检查和审查调查机构职能,完善垂直管理单位纪检监察体制,推进向中管企业全面派驻纪检监察组,深化基层监督体制机制改革,推进反腐败国家立法等方面作出具体工作部署。从这个意义上,通过修订《监察法》及制定配套制度,推进纪检监察机构改革,完善集中统一、权威高效的中国特色

---

① 参见周佑勇:《监察权结构的再平衡——进一步深化国家监察体制改革的法治逻辑》,《东方法学》2022年第4期。
② 习近平:《论坚持全面依法治国》,中央文献出版社2020年版,第238页。

国家监察制度,以实现监察体制改革在推进中国式现代化中的作用。同时,《监察法》的实施必须把提升治理能力作为重要任务,深刻把握党的二十届三中全会精神,自觉融入和服务改革大局,把党和国家监督体系的制度优势更好转化为服务保障中国式现代化的治理效能。

二、《监察法》的立法依据

"根据宪法,制定本法"明确了《监察法》的立法依据为宪法,是依宪立法、坚持以宪法为依据、体现宪法精神的最直接体现。① 宪法是国家的根本法,具有最高的法律效力。宪法规定国家机关的组织和活动原则,对国家权力进行规范和制约,保障公民的基本权利和自由,调整国家机关之间、国家机关与公民之间的关系,因此宪法是《监察法》制定的最高法律依据。十三届全国人大一次会议通过的宪法修正案以国家根本法形式规定了监察委员会的地位与产生方式、人员组成、机构设置、领导机制等内容,将原先的"一府两院"国家政权组织架构改造为"一府一委两院"的权力架构,为监察体制改革与《监察法》的制定提供了合宪性基础。我国宪法的核心价值为尊重和保障人权,基本精神为公权力相互配合、相互制约,《监察法》的制定与修改必须符合宪法的理念、原则与精神。

具体而言,现行《宪法》目前与监察委员会相关的条款,既包括为适应国家监察体制改革对 2004 年《宪法》条文进行的修改内容,也包括为监察立法提供依据而在宪法"国家机构"一章中增设的"监察委员会"专节内容,共计 16 个条款。这些创设监察权的宪法规范是监察法体系的形成性规范,无论是《监察法》的制定还是修改,都必须以这些规范为最高依据规范。另外,由于监察机关属于宪法机关,因此宪法中关于国家或者国家机构的规定对监察机关具有当然的拘束力。比如,宪法的纲领性条款为《监察法》的适用提供了最高指引功能。《宪法》第一条规定的"中国共产党领导是中国特

———————————

① 参见张震:《"根据宪法,制定本法"的规范蕴涵与立法表达》,《政治与法律》2022 年第 3 期。

色社会主义最本质的特征"确立了党在中国特色社会主义事业中的领导核心地位,因此监察机关必须服从中国共产党的集中统一领导;《宪法》第二十七条规定的"一切国家机关实行精简的原则""实行工作责任制""反对官僚主义""努力为人民服务",都是监察机关在机构设置、行使职能过程中的根本遵循。

第二条 【领导体制和指导思想】

坚持中国共产党对国家监察工作的领导,以马克思列宁主义、毛泽东思想、邓小平理论、"三个代表"重要思想、科学发展观、习近平新时代中国特色社会主义思想为指导,构建集中统一、权威高效的中国特色国家监察体制。

【理解与适用】

本条是对国家监察工作领导体制和指导思想的规定,本次修改并未对本条作出调整。国家监察体制改革实现了党的纪律检查机关与国家监察机关合署办公,实行一套工作机构、两个机关名称的工作体制,其中纪律检查机关履行监督、执纪、问责三项职能,监察机关履行监督、调查、处置三项职权。这种工作体制体现了党的集中统一领导,党领导反腐败工作是通过纪委监委合署办公这一制度安排来保障和实现的。国家监察工作坚持与党的领导体制相契合,从而融入国家治理体系,推动制度优势更好转化为治理效能。坚持党的领导,要求监察工作坚持正确的指导思想,坚持以习近平新时代中国特色社会主义思想为指导,深入贯彻习近平法治思想,学习习近平总书记关于党的自我革命的重要思想。

一、坚持中国共产党对国家监察工作的领导

习近平总书记在十八届中央纪委六次全会上指出:"要坚持党对党风廉政建设和反腐败工作的统一领导,扩大监察范围,整合监察力量,健全国家监

察组织架构,形成全面覆盖国家机关及其公务员的国家监察体系。"①这一重要论述深刻揭示了我国监察体制改革的本质要求和根本目标在于加强党的领导。党的二十大报告再次强调:"健全党统一领导、全面覆盖、权威高效的监督体系,完善权力监督制约机制。"坚持党对反腐败工作的集中统一领导,是深入推进党风廉政建设和反腐败斗争的根本保证。

党的全面领导是深化国家监察体制改革取得成功的根本保证。改革开放以来的历史和实践表明,只有坚持党的全面领导,改革才能稳步前进,顺利进行,党和国家的事业才能取得历史性成就,发生历史性变革。②《监察法》的制定,整合行政监察、预防腐败和检察机关查处贪污贿赂、失职渎职及预防职务犯罪等力量,组建各级监察委员会,同党的纪律检查机关合署办公,履行纪检、监察两项职责,实行一套工作机构、两个机关名称,其目的在于重塑反腐败领导体制,以在监察体制改革的过程中更好地贯彻落实习近平总书记对于全面从严治党的战略部署,把党的领导贯穿于纪检监察工作的全过程。党的十九届三中全会部署的纪律检查体制改革与国家监察体制改革形成了纪检监察工作的双重领导体制。具体而言,地方各级监察委员会在同级党委和上级监察委员会双重领导下工作。监察机关的监督执法调查工作以上级监察委员会领导为主,线索处置和案件查办在向同级党委报告的同时应当一并向上一级监察委员会报告。二十届中央纪委三次全会强调"健全重要情况请示报告制度",地方各级纪检监察机关对作出立案审查调查决定、给予党纪政务处分等重要事项,应当向同级党委请示汇报并向上级纪委监委报告,形成明确意见后再正式行文请示。遇有重要事项应当及时报告。

监察体制改革的首要目标是坚持和加强党对反腐败工作的集中统一领

---

① 《习近平关于坚持和完善党和国家监督体系论述摘编》,中央文献出版社、中国方正出版社 2022 年版,第 49—50 页。

② 参见张世飞:《深化国家监察体制改革必须坚持党的全面领导》,《人民论坛》2018 年第 9 期。

导。任何改革最终都必须有利于坚持和加强党的领导。深化国家监察体制改革就是为了加强党对反腐败工作的统一领导,强化党和国家的自我监督,巩固党的执政基础、提高执政能力。任何国家机关都是政治机关,但监察机关的政治属性是第一属性、根本属性,必须旗帜鲜明讲政治,保障党对反腐败工作的集中统一领导。因此,监察委员会实质上是党统一领导下的国家反腐败机构,履行的是政治职能。习近平总书记提出了党的自我革命"九个以"的实践要求,准确把握纪检监察机关在党的自我革命中的职责定位。因此,监察机关必须以党的创新理论统领纪检监察一切工作,带头坚持和加强党的领导。

二、国家监察工作的指导思想

十三届全国人大一次会议将习近平新时代中国特色社会主义思想写入《宪法》。党的十九届六中全会通过的《中共中央关于党的百年奋斗重大成就和历史经验的决议》指出:"全党必须坚持马克思列宁主义、毛泽东思想、邓小平理论、'三个代表'重要思想、科学发展观,全面贯彻习近平新时代中国特色社会主义思想。"拥有马克思主义科学理论指导是我们党坚定信仰信念、把握历史主动的根本所在。无论是监察工作还是监察立法,都必须坚持先进理论指导。各级监察机关必须始终坚持中国特色社会主义道路,坚持高度的理论自信和理论自觉,以马克思列宁主义和马克思主义中国化的重要成果为指导,推进国家监察工作有序开展。① 二十届中央纪委三次全会中,习近平总书记明确提出"九个以"的实践要求,对深入推进党的自我革命实践作出战略部署,其中"以习近平新时代中国特色社会主义思想为根本遵循"明确了新时代推进党的自我革命的指导思想。习近平新时代中国特色社会主义思想是对马克思列宁主义、毛泽东思想、邓小平理论、"三个代表"重要思想、科学发展观的继承和发展,实现了马克思主义中国化新的飞跃,是新时代纪检监察工作的根本遵循。习近平总书记关于深化国家监察体制改革的重要论述,深刻阐释

---

① 参见马怀德主编:《〈中华人民共和国监察法〉理解与适用》,中国法制出版社 2018 年版,第 9 页。

了国家监察体制改革的重大意义、根本目的和主要任务,各级纪检监察机关应当自觉运用习近平新时代中国特色社会主义思想统领一切纪检监察工作。

监察机关作为推进党的自我革命的重要力量,必须将贯彻二十届三中全会精神与正风肃纪反腐结合起来,不仅要深学细悟习近平新时代中国特色社会主义思想把牢正确政治方向,也要用习近平新时代中国特色社会主义思想引领正风肃纪反腐,牢牢把握纪检监察工作高质量发展的职责使命。具体而言,监察机关必须坚定捍卫"两个确立",自觉担负起"两个维护"的重大政治责任,聚焦纪检监察工作高质量发展,自觉从习近平新时代中国特色社会主义思想中找依据、找思路,用党的创新理论解决监察工作面临的问题。另外,执纪者必先守纪,律人者必先律己。进一步用习近平新时代中国特色社会主义思想指导队伍建设,打造忠诚干净担当、敢于善于斗争的纪检监察铁军。坚持刀刃向内清除害群之马,坚决防治"灯下黑"。

三、构建集中统一、权威高效的中国特色国家监察体制

如何跳出历史周期率,是我们党始终不懈探索的重大理论和实践课题。在监察体制改革之前,我国的监督体系存在资源分散、对象重复交叉、自我监督乏力等缺陷,导致反腐败职能的集中统一体现不足、反腐败机关的权威性有待加强。因此,"构建集中统一、权威高效的中国特色国家监察体制"是制定和实施《监察法》、贯彻和落实监察工作以及部署和开展党风廉政建设、反腐败斗争的基本思路。① "集中统一、权威高效"是国家监察体制改革目标、特征的概括总结。《监察法》的制定,整合了多个监督部门,将监察资源集中在专门的各级监察委员会。各级监察委员会成为行使国家监察职能的专责机关,实现了对所有行使公权力的公职人员监察全覆盖,监督地位大为提升、权威明显增加,能够更有效地发挥监察职能。

党的二十大新修改的党章明确提出:"党的各级纪律检查委员会是党内

---

① 参见郭世杰:《监察体制改革的基本思路与根本遵循》,《河南社会科学》2021 年第 8 期。

监督专责机关,主要任务是:维护党的章程和其他党内法规,检查党的路线、方针、政策和决议的执行情况,协助党的委员会推进全面从严治党、加强党风建设和组织协调反腐败工作,推动完善党和国家监督体系。"其中"推动完善党和国家监督体系"是现行党章新增的任务,这项任务是党和国家的任务。而制定监察法是坚持党内监督与国家监察有机统一,坚持走中国特色监察道路的创制之举。目前党和国家监督体系形成了"纪律监督、监察监督、派驻监督、巡视监督"这四种最为核心的常规的监督手段和形式。各级监察委员会与党的纪律检查委员会合署办公,坚持了党对监察工作的领导,加强党纪国法之间的衔接适用,在党和国家监督体系中形成巡视、派驻、监察三个全覆盖的统一的权力监督格局,形成发现问题、纠正偏差、惩治腐败的有效机制。这种党内监督与国家监察的有机统一,为实现党和国家长治久安走出了一条中国特色监察道路。①

第三条 【监察委员会的性质和职责】

各级监察委员会是行使国家监察职能的专责机关,依照本法对所有行使公权力的公职人员(以下称公职人员)进行监察,调查职务违法和职务犯罪,开展廉政建设和反腐败工作,维护宪法和法律的尊严。

【理解与适用】

本条是对监察委员会性质和职责的规定,本次修改并未对本条作出调整。我国设立了国家监察委员会、省级监察委员会、市(地)级监察委员会、县级监察委员会等四级监察机关,构成我国的监察机关体系。监察委员会的性质决定了其在国家机构中的地位以及监察机关职责的设置。《监察法》对监察机

---

① 李建国:《关于〈中华人民共和国监察法(草案)〉的说明》,《人民日报》2018年3月14日。

关职责的设置,目的是为了构建一体化的不敢腐、不能腐、不想腐体制机制,不仅要通过惩治形成震慑、通过制度建设形成保障,更要通过思想道德教育实现源头治理。

一、各级监察委员会是行使国家监察职能的专责机关

党的十九届三中全会审议通过《中共中央关于深化党和国家机构改革的决定》,对推进党的纪律检查体制改革和国家监察体制改革作出战略部署,明确要求组建国家、省、市、县监察委员会,同党的纪律检查机关合署办公,实现党内监督和国家监察、党的纪律检查和国家监察有机统一,实现对所有行使公权力的公职人员监察全覆盖。2019年中共中央办公厅印发的《中国共产党纪律检查机关监督执纪工作规则》第六条规定:"党的纪律检查机关和国家监察机关是党和国家自我监督的专责机关,中央纪委和地方各级纪委贯彻党中央关于国家监察工作的决策部署,审议决定监委依法履职中的重要事项,把执纪和执法贯通起来,实现党内监督和国家监察的有机统一。"党的二十大报告提出健全党统一领导、全面覆盖、权威高效的监督体系。本条规定明确了监察委员会的性质,即作为国家监察机关,专责行使国家监察职能。监察委员会不设党组,也不决定人事事项,本质上是党的工作机构,既不是行政机关,也不是司法机关,是党和国家的自我监督机关,是政治机关。[1]

依据本条规定,监察委员会履行的是"国家"监察职能,这一职能具有中央事权的属性。无论是国家监察委员会和地方监察委员会,还是派出或者派驻监察机构,行使的都是国家监察职能,而非地方监察职能。监察工作的政策定性在于"全国一盘棋",只有保证监察权的中央属性,才能实现腐败治理的"上下统一"。[2] 本次修改在第十二条新增监察"再派出"制度,规定经国家监委批准,国家监委派驻垂管系统中央一级单位的监察机构,可以向其驻在单位的下一级单位再派出,消除监察派驻真空地带,实现监察权向下延伸,改变监

---

① 参见董茂云:《监察委员会独立性地位的三个认识维度》,《东方法学》2020年第3期。
② 秦前红:《论监察委员会组织法》,《武汉大学学报(哲学社会科学版)》2023年第6期。

察监督在垂管部门下级单位的缺失现状。"专责机关不仅强调监察委员会的专业化特征、专门性职责，更加突出强调了监察委的责任，行使监察权不仅仅是监察委的职权，更重要的是职责和使命担当。"①关于"专责机关"的认识，曾经历过一个变化的过程。在2003年的《中国共产党党内监督条例（试行）》第八条中，规定了"党的各级纪律检查委员会是党内监督的专门机关"，2016年《中国共产党党内监督条例》第二十六条规定，"党的各级纪律检查委员会是党内监督的专责机关"。因此，与纪委合署办公的监察委员会一经设立就享有专责监察机关的地位。一方面，专责机关意味着监察机关的职责是一元化的，聚焦于主责主业，只承担反腐倡廉的监察职责，"完全不涉足其他任何有关国家意志的表达与执行等功能性事务。"②另一方面，专责机关相比于专门机关，更加强调权力与责任的相统一。监察权不仅是监察机关的职权，更是监察机关的职责和使命担当，③这也与《监察法》第五条规定的"权责对等，严格监督"的监察工作基本原则相一致。

二、监察委员会的主要职责

依据本条规定，监察委员会的主要职责包括下述三类：

第一，对所有行使公权力的公职人员进行监察。监察法的首要任务是对公权力进行全面有效的监察，防止出现"权力真空"。④ 本条规定了监察对象的内涵，即监察对象的行为属性为"行使公权力"，身份属性为"公职人员"，监察机关对全国各行业、各领域内所有行使公权力的公职人员进行监察，不受地方、行业与人员身份的限制。⑤ 本条是对监察对象统领性的规定，《监察法》第

---

① 中共中央纪律检查委员会、中华人民共和国国家监察委员会法规室编：《〈中华人民共和国监察法〉释义》，中国方正出版社2018年版，第63页。
② 参见刘练军：《论作为一种新型中国式宪法权力的监察权》，《政治与法律》2023年第3期。
③ 参见马怀德主编：《监察法学》，人民出版社2019年版，第128页。
④ 张云霄：《监察法学新论》，中国政法大学出版社2020年版，第102页。
⑤ 参见邹鹏、朱玲珑：《监察一体化中的监察权运行逻辑》，《青少年犯罪问题》2023年第1期。

十一条对监察机关的职权范围进行了规定,包括"公职人员职权行使的合规性、廉洁性与道德操守情况 3 项"①,《监察法》第十五条通过列举的方式明确规定监察对象的范围,对本条进行了细化规定,扩大了监察范围,解决了既往监察对象不明确的问题。

第二,调查职务违法和职务犯罪。为了实现反腐职能,《监察法》第十一条赋予了监察机关监督、调查、处置三项职权,其中监察调查权是一项核心性权力,能够采取对被调查人人身自由、财产权、隐私权等基本权利进行限制的调查措施,具有较高的强制性。② 依据本条规定,监察对象虽然将所有公职人员全覆盖,但公职人员的所有违纪违法行为并非均由监察机关进行调查,其调查事项限于公职人员的职务违法和职务犯罪等行为。具体而言,依据《监察法》第十一条第二款的规定,监察机关对涉嫌贪污贿赂、滥用职权、玩忽职守、权力寻租、利益输送、徇私舞弊以及浪费国家资财等职务违法和职务犯罪进行调查。这 7 类职务违法犯罪行为基本涵盖了公职人员的常见腐败行为类型,其中贪污贿赂、滥用职权、玩忽职守、徇私舞弊能在《刑法》中找到相应的罪名,利益输送、徇私舞弊与浪费国家资财是日常生活中常见的腐败行为。③ 值得注意的是,监察机关的调查对象并不限于这 7 类职务违法犯罪行为。依据《国家监察委员会管辖规定(试行)》第九条的规定,监察机关只是将这 7 类职务违法犯罪作为重点调查事项,对于公职人员的所有其他职务违法和职务犯罪行为都可以进行调查。目前,《监察法实施条例》第二十三条明确规定了职务违法的含义与行为类型,并于第二十五条至第三十一条以列举罪名的方式对监察机关管辖职务犯罪的范围作出明确规定,共计 101 个罪名。另外,关于监察调查的措施,本次修改新增了强制到案、责令候查以及管护三项调查措

① 秦小建:《监察体制改革促进监督体系贯通的逻辑与路径》,《法商研究》2022 年第 2 期。
② 参见秦前红主编:《监察法学教程》,法律出版社 2023 年版,第 238 页。
③ 参见姚建龙、尹娜娜:《监察法视野下职务违法与职务犯罪的界分——以监察程序的完善为重点》,《上海政法学院学报(法治论丛)》2018 年第 6 期。

施,因此目前在监察调查的过程中,监察机关可以采取谈话、讯问、询问、强制到案、责令候查、留置、管护、查询、冻结、搜查、调取、查封、扣押、勘验检查、鉴定、技术调查、通缉、限制出境等18项调查措施。

第三,开展廉政建设和反腐败工作,维护宪法和法律的尊严。在监察体制改革之前,我国的反腐败机构是行政机关与检察机关的下设部门,这种低位阶的机构设置难以彰显其权威性与独立性,且其职能倾向于单纯的执法机构。《监察法》以宪法为基础,使监察机关整合了原行政监察机关的职能、检察院的部分刑事司法职能以及纪委的监察职能,集合了不同法律部门与党内法规的多种治理手段。监察机关不再是单纯的执法机关,其政治属性决定其职能是综合性的腐败治理,而办案只是治理的手段之一。"监察法本质上是腐败治理法,其中应当包括反腐败制度和廉政建设制度两个方面的内容"[1]。习近平总书记提出:"持续深化改革,促进执纪执法贯通,有效衔接司法,推进反腐败工作法治化、规范化,强化不敢腐的震慑,扎牢不能腐的笼子,增强不想腐的自觉。"[2]一体推进不敢腐、不能腐、不想腐机制为预防与惩治腐败指明了方向,其不仅是反腐败斗争的基本方针,也是全面从严治党的重要方略。《监察法》将"开展廉政建设"与"反腐败工作"并列表述,意味着在推进"三不腐"一体推进的进程中,这两项任务是相辅相成、辩证统一的。反腐败工作的作用方式为"打击型",而廉政制度建设属于"建设型"手段,[3]通过建立严密系统的廉政制度建设加快实现"不能腐"和"不想腐"的目标,能有效减少腐败的增量,与严厉惩治腐败减少增量双管齐下,真正推进"三不腐"一体推进的进程和实效。我国《宪法》第五条规定"中华人民共和国实行依法治国,建设社会主义法治国家。国家维护社会主义法制的统一和尊严"以及"任何组织或者

---

① 封利强:《"三不"一体推进原则的法理内涵与实践路径》,《云南大学学报(社会科学版)》2023年第1期。

② 习近平:《论坚持全面依法治国》,中央文献出版社2020年版,第240页。

③ 参见马怀德主编:《监察法学》,人民出版社2019年版,第162页。

个人都不得有超越宪法和法律的特权",马克思主义理论指导下的宪法最本质的精神在于限制权力滥用,保障公民基本权利,始终站在最广大人民群众根本利益的立场之上。因此,《监察法》必须保持相同的立场,对权力腐败采取零容忍的态度。通过正确行使宪法和法律赋予的职责,提高监察机关的执法水平与办案质量,形成对腐败行为的强大震慑力,一体推进"不敢腐、不能腐、不想腐",体现"治权之法"的鲜明特色,为维护宪法和法律尊严提供坚强保障。

第四条 【监察委员会依法独立行使监察权】

监察委员会依照法律规定独立行使监察权,不受行政机关、社会团体和个人的干涉。

监察机关办理职务违法和职务犯罪案件,应当与审判机关、检察机关、执法部门互相配合,互相制约。

监察机关在工作中需要协助的,有关机关和单位应当根据监察机关的要求依法予以协助。

【理解与适用】

本条是对监察委员会依法独立行使监察权的规定,包括监察委员会与其他国家机关之间的关系和工作协助机制,本次修改并未对本条作出调整。监察体制改革目的在于构建集中统一、权威高效的监察体制,保障监察执法工作的公正性和权威性,《宪法》第一百二十七条第一款对监察机关依法独立行使监察权进行了规定,本条第一款也作出相同规定。另外,配合与制约原则是司法机关办理刑事案件的重要准则,在具体的工作机制中,监察机关在坚持依法独立行使监察权的基础上,应当与其他国家机关建立起配合与制约关系。监察机关在行使职权的过程中,凡是需要取得其协助的机关和单位都具有依法提供协助的法定义务。

一、监察委员会依法独立行使监察权

依据我国《宪法》第一百二十四条第三款、第一百二十七条第一款的规定,监察委员会的组织和职权由法律规定。监察委员会依照法律规定独立行使监察权,不受行政机关、社会团体和个人的干涉。《监察法》第四条第一款同样明确规定了监察委员会依照法律规定独立行使监察权,不受行政机关、社会团体和个人的干涉。因此,监察机关依法独立行使监察权不仅是《监察法》的要求,同时也是《宪法》规定的一项重要原则。监察机关整合了原监察部、国家预防腐败局的职责,最高人民检察院查处贪污贿赂、失职渎职以及预防职务犯罪等反腐败机构相关职责。前述职责统摄于监察权,并非各项职能的简单叠加,而是一项具有内在联系的新型的独立监察权。① 监察权与现有的行政权、司法权相平行,形成人大领导下"一府一委两院"的国家权力结构。② 因此,依法独立行使监察权原则的根本价值,在于保障监察权的行使不受其他行政机关、社会团体和个人的干涉,以保证监察权的行使严格遵循宪法和法律规定。具体而言,依法独立行使监察权包括以下三层含义。

首先,监察权是依法监察的权力。监察机关依法独立行使监察权,依法是前提。监察委员会履行职责必须遵循社会主义法治原则和基本要求,严格依照法律进行活动。③ 一方面,监察机关的职权法定。《监察法》对监察委员会的权限和调查措施实现了法定化,没有法律的依据,监察职权就没有存在的合理性,监察机关及其工作人员的职权必须依法取得。另一方面,监察范围法定。《监察法》明确规定了监察对象是所有行使公权力的公职人员,《监察法实施条例》对监察对象进行了细化规定,具有较强的针对性和可操作性。其

---

① 参见曹鎏:《论职务违法调查的理论逻辑、规制路径及证据规则》,《法学评论》2020 年第 5 期。

② 参见李学军、刘静:《监察调查中的一体化研究》,《法律适用》2019 年第 5 期。

③ 参见本书编写组:《〈中华人民共和国监察法〉案例解读》,中国方正出版社 2018 年版,第 39 页。

次,监察权是独立监察的权力。监察机关必须在不受行政机关、社会团体和个人干涉的前提下行使监察权。依据我国《监察官法》第八条的规定,"监察官依法履行职责受法律保护,不受行政机关、社会团体和个人的干涉",实现了监察官履职独立,另外,该法还对监察官的禁止兼职与回避制度进行了相应规定,防止行政机关、社会团体和个人利用职权、地位、金钱等不正当手段干扰、影响监察机关依法独立行使职权。① 最后,监察权是受监督的权力。《监察法》专章规定了"对监察机关和监察人员的监督"。监察机关依法独立行使监察权并不意味着监察机关可以不受任何制约和监督。监察机关首先受到的是党委的监督,包括接受党委的双重领导、严格执行请示报告制度、监察程序审批机制等方面。另外,依据《监察法》的规定,对于监察权的监督还存在人大监督、民主监督、司法监督、社会监督、舆论监督以及监察机关专设的内部监督制约机制等。

二、监察委员会与其他国家机关的关系

本条第二款明确了监察机关与审判机关、检察机关、执法部门在办理职务违法犯罪案件过程中的互相配合、互相制约的关系,确立了互相配合、互相制约原则,与《宪法》第一百二十七条第二款的规定保持了一致。本款中的"审判机关"是指各级人民法院,"检察机关"是指各级人民检察院,"执法部门"多指与监察工作相关的公安机关,但有时也涉及国家安全机关、审计机关、生态环境机关、市场监管机关、税务机关、海关机关等执法机关。这一原则的范围限于职务违法和职务犯罪案件,而不及于一般违纪案件,互相配合、互相制约是一个问题的两面,不可偏废,不能只讲配合不讲制约,也不能只讲制约不讲配合。"互相配合、互相制约"关系的确立,有利于保障职务违法犯罪案件办理过程中的合法性,保证案件办理质量。

互相配合是指监察机关与审判机关、检察机关与执法部门各司其职,相互

---

① 参见赵恒编著:《监察法学》,法律出版社2023年版,第23页。

支持,协调一致,通力合作,实现工作程序的有效衔接。新时代的监察工作必然秉持开放性与合作性,因为监察委员会并不是开展监察工作的唯一机关,监察场域并非监察机关独立运作的封闭场域,监察机关在按照自身逻辑行动的同时,也与其他国家机关产生联系。① 因此,监察机关与其他国家机关形成工作合力是《监察法》的重要指导精神。这种互相配合的出发点立基于依法惩治腐败犯罪的目标,形成法治化的反腐败治理机制,并非意味着各机关联合起来共同对付职务违法犯罪的被调查人或者被告人。目前,《监察法》第四条、第十一条、第二十七条、第三十一条、第三十二条、第三十三条、第三十四条、第三十五条、第三十七条、第四十九条、第五十二条、第五十三条、第五十四条、第五十五条等 14 个条文与互相配合直接相关,对保障职务犯罪诉讼正常进行的配置机制进行了规定。一方面,监察机关与审判机关、检察机关的互相配合主要是办理职务犯罪案件方面的配合。如检察机关与审判机关在工作中发现公职人员涉嫌职务违法或者职务犯罪的问题线索,应当移送监察机关,由监察机关依法调查处置;对于监察机关移送审查起诉的职务犯罪案件,人民检察院、人民法院需要调取同步录音录像的,监察机关应当予以配合,经审批依法予以提供。另一方面,监察机关与执法部门的互相配合更多体现的是协助关系。如监察机关在进行搜查或者采取留置措施时,可以根据工作需要提请公安机关配合,公安机关应当依法予以协助。

互相制约是指监察机关与审判机关、检察机关、执法部门应当依法相对独立地履行职责,通过程序规则的制约,及时发现工作中存在的问题或错误并加以纠正,保证正确实施法律。一方面,监察机关与检察机关的互相制约,主要是依据《监察法》第五十四条关于补充调查与不起诉的规定。对于监察机关移送的职务犯罪案件,由检察机关依照《监察法》与《刑事诉讼法》的规定进行审查,对于符合起诉条件的,作出起诉决定;对于需要补充核实的,应当退回监

---

① 参见崔凯:《〈监察法〉互相配合、互相制约原则的明确及展开》,《中南大学学报(社会科学版)》2021 年第 4 期。

察机关补充调查;对于具有不起诉情形的,经上一级检察机关的批准,依法作出不起诉的决定。而监察机关认为不起诉的决定有错误的,可以向上一级检察机关提请复议。另一方面,监察机关与审判机关的互相制约,主要体现在"以审判为中心"的背景下对法院依法独立行使审判权的遵守,只有经过人民法院的裁判才能认定是否存在相应的犯罪事实。法院在审判过程中发现监察机关移送的案件存在以非法方法收集的证据,依法予以排除,不得作为定罪量刑的依据;在审判过程中认为被告人职务犯罪事实无法成立的,依法宣告无罪。

三、工作协助机制

监察机关在工作中需要协助的,有关机关和单位应当根据监察机关的要求依法予以协助。

监察机关在履行职责的过程中,若遇到超出职权范围或者其他紧急、特殊情况,有权要求其他国家机关予以协助。这一规定是对本条第二款规定的"互相配合"关系的具体阐释。本次修改在第四十九条修改公安机关协助机制,在留置措施之外新增公安机关在强制到案、责令候查、管护等监察工作中的具体协助责任,以确保监察工作的有效开展。《监察法实施条例》第九条第一款对这一规定进行了更为细化的补充。依据该条例的规定,监察机关开展监察工作,可以依法提请组织人事、公安、国家安全、审计、统计、市场监管、金融监管、财政、税务、自然资源、银行、证券、保险等有关部门、单位予以协助配合。有关部门、单位应当根据监察机关的要求,依法协助采取有关措施、共享相关信息、提供相关资料和专业技术支持,配合开展监察工作。如监察机关在进行搜查、执行技术调查措施、发布通缉令、采取限制出境措施、以及适用留置措施时,公安机关应当提供协助;监察机关对在押人员进行调查取证时,监狱管理部门应当予以协助;监察机关在进行鉴定工作时,司法行政部门有义务配合监察机关做好鉴定工作。但要注意的是,有关机关和单位应当在其职权范围内依法予以协助,不能超越法定权限,违反法定程序。

第五条 【国家监察工作的基本原则】

国家监察工作严格遵照宪法和法律,以事实为根据,以法律为准绳;权责对等,严格监督;遵守法定程序,公正履行职责;尊重和保障人权,在适用法律上一律平等,保障监察对象及相关人员的合法权益;惩戒与教育相结合,宽严相济。

【理解与适用】

本条是对国家监察工作基本原则的规定。国家监察体制改革是一项重大政治体制改革,带来国家权力结构的重大调整,使监察权形成一项独立的宪法权力。监察权的运行与其他公权力一样,需要遵循权力行使的一般规律和共同逻辑,其运行本身也需要受到监督。《监察法》的基本原则对监察工作起到根本的指导作用,体现《监察法》的立法理念与精神。因此,必须对监察工作所遵循的基本原则予以明确规定,以保证监察权的有序、规范运行。此次修改《监察法》契合新的历史时期监察法治建设的要求,将加强对监察权的监督制约,保障公民权利作为一个重点,对监察工作基本原则作出了以下调整。首先,将"遵守法定程序,公正履行职责"写入监察工作原则,强化监察执法工作规范化要求;其次,增写"尊重和保障人权",将"保障当事人的合法权益"修改为"保障监察对象及相关人员的合法权益",强化公民权利保障,充分彰显依法全面保障人权的鲜明立场。通过对本条款文本的具体分析,《监察法》共确立了以下五项基本原则。

一、严格遵照宪法和法律,以事实为根据,以法律为准绳

《宪法》第五条第一款规定:"中华人民共和国实行依法治国,建设社会主义法治国家。"党的二十届三中全会提出:"坚持全面依法治国,在法治轨道上深化改革、推进中国式现代化,做到改革和法治相统一,重大改革于法有据、及

时把改革成果上升为法律制度。"通过做好相关法律的"立改废",国家监察体制改革较好地处理了改革与法治的关系,始终坚持运用法治的思维和方式推进反腐败工作。监察体制改革与全面依法治国具有内在联系,开展监察工作,应当立足于推进全面依法治国这一战略高度,严格遵循"法无明文规定不得为、法定职责必须为"的权力行使规则。依法监察原则是法治原则在监察活动中的具体体现,对于防止监察权的滥用,具有重要意义。

"以事实为根据,以法律为准绳"这一原则在我国法律体系中具有重要的地位,《刑事诉讼法》《民事诉讼法》《行政诉讼法》等三大诉讼法均明确规定了这项原则。以事实为根据,指的是监察机关在监察程序中,对于案件的判断和处理必须从客观实际情况出发,坚持实事求是,重事实、重调查研究,严格按照法律的规定办事;以法律为准绳,指的是监察机关在查明案件事实的基础上,必须依据现行的法律规定来作出处置决定。本次修改新增关于监察机关对案件审理程序和工作要求的规定,即监察工作在调查工作结束后,应当对案件事实和证据、性质认定等进行全面审理,是对"以事实为根据,以法律为准绳"原则的具体体现,以强化监察执法工作的规范化要求。监察法属于中国特色社会主义法律体系的重要组成部分,目前已形成"宪法—监察法—监察法律—监察法规—其他监察规范性文件"的综合法律体系。因此,监察机关审理监察案件以法律为准绳的"法律"是广义的法律,不仅包括全国人大及其常委会制定的法律,还包括监察法规和作为参考依据的其他监察规范性文件。以事实为根据、以法律为准绳相互联系,是不可分割的整体,事实是正确运用法律的前提,法律是对事实确认的保障。无论是在认定事实的过程中,还是在适用法律的过程中,都要始终秉持监察职能法定、监察程序法定与监察责任法定的理念遵循。

二、权责对等,严格监督

权责对等原则要求公权力机关以及公职人员行使公权力的同时,必须承担对等的责任,即"有权必有责,权责要对等"。权责对等意味着权力和责任犹如一枚硬币的两面,没有无权力的责任,也没有无责任的权力,"权力与责任的一致性是权力正当性行使的必然要求"。① 一方面,行使国家监察职能,既是监察机关享有的权力,也是监察机关承担的义务。监察机关在履职过程中必须认真负责,不懒政、不怠政,面对腐败行为敢于坚决斗争。另一方面,监察机关及其监察人员行使监察权的过程中必须依法把握权力行使的边界,积极地承担法定义务,如禁止插手案件办理、履行回避义务等。不存在没有责任的权力,也不存在不受监督和制约的权力,严格监督原则要求监察机关行使监察权的过程中,应当接受监督。《监察法》第七章专章规定了对监察机关和监察人员的监督。首先,本次修改在第六十二条新增关于特约监察员的规定,将近年来特约监察员工作的实践成果上升为法律规定,加强对监察机关和监察人员的监督。其次,监察机关及其监察人员既要主动接受包括人大监督、民主监督、社会监督、舆论监督等在内的外部监督,也要自觉开展自我监督,通过设立专门的内部监督机构,建立打听案情、过问案件、说情干预登记备案制度,规定回避制度、离岗离职从业限制制度、案件处置重大失误责任追究制度等,实现对监察机关及其公职人员监督的有效机制。

三、遵守法定程序,公正履行职责

程序正义是"看得见的正义",注重程序正义是现代法治文明共同的价值理念。本次修改增加了"遵守法定程序"原则,目的在于要求监察机关增强程序意识,严格依照法定程序履行职责,不可为了追求实体正义而放弃程序正义。没有程序正义,就没有实体正义,监察机关及其工作人员应当树立通过正当的程序实现正当的结果这一监察思维。法定程序,是指依照相关法律法规的规定,监察机关及其工作人员在限定的期间、特定的阶段内,针对某监察事项处理问题的步骤与方法。法定程序要求程序必须由法律明确规定,且程序应当具备正当性和可操作性,确保监察机关能够高效、公正地履行职责。总的

---

① 参见门中敬:《宪法上的权力监督及其责任体系构建》,《华东政法大学学报》2024年第6期。

来说,《监察法》对于程序的规定,主要包括程序性分工配合、程序公开。其一,《监察法》第三十九条至第四十二条规定了监察流程的阶段性划分以及监察机关内部各职能机构之间的权限划分;其二,本次修改在第四十六条新增强制措施的审批程序,通过严格规范程序,落实本项原则,保障监察工作合法合规;其三,本次修改在第五章监察程序中第四十三条增加"调查人员应当依法文明规范开展调查工作"的规定,并规定不得以暴力方式收集证据的要求,坚决杜绝暴力取证;其四,《监察法》第六十一条规定了"监察机关应当依法公开监察工作信息,接受民主监督、社会监督、舆论监督"。公开是法定程序运作的方式。《监察法》在"监察程序"一章中有诸多关于监察信息公开的规定,比如监察机关采取留置措施,除有特殊情形,应当及时通知被留置人员所在单位和家属;监察机关立案调查后,涉嫌严重职务违法或者职务犯罪的,应当及时通知被调查人家属,并向社会公开发布。

四、尊重和保障人权,在适用法律上一律平等,保障监察对象及相关人员的合法权益

保障人权是法治的基本原则,也是法治的最终目的。我国《宪法》第三十三条明确规定,国家尊重和保障人权。2022 年 2 月 25 日,习近平总书记在十九届中央政治局第三十七次集体学习时指出,坚持依法保障人权,是中国人权发展道路的主要特征之一。[①] 本次修改增加"尊重和保障人权"原则为监察工作的基本原则之一,目的在于进一步增强监察机关及其工作人员的法治意识与程序意识,是一个重大进步。《监察法》规定的监察措施具有较强的限制性与强制性,在持续深化监察体制改革阶段,应当格外强调监察机关及其工作人员对人权保障的重视,必须坚持人权的价值优先性。2021 年《监察法实施条例》第七条规定:"监察机关应当在适用法律上一律平等,充分保障监察对象以及相关人员的人身权、知情权、财产权、申辩权、申诉权以及申请复审复核权

---

① 《十九大以来重要文献选编》(下),中央文献出版社 2023 年版,第 689 页。

等合法权益。"因此,尊重和保障人权,具体是要保障监察对象以及相关人员的人身财产权利、程序权利以及救济权利。本次修改在第二十三条新增责令候查措施,不只是为了加强对未被采取留置措施的被调查人的监督管理,也是为了减少留置措施的适用,促进监察机关尊重和保障人员理念的深化,以维护监察对象和相关人员的合法权益。另外,本次修改在第四十三条增加了对于企业产权和自主经营权的保护,对于需要企业经营者协助调查的,监察机关也应当保障其合法的人身、财产等权益。法律适用上一律平等是保障人权的具体体现,不允许任何组织和个人有超越宪法和法律的特权,其要求监察机关及其工作人员不徇私,平等对待不同民族、不同职业、不同性别、不同出身的监察对象,同等情况同等对待,不同情况差别对待。

五、惩戒与教育相结合,宽严相济

"惩前毖后、治病救人"是中国共产党在丰富的实践经验中总结出来的党内监督方针,"惩戒与教育相结合"原则是这一方针在监察工作中的具体体现。1942 年 2 月,毛泽东在《整顿党的作风》报告中首次提出"惩前毖后、治病救人"。"惩前毖后"是指对以前的错误一定要不讲情面地揭发,以科学的态度来分析批判过去的坏东西,以便后来的工作慎重些,做得好些。"治病救人"是指像医生治病一样,揭发错误、批判缺点,是为了救人,挽救同志。在党风整顿中,"惩前毖后"是手段,"治病救人"是目的,二者缺一不可。这一方针后在 1945 年 6 月被写入党章,并在新中国成立后,先后规定于《中国共产党纪律处分条例》《中国共产党党内监督条例》《中国共产党纪律检查机关监督执纪工作规则》等党内法规,是管党治党的重要遵循。比如,2023 年新修订的《中国共产党纪律处分条例》第四条将"惩前毖后、治病救人。处理违犯党纪的党组织和党员,应当实行惩戒与教育相结合,做到宽严相济"作为党的纪律处分工作的基本原则。"惩戒与教育相结合"原则来源于党内法规规定的"惩前毖后、治病救人"方针,后经过监察体制改革,纪委监委实现合署办公,由此成为《监察法》的基本原则之一。"惩罚与教育相结合"原则充分体现党的十八大以来监督执纪"四种形态"的思想和理念。监察机关不是单纯的办案机关,其第一项职责便是"对公职人员开展廉政教育,对其依法履职、秉公用权、廉洁从政从业以及道德操守情况进行监督检查"。监察机关应当汲取"四种形态"这一宝贵经验,实现从提醒性的批评教育到政务处分、从一般违纪到职务违法,再到职务犯罪的阶梯式监督进程,重视职务违法到职务犯罪过程中发展演变的规律,及时予以提醒教育,把违法问题扼杀在苗头阶段,防止党员干部和公职人员要么是"好同志"、要么是"阶下囚"。

第六条 【国家监察工作的基本方针】

国家监察工作坚持标本兼治、综合治理,强化监督问责,严厉惩治腐败;深化改革、健全法治,有效制约和监督权力;加强法治教育和道德教育,弘扬中华优秀传统文化,构建不敢腐、不能腐、不想腐的长效机制。

【理解与适用】

本条是对国家监察工作基本方针的规定,本次修改并未对本条作出调整。标本兼治、综合治理国家监察工作的基本方针,包括强化监督问责,严厉惩治腐败;深化改革、健全法治,有效制约和监督权力;加强法治教育和道德教育,弘扬中华优秀传统文化等内容。在标本兼治、综合治理基本方针的指导下,发展目标为构建不敢腐、不能腐、不想腐的长效机制。

一、标本兼治、综合治理是基本方针

标本兼治、综合治理是中国共产党惩治腐败的一贯方针。习近平总书记强调,"改革目标不能偏。深化纪检监察体制改革是要实现标本兼治"①。治标与治本相辅相成,"标"是"本"的表现,"本"是"标"的实质,没有离开"标"

---

① 习近平:《在新的起点上深化国家监察体制改革》,《思想政治工作研究》2019 年第 4 期。

的"本",也没有离开"本"的"标"。标本兼治、综合治理具有丰富深刻的科学内涵,对我国的反腐败工作有着基础性、全局性、战略性的影响。[①] 改革开放以来,我国的反腐败工作始终以标本兼治、综合治理为基本方针,并经历了逐步发展的过程。具体而言,1993 年 8 月的十四届中央纪委二次全会提出,"惩治腐败,要作为一个系统工程来抓,标本兼治,综合治理,持之以恒";党的十五大报告提出"坚持标本兼治,教育是基础,法制是保证,监督是关键";党的十六大报告提出"坚持标本兼治、综合治理的方针,逐步加大治本的力度";党的十七大报告和十八大报告提出坚持"标本兼治、综合治理、惩防并举、注重预防"的十六字反腐败基本方针;党的十九大报告和二十大报告提出"深化标本兼治"。因此,标本兼治、综合治理方针展现了党中央对全面从严治党一以贯之、与时俱进的战略考量。党的十八大以后,基于反腐败形势的严峻复杂,我们党坚持无禁区、全覆盖、零容忍,以高压态势"打虎""拍蝇""猎狐",遏制腐败现象发展蔓延的势头,既着力减少增量,又有效减少存量。在这个过程中,逐步形成了不敢腐、不能腐、不想腐的反腐败基本方针,之后习近平总书记在十九届中央纪委三次全会上首次提出"一体推进不敢腐、不能腐、不想腐"的重要观点。[②] 从"三不腐"到一体推进"三不腐",体现了标本兼治、综合治理理念与实践的不断深化。

二、标本兼治、综合治理的具体内容

2017 年 10 月,党的十九大报告在坚持"深化标本兼治"的基础上,明确指出:"强化不敢腐的震慑,扎牢不能腐的笼子,增强不想腐的自觉,通过不懈努力换来海晏河清、朗朗乾坤。"依据本条款的规定,标本兼治、综合治理基本方针包含三项内容:一是强化监督问责,严厉惩治腐败,强化不敢腐的震慑;二是深化改革、健全法治,有效制约和监督权力,扎牢不能腐的笼子;三是加强法治

[①] 参见冉红音:《标本兼治理念的内涵与发展》,《中国纪检监察》2023 年第 18 期。
[②] 《习近平关于全面从严治党论述摘编(2021 年版)》,中央文献出版社 2021 年版,第 382 页。

教育和道德教育,弘扬中华优秀传统文化,增强不想腐的自觉。

首先,强化监督问责,严厉惩治腐败,要求保持高压震慑,构建不敢腐的惩戒机制。强化监督问责就是要落实党委主体责任、纪委监委监督责任,坚持把纪律挺在前面,发现苗头性问题及时提醒,实现监督执纪问责常态化。[1] 严厉惩治腐败,一方面要坚持"打虎""拍蝇""猎狐"永不停歇、协同推进,对已经发生的腐败行为,依据党纪国法严厉打击,维护党纪国法的权威与社会主义公平正义。另一方面要以警示教育强化震慑威力,通过对腐败行为的正面打击,用直观面对、亲身感受的形式作为党员干部的警示方式,真正发挥"惩治一个警示一片"的以点带面作用。

其次,深化改革、健全法治,有效制约和监督权力,要求扎牢制度笼子,构建不能腐的防范机制。党的十九届六中全会系统总结党的百年奋斗重大成就和历史经验,深刻指出,"党领导完善党和国家监督体系,推动设立国家监察委员会和地方各级监察委员会,构建巡视巡察上下联动格局,构建以党内监督为主导、各类监督贯通协调的机制,加强对权力运行的制约和监督"。法治反腐与制度反腐最具有治本的功效。通过建立健全权力制约监督制度,划定权力边界和运行规则,使纪律成为带电的高压线,使公职人员"知敬畏、存戒惧、守底线"[2],在时刻接受监督的环境中工作生活。另外,反腐败制度法规建设要在"授权、用权、制权"等方面下功夫,必须完善反腐败国家立法,构建中国特色反腐败法律体系,确保反腐败行为于法有据,理顺党纪国法关系,推动党纪国法协同发力。

最后,加强法治教育和道德教育,弘扬中华优秀传统文化,要求筑牢思想堤坝,构建不想腐的自律机制。党的十八大以来,经过坚持不懈的强力反腐,反腐败斗争取得压倒性胜利并全面巩固,但目前部分公职人员领导干部廉洁从政思想根基还不够牢固,抵制腐败的思想自觉还不够强,这也是腐败产生的

---

[1] 参见吴建雄、廖永安主编:《监察法学》,中国人民大学出版社 2020 年版,第 79 页。
[2] 喻少如、褚宸舸:《纪检监察学原论》,高等教育出版社 2023 年版,第 57 页。

根本原因。习近平总书记提出："道德高尚是领导干部做到清正廉洁的基础。"①因此,法律是准绳,道德是基石,在反腐败斗争中同样坚持依法治国和以德治国相结合,既要发挥党纪国法的规范和约束作用,也要发挥政风官德的塑造作用,保障"不想腐"免疫氛围的形成。2022 年 2 月,中共中央办公厅印发的《关于加强新时代廉洁文化建设的意见》指出,"用中华优秀传统文化涵养克己奉公、清廉自守的精神境界",这是对公职人员思想教育的根本要求。自古以来,中华优秀传统文化就有着崇尚廉洁的传统美德,廉洁文化在中国历史上有着深厚的根基,其内含的修身清廉、公正无私、严惩贪腐、反对奢侈等价值观与新时代全面从严治党的要求高度契合。公职人员应当自觉加强文化教育与红色教育,汲取中华优秀传统文化蕴含的养分与价值理念,淬炼公而忘私、甘于奉献的品格。

三、标本兼治、综合治理的发展目标

构建不敢腐、不能腐、不想腐的长效机制是标本兼治、综合治理基本方针的发展目标。党的二十届三中全会审议通过的《中共中央关于进一步全面深化改革、推进中国式现代化的决定》,对"完善一体推进不敢腐、不能腐、不想腐工作机制,着力铲除腐败滋生的土壤和条件"作出全面部署,意味着"三不腐"机制已经演化成为"三不腐"一体推进,其经历了以下发展进程:2004 年 8 月,时任浙江省委书记的习近平同志在《努力把"不能为、不敢为、不想为"的工作抓实做细》一文中阐释了"三不为"的思想;2013 年,习近平总书记在十八届中央纪委二次全会上提出要"形成不敢腐的惩戒机制、不能腐的防范机制、不易腐的保障机制";2014 年,习近平总书记在十八届中央纪委三次全会上提出"形成不想腐、不能腐、不敢腐的有效机制";2019 年,习近平总书记在十九届中央纪委三次全会上首次提出"一体推进不敢腐、不能腐、不想腐",成为新

---

① 《习近平关于全面从严治党论述摘编(2021 年版)》,中央文献出版社 2021 年版,第360 页。

时代全面从严治党的重要方略。一体推进"三不腐"机制的形成,是标本兼治综合效用显著提升的体现。党的二十大以来,习近平总书记对新征程上一体推进"三不腐"作出新的重要部署,在二十届中央纪委二次全会上明确要求"把不敢腐、不能腐、不想腐有效贯通起来,三者同时发力、同向发力、综合发力"。

不敢腐、不能腐、不想腐各有其内涵与功能,但不是相互割裂的三个环节。正如习近平总书记所说,"把不敢腐的强大震慑效能、不能腐的刚性制度约束、不想腐的思想教育优势融于一体"①,"三不腐"是相互依存、相互促进的有机整体。其中,"不敢腐"是前提,重在惩治和震慑,为"不能腐""不想腐"创造条件,巩固"不能腐""不想腐"的成果;"不能腐"是关键,重在制约与监督;"不想腐"是根本,重在教育和引导,是实现"不敢腐""不能腐"的升华。由此,"不敢腐、不能腐、不想腐"一体推进,构成我国新时代管党治党、持续深化监察体制改革的制度组合。

---

① 《习近平关于依规治党论述摘编》,中央文献出版社2022年版,第197页。

第二章　监察机关及其职责

　　第二章"监察机关及其职责"属于监察组织法的规定。本章从第七条至第十四条,共有 8 个条文,分别规定了各级监察委员会机构设置(第七条)、国家监察委员会的产生、职责和组成人员、国家监察委员会和权力机关关系(第八条)、地方各级监察委员会的产生和职责、组成人员、地方各级监察委员会和权力机关、上级监察委员会关系(第九条)、监察委员会上下级领导关系(第十条)、监察委员会职责(第十一条)、监察委员会派驻或者派出监察机构、监察专员的设置、再派出和领导关系(第十二条)、派驻或者派出的监察机构、监察专员职责(第十三条)、监察官制度(第十四条)。其中,第十二条是 2024 年 12 月监察法(修正草案)新修改的条文。本章一方面复述《宪法》有关监察委员会的规定,另一方面按照职权法定原则的基本要求,对监察委员会的规定适当具体化,以实现法律层面的授权,为有关监察范围和管辖、监察权限等监察权行使层面的相关内容提供组织法的基础。

第七条　【各级监察委员会机构设置】

　　中华人民共和国国家监察委员会是最高监察机关。

　　省、自治区、直辖市、自治州、县、自治县、市、市辖区设立监察委员会。

【理解与适用】

　　本条是关于各级监察委员会机构设置的规定。

本条分两款。第一款规定国家监察委员会的性质地位。第二款规定地方各级监察委员会的设置。

第一，国家监察委员会的性质地位是最高监察机关。关于最高监察机关的规范内涵，首先，国家监察委员会作为最高监察机关的性质地位是宪法层面确定，由《监察法》复述的。《宪法》第一百二十五条第一款规定："中华人民共和国国家监察委员会是最高监察机关。"这是 2018 年 3 月 11 日通过的宪法修正案的规定。其次，国家监察委员会在所有层级的监察委员会中属于中央一级的，居于最高监察机关的法律地位。这是《监察法》第八条、第十条的法理基础，具体体现在其由全国人大产生，并对地方各级监察委员会有领导权。

《中国共产党纪律检查委员会工作条例》第七条规定，党的中央纪律检查委员会与国家监察委员会合署办公。在中央层级，中央纪委书记和国家监察委员会主任两个职务分设，国家监察委员会主任担任中央纪委副书记。在省级以下的监察委员会，监委主任和同级纪委书记均由同一人担任。

第二，省、自治区、直辖市、自治州、县、自治县、市、市辖区设立监察委员会。根据《宪法》第三十条有关行政区划的规定，全国分为省、自治区、直辖市；省、自治区分为自治州、县、自治县、市；县、自治县分为乡、民族乡、镇；直辖市和较大的市分为区、县；自治州分为县、自治县、市。地方设省级（省、自治区、直辖市）监察委员会、地级（自治州、市）监察委员会、县级（自治县、县、市辖区）监察委员会。根据《监察法》第十二条监察委员会派驻或者派出监察机构、监察专员的设置，乡镇、街办虽然没有监察机关的建制，但是可以通过派驻监督的方式实现监察全覆盖。例如，《监察法实施条例》第十二条第二款规定："县级监察委员会和直辖市所辖区（县）监察委员会可以向街道、乡镇等区域派出监察机构或者监察专员。"

第八条 【国家监察委员会的产生、职责和组成人员、国家监察委员会和权力机关关系】

国家监察委员会由全国人民代表大会产生,负责全国监察工作。

国家监察委员会由主任、副主任若干人、委员若干人组成,主任由全国人民代表大会选举,副主任、委员由国家监察委员会主任提请全国人民代表大会常务委员会任免。

国家监察委员会主任每届任期同全国人民代表大会每届任期相同,连续任职不得超过两届。

国家监察委员会对全国人民代表大会及其常务委员会负责,并接受其监督。

【理解与适用】

本条是关于国家监察委员会的产生、职责和组成人员、国家监察委员会和权力机关关系的规定。

本条分为四款。第一款规定了国家监察委员会的产生和职责。第二款规定了国家监察委员会的组成人员,明确主任、副主任和委员的任免主体和方式。第三款规定了国家监察委员会主任的任期和对连任届数的限制。第四款规定了国家监察委员会与权力机关的关系,明确国家监察委员会对全国人大及其常务委员会负责并接受其监督。

第一,本条第一款体现了人民代表大会制度这一根本政治制度的原理。《宪法》第三条第三款规定:"国家行政机关、监察机关、审判机关、检察机关都由人民代表大会产生,对它负责,受它监督。"国家监察委员会由全国人大"产生"的基本内涵是:一是国家监察委员会由全国人民代表大会决定设立,其组成人员由全国人大或人大常委会任免。二是国家监察委员会的产生方式体现了监察权的人民性,体现了监察权对权力机关负责,受权力机关监督,最终实现人民监督的基本原理。三是国家监察委员会由全国人大产生,独立于"一府两院",独立行使监察权,形成新的国家权力格局。国家监察委员会的职责是"负责"全国监察工作,"负责"的内涵表现为:一是和本法第七条国家监察委员会是最高监察机关的地位相匹配,国家监察委员会统一领导全国地方各级监察机关,并对其工作负总责。二是国家监察委员会根据全国监察工作的需要,有权制定、解释监察法规,并向全国人大常委会提出修改相关法律的意见、建议。三是国家监察委员会管辖中管干部所涉监察事项,但同时也对全国所有监察事务、针对全国所有行使公权力的公职人员有管辖权。国家监察委员会对于省级监察机关管辖范围内的职务违法和职务犯罪案件,可以依法提级管辖。四是国家监察委员会有权对外代表我国所有监察机关,统筹协调国际反腐败交流、合作,组织反腐败国际条约实施工作,会同有关单位加强国家反腐败执法司法合作和司法协助等工作。

第二,本条第二款规定了国家监察委员会的组成人员。其上位法是《宪法》第一百二十四条关于监察委员会组成人员的规定。国家监察委员会由主任一名、副主任若干人和委员若干人组成。国家监察委员会副主任和委员的人数,法律未限制。截至 2024 年 12 月底,据国家监察委员会网站上公布的国家监察委员会名单,本届国家监察委员会主任 1 名(兼任中央纪律检查委员会副书记),副主任 6 名,委员 7 名。

一是国家监察委员会主任由全国人民代表大会选举产生。根据 2023 年 3 月 10 日第十四届全国人民代表大会第一次会议通过的《第十四届全国人民代表大会第一次会议选举和决定任命的办法》,国家监察委员会主任的人选由主席团提名,经各代表团酝酿协商后,再由主席团根据多数代表的意见确定正式候选人名单。国家监察委员会主任进行等额选举。全国人民代表大会代表填写"国家监察委员会主任选举票",对选举票上的候选人,代表可以表示赞成、反对或者弃权,也可以另选他人。

二是国家监察委员会主任在全国人大开会、闭会期间都可以提出辞职。根据《中华人民共和国全国人民代表大会议事规则》(简称《全国人民代表大会议事规则》)第四十三条的规定,国家监察委员会主任在全国人大开会期间提出辞职的,由主席团将其辞职请求交各代表团审议后提请大会全体会议决定;在闭会期间提出辞职的,由委员长会议将其辞职请求提请全国人大常委会审议决定。

三是全国人民代表大会有权罢免国家监察委员会主任。其根据是《监察官法》第十九条。根据《全国人民代表大会议事规则》第四十四条第一款的规定,主席团、三个以上的代表团或者十分之一以上的代表可以提出对国家监察委员会主任的罢免案,由主席团交各代表团审议后提请大会全体会议表决;或者由主席团提议经大会全体会议决定,组织调查委员会,由全国人大下次会议根据调查委员会的报告审议决定。

根据《中华人民共和国公职人员政务处分法》第五十条的规定,国家监察委员会对全国人大选举的国家监察委员会主任予以撤职、开除的,应当先依法罢免、撤销或者免去其职务,再依法作出政务处分决定。

四是国家监察委员会副主任、委员的任免方式。换言之,国家监察委员会副主任、委员的任免权不在全国人大而在全国人大常委会。按照《宪法》第六十七条第十一项的规定,全国人大常委会有权根据国家监察委员会主任的提请,任免国家监察委员会副主任、委员。

所谓"提请"即提名。全国人大常委会只就提名进行表决,决定任命或免职。对表决票上的人选,全国人大常委会组成人员可以表示赞成、反对或弃权,不能另选他人。在我国,国务院总理人选由国家主席提名,国务院副总理、国务委员、各部部长、各委员会主任、中国人民银行行长、审计长、秘书长的人选由总理提名,中央军事委员会副主席、委员的人选由中央军事委员会主席提名,上述提名的决定都在全国人大会议上表决。在全国人民代表大会闭会期间,全国人大常委会根据国务院总理的提名,决定部长、委员会主任、审计长、秘书长的人选,根据中央军事委员会主席的提名,决定中央军事委员会其他组成人员的人选,根据国家监察委员会主任的提请,任免国家监察委员会副主任、委员,根据最高人民法院院长的提请,任免最高人民法院副院长、审判员、审判委员会委员和军事法院院长,根据最高人民检察院检察长的提请,任免最高人民检察院副检察长、检察员、检察委员会委员和军事检察院检察长,并且批准省、自治区、直辖市的人民检察院检察长的任免。"提请"并非一种程序性权力,而是体现了政治和行政上的一体,以及副职对正职的负责。所不同的是,行政机关、军事机关实行首长负责制。监察机关、法院和检察院是合议制。但是监察机关主任的权力又有部分首长负责制的色彩。例如,虽然强调线索处置、立案调查、案件审理、处置执行、复审复核中的重要事项集体研究,但部分事项要经监察机关主要负责人批准或上级监察机关批准。《监察法》第四十六条第一款规定:"采取强制到案、责令候查或者管护措施,应当按照规定的权限和程序,经监察机关主要负责人批准。"《监察法》第四十一条规定,需要采取初步核实方式处置问题线索须"依法履行审批程序","初步核实情况报告和分类处理意见报监察机关主要负责人审批"。法条中所谓的主要负责人就是指监察委员会的主任。

第三,国家监察委员会主任的任职期限。全国人民代表大会每届任期五年,国家监察委员会主任的任期应当与同届全国人大任期保持一致。

一是国家监察委员会主任任期的具体起止时间。全国人大代表的任期从每届人民代表大会举行第一次会议开始,到下届本级人民代表大会举行第一次会议为止。国家监察委员会主任的任期是从国家监察委员会主任被选出、决定经国家主席令公布并进行宪法宣誓时起,到下次全国人大选举新的主任并宪法宣誓时止。如果国家监察委员会主任是在本届全国人大任期内当选的,其实际履职期限以本届人大剩余的任期为限;任期届满,则要重新经过全国人大选举。

二是连续任职不得超过两届。这和宪法关于国务院总理、最高人民法院

院长、最高人民检察院检察长连续任职届数的限制相一致。"连续任职"最多
两届,两届并非总计的任职届数。如果任一届后转任他职,又回任国家监察委
员会主任的,届数不连续计算。《监察法》没有规定国家监察委员会副主任、
委员的任期,但从法理看,副主任、委员的任期也应与全国人大常委会的每届
任期相同。同时,《监察法》没有对国家监察委员会的副主任、委员的连任届
数进行限制。

第四,国家监察委员会和权力机关的关系。国家监察委员会对全国人民
代表大会及其常务委员会负责,并接受其监督。根据《中华人民共和国各级
人民代表大会常务委员会监督法》的规定,全国人大常委会对国家监察委员
会的监督方式主要是人事任免、法律监督和工作监督。在法律监督方面,主要
是全国人大常委会对监察法规进行备案审查。在工作监督方面,根据《监察
法》第六十条的规定,"各级监察委员会应当接受本级人民代表大会及其常务
委员会的监督。各级人民代表大会常务委员会听取和审议本级监察委员会的
专项工作报告,组织执法检查。县级以上各级人民代表大会及其常务委员会
举行会议时,人民代表大会代表或者常务委员会组成人员可以依照法律规定
的程序,就监察工作中的有关问题提出询问或者质询。"

第九条　【地方各级监察委员会的产生和职责、组成人员、地方各级监察委员会和权力机关、上级监察委员会关系】

地方各级监察委员会由本级人民代表大会产生,负责本行政区域内的监
察工作。

地方各级监察委员会由主任、副主任若干人、委员若干人组成,主任由本
级人民代表大会选举,副主任、委员由监察委员会主任提请本级人民代表大会
常务委员会任免。

地方各级监察委员会主任每届任期同本级人民代表大会每届任期相同。

地方各级监察委员会对本级人民代表大会及其常务委员会和上一级监察委员会负责,并接受其监督。

【理解与适用】

本条是关于地方各级监察委员会的产生和职责、组成人员、地方各级监察委员会和权力机关、上级监察委员会关系的规定。

本条分为四款。第一款规定地方各级监察委员会的产生与职责。第二款规定地方各级监察委员会的组成人员。第三款规定地方各级监察委员会主任的任职期限。第四款规定地方各级监察委员会和权力机关、上级监察委员会的关系。

第一,地方各级监察委员会由本级人民代表大会产生。根据《监察法》第七条第二款规定:"省、自治区、直辖市、自治州、县、自治县、市、市辖区设立监察委员会。"县级以上地方各级监察委员会负责本行政区域内的监察工作,在上级监察委员会和国家监察委员会的领导下开展监察工作。一是地方各级监察委员会按照管理权限对本辖区内行使公权力的公职人员履行监督、调查、处置职责(《监察法》第十六条)。根据《监察法实施条例》第四十六条第二款的规定:"县级监察委员会和直辖市所辖区(县)监察委员会按照管理权限,依法管辖本辖区内公职人员涉嫌职务违法和职务犯罪案件。"二是各级监察委员会通过派驻或者派出监察机构、监察专员开展监察工作(《监察法》第十三条)。

第二,地方人大及其常委会行使对地方监察委员会组成人员的任免权。地方各级监察委员会由主任、副主任若干人和委员若干人组成。地方各级监察委员会主任由同级人民代表大会选举产生,副主任、委员由监察委员会主任提请本级人民代表大会常务委员会任免。这是人民代表大会制度的体现,与《监察法》第八条关于国家监察委员会的规定保持一致。根据《宪法》第一百零一条第二款的规定,县级以上的地方各级人民代表大会选举并且有权罢免本级监察委员会主任。

第三,地方各级监察委员会主任的任职期限。地方各级监察委员会主任每届任期与本级人大每届任期相同。地方各级监察委员会主任行使职权至新的监察委员会主任产生为止。如果本级监察委员会主任是在本届任期内选举的,其实际履职期限应当以本届人大剩余的任期为限。不同于《监察法》第八条规定的主任连续任职不得超过两届的限制,本条未对地方各级监察委员会的主任和其他组成人员的连任设置限制性的规定。

第四,监察委员会的双重领导体制。地方各级监察委员会对本级人大及其常委会和上一级监察委员会负责,并接受其监督。

一是各级监察委员会要对产生它的本级人大及其常委会负责,并接受其监督。主要表现为:首先,各级监察委员会要向本级人大常委会报告工作。根据《中华人民共和国各级人民代表大会常务委员会监督法》第十一条规定:"各级人民代表大会常务委员会每年选择若干关系改革发展稳定大局和群众切身利益、社会普遍关注的重大问题,有计划地安排听取和审议本级人民政府、监察委员会、人民法院和人民检察院的专项工作报告。"其次,各级人大常委会听取和审议本级监察委员会组织执法检查。县级以上各级人民代表大会及其常务委员会举行会议时,人民代表大会代表或者常务委员会组成人员可以依照法律规定的程序,就监察工作中的有关问题提出询问或者质询。本级人民监察委员会负责人应当到会回答询问。各级人大常委会围绕关系改革发展稳定大局和群众切身利益、社会普遍关注的重大问题,可以召开全体会议、联组会议或者分组会议,进行专题询问。

二是下一级监察委员会要对上一级监察委员会负责,明确监察机关的上下级领导关系。这个"负责"主要体现在下级监察委员会向上一级监察委员会报告重大事项,以及上级对下级的领导关系。前者例如《监察法实施条例》第十条第一款的规定:"地方各级监察委员会在同级党委和上级监察委员会双重领导下工作,监督执法调查工作以上级监察委员会领导为主,线索处置和案件查办在向同级党委报告的同时应当一并向上一级监察委员会报告。"后者则体现在《监察法》的第十条。

第十条 【监察委员会上下级领导关系】

国家监察委员会领导地方各级监察委员会的工作,上级监察委员会领导下级监察委员会的工作。

【理解与适用】

本条是有关监察委员会上下级领导关系的规定。

本条对我国不同层级的监察机关之间的关系作出规定,用法律形式把国家监察体制的纵向领导关系固定下来。此条规定完全复述《宪法》第一百二十五条第二款之规定:"国家监察委员会领导地方各级监察委员会的工作,上级监察委员会领导下级监察委员会的工作。"

第一,国家监察委员会对地方各级监察委员会的领导。领导本身包含着管理和监督。国家监察委员会主管全国的监察工作,省、市、县三级地方监察委员会都要服从国家监察委员会的领导,按照国家监察委员会的统一部署和要求依法开展监察工作。"领导"具体体现为特别重要的事项,要经过国家监察委员会的批准。例如,《监察法》第四十八条第二款、第三款规定:"对涉嫌职务犯罪的被调查人可能判处十年有期徒刑以上刑罚,监察机关依照前款规定延长期限届满,仍不能调查终结的,经国家监察委员会批准或者决定,可以再延长二个月。""省级以上监察机关在调查期间,发现涉嫌职务犯罪的被调查人另有与留置时的罪行不同种的重大职务犯罪或者同种的影响罪名认定、量刑档次的重大职务犯罪,经国家监察委员会批准或者决定,自发现之日起依照本条第一款的规定重新计算留置时间。留置时间重新计算以一次为限。"

　　第二,上级监察委员会对下级监察委员会的领导。省、市级的监察委员会负责本行政区域内的监察工作,其除了依法履行自身的职责外,还应对本行政区域内下级监察委员会的工作进行管理和监督,下级监察委员会要服从上级监察委员会的领导。《监察法》有多处规定体现了上级监察委员会对下级监察委员会的领导,例如提级管辖、管辖权转移、指定管辖等制度。《监察法》第十六条规定:"上级监察机关可以办理下一级监察机关管辖范围内的监察事项","监察机关之间对监察事项的管辖有争议的,由其共同的上级监察机关确定。"第十七条规定:"上级监察机关可以将其所管辖的监察事项指定下级监察机关管辖,也可以将下级监察机关有管辖权的监察事项指定给其他监察机关管辖。"

　　监察机关上下级领导关系既有干部人事方面的领导,例如,上级监察机关为下级监察机关推荐、选配领导干部,从下级借调人员充实办案等。也有业务方面的领导。对于后者,主要体现在以下三个方面:

　　一是上级监察机关对下级监察机关重要工作的审批。审批意为上级对下级呈报的公文进行审查批示。"审"是详究、考察,"批"是批示。例如,《监察法》第四十七条规定:"设区的市级以下监察机关采取留置措施,应当报上一级监察机关批准。省级监察机关采取留置措施,应当报国家监察委员会备案。"第四十八条第一款规定:"省级以下监察机关采取留置措施的,延长留置时间应当报上一级监察机关批准。"《监察法》第三十四条规定,如果涉嫌职务犯罪的被调查人主动认罪认罚并符合规定的四种情形之一,监察机关经领导人员集体研究,并报上一级监察机关批准,可以在移送人民检察院时提出从宽处罚的建议。《监督执法工作规定》第三十五条规定,县级监委和直辖市所辖区(县)监委采取技术调查措施,应当报上一级监委主要负责人批准。

　　二是上级监察机关对下级监察机关及其监察人员的监督。《监察法实施条例》第二百六十五条规定:"上级监察机关应当通过专项检查、业务考评、开展复查等方式,强化对下级监察机关及监察人员执行职务和遵纪守法情况的监督。"

三是上级监察机关对下级监察机关作出的决定进行复核。《监察法实施条例》第二百一十条规定:"监察对象对监察机关作出的涉及本人的处理决定不服的,可以在收到处理决定之日起一个月以内,向作出决定的监察机关申请复审。复审机关应当依法受理,并在受理后一个月以内作出复审决定。监察对象对复审决定仍不服的,可以在收到复审决定之日起一个月以内,向上一级监察机关申请复核。复核机关应当依法受理,并在受理后二个月以内作出复核决定。上一级监察机关的复核决定和国家监察委员会的复审、复核决定为最终决定。"

本条确立的国家监察委员会和地方监察委员会之间以及地方监察委员会上下级之间的领导关系具有重要意义。首先,符合单一制的中央和地方关系体制。我国中央和地方关系是单一制,地方各级监察委员会要受国家监察委员会的领导,就体现了单一制的精神。其次,是反腐败工作集中统一领导的需要。监察体制改革就是要解决反腐败资源和力量过于分散影响反腐败成效的问题,从体制上确保党对反腐败工作的统一、权威、高效的领导。再次,与上下级纪委关系相适应。党的地方各级纪委和基层纪委在同级党委和上级纪委双重领导下进行工作,上级党的纪委加强对下级党的纪委的领导,是新时代新征程纪检体制改革的重要内容。目前纪委与监委合署办公,这就要求上下级监察委员会也要采取和上下级纪委一样的领导关系。最后,有利于地方各级监察委员会在实践中减少或排除各种干扰、依法行使职权。上级监察委员会一方面对下级监察委员会履行监察职责情况进行监督,另一方面当下级监察委员会工作遇到阻力时,上级监察委员会则支持其依法行使职权。

第十一条 【监察委员会职责】

监察委员会依照本法和有关法律规定履行监督、调查、处置职责:

（一）对公职人员开展廉政教育,对其依法履职、秉公用权、廉洁从政从业以及道德操守情况进行监督检查;

（二）对涉嫌贪污贿赂、滥用职权、玩忽职守、权力寻租、利益输送、徇私舞弊以及浪费国家资财等职务违法和职务犯罪进行调查;

（三）对违法的公职人员依法作出政务处分决定;对履行职责不力、失职失责的领导人员进行问责;对涉嫌职务犯罪的,将调查结果移送人民检察院依法审查、提起公诉;向监察对象所在单位提出监察建议。

【理解与适用】

本条是有关监察委员会职责的规定。

本条规定监察委员会监督、调查、处置三项职责,也明确监察委员会行使监察权的具体范围,具体由《政务处分法》《监察法实施条例》《监察机关监督执法工作规定》予以细化。

第一,监察委员会的监督职责。监察机关有职责对公职人员开展廉政教育,对其依法履职、秉公用权、廉洁从政从业以及道德操守情况进行监督检查。主要是监督检查公职人员是否按照法律规定履行职务、廉洁从政、是否触犯职业道德准则和公众普遍认同的道德规范。

《监察法实施条例》第十四条规定:"监察机关依法履行监察监督职责,对公职人员政治品行、行使公权力和道德操守情况进行监督检查,督促有关机关、单位加强对所属公职人员的教育、管理、监督。"从该条看,监督职责的内涵总体上包括两方面的内容:

一是监察机关自身有权对公职人员进行监督检查。监督检查的内容是政治品行、行使公权力和道德操守等方面的情况。《监察法实施条例》特别把政治品行纳入监督内容。政治品行是政治品质、道德品行的简称。政治品质是个人在政治方向、立场、行为等方面体现政治忠诚、担当、纪律的综合素养。共产党员首要的政治品质是对党忠诚。道德品行是指一个人在道德观念的指导下表现出来的行为特征和品质倾向。党规党纪和党内文化要求共产党员具有以下道德品行:首先要严私德,陶冶和培塑道德情怀;要有恻隐之心;要有荣耻之感;要有仁爱之情。其次要重公德,发挥共产党人的模范示范作用;要正视和重视当前社会公德失范问题;要成为公德规范的模范遵守者;要成为崇高道德行为的引领者。再次要明大德,坚守共产党人的精神高地;要始终坚定共产党人的信仰不动摇;要始终牢记全心全意为人民服务的使命责任不动摇。

二是监察机关有权督促有关机关、单位加强对所属公职人员的教育、管理、监督,这里的"有关机关、单位"包括公职人员所在单位和任免机关。《公务员法》第五十七条规定:"机关应当对公务员的思想政治、履行职责、作风表现、遵纪守法等情况进行监督,开展勤政廉政教育,建立日常管理监督制度。"

《监察法实施条例》在第二章第二节明确了此处"监督"的具体内涵:

一是政治监督,即监察机关应当坚决维护宪法确立的国家指导思想,加强对公职人员特别是领导人员坚持党的领导、坚持中国特色社会主义制度,贯彻落实党和国家路线方针政策、重大决策部署,履行从严管理监督职责,依法行使公权力等情况的监督(第十五条)。

二是教育,即监察机关应当加强对公职人员理想教育、为人民服务教育、宪法法律法规教育、优秀传统文化教育,弘扬社会主义核心价值观,深入开展警示教育,教育引导公职人员树立正确的权力观、责任观、利益观,保持为民务实清廉本色(第十六条)。

三是日常监督,即监察机关应当结合公职人员的职责加强日常监督,通过收集群众反映、座谈走访、查阅资料、召集或者列席会议、听取工作汇报和述责述廉、开展监督检查等方式,促进公职人员依法用权、秉公用权、廉洁用权(第十七条)。

四是谈心谈话、教育提醒,即监察机关可以与公职人员进行谈心谈话,发现政治品行、行使公权力和道德操守方面有苗头性、倾向性问题的,及时进行教育提醒(第十八条)。

五是专项检查,即监察机关对于发现的系统性、行业性的突出问题,以及群众反映强烈的问题,可以通过专项检查进行深入了解,督促有关机关、单位强化治理,促进公职人员履职尽责(第十九条)。

六是以案促改、以督促治,即监察机关应当以办案促进整改、以监督促进治理,在查清问题、依法处置的同时,剖析问题发生的原因,发现制度建设、权力配置、监督机制等方面存在的问题,向有关机关、单位提出改进工作的意见或者监察建议,促进完善制度,提高治理效能(第二十条)。

七是形成监督合力,即监察机关开展监察监督,应当与纪律监督、派驻监督、巡视监督统筹衔接,与人大监督、民主监督、行政监督、司法监督、审计监督、财会监督、统计监督、群众监督和舆论监督等贯通协调,健全信息、资源、成果共享等机制,形成监督合力(第二十一条)。

第二,监察委员会的调查职责。调查职责是监察委员会开展廉政建设和反腐败工作,维护宪法和法律尊严的一项重要措施,是对涉嫌贪污贿赂、滥用职权、玩忽职守、权力寻租、利益输送、徇私舞弊以及浪费国家资财等职务违法和职务犯罪进行查证的执法活动。本条采取列举加概括规定的方式,明确授予监察委员会针对七种职务违法和职务犯罪行为的调查权。这七项内容基本涵盖公职人员腐败的行为类型,是党的十八大以来较为典型的职务违法、职务犯罪行为。应当注意,本条列举的七类行为,并非均属严格意义上的职务犯罪的行为类型,更未直接对应《刑法》中的具体罪名。从这七项内容的逻辑结构来看,并不属于同一话语体系。贪污贿赂主要是指贪污、挪用、私分公共财物以及行贿受贿等破坏公权力行使廉洁性的行为;滥用职权主要是指超越职权,违法决定、处理其无权决定、处理的事项,或者违反规定处理公务,致使公共财产、国家和人民利益遭受损失的行为;玩忽职守主要是指公职人员严重不负责任,不履行或者不认真、不正确履行职责,致使公共财产、国家和人民利益遭受损失的行为;权力寻租主要是指公职人员利用手中的公权力,违反或者规避法律法规,谋取或者维护私利的行为;利益输送主要是指公职人员利用职权或者职务影响,以违反或者规避法律法规的手段将公共财产等利益不正当授受给有关组织、个人的行为;徇私舞弊主要是指为了私利而用欺骗、包庇等方式从事违法的行为;浪费国家资财主要是指公职人员违反规定、挥霍公款、铺张浪费的行为。其中,贪污贿赂、滥用职权、玩忽职守、徇私舞弊行为除了可能构成犯罪,也还包括尚不构成犯罪的违法行为。权力寻租、利益输送则可能是权力腐败的重要表现,浪费国家资财是一种具体行为。实践中,七类行为之间存在逻辑上的重叠与交叉,例如贪污贿赂也可以被认为是利益输送、权力寻租的表现。

上述行为又分为职务违法与职务犯罪两个层面。职务违法是指行使公权力的公职人员,在履行职务过程中因为故意或过失,违反职业行为规范、违反工作职责要求,不履行或不正确履行职责,损害国家、社会、集体等公共利益,侵犯公民、法人或其他组织的合法权益;以及利用职权或利用职权、地位形成的便利条件,贪污、贿赂、徇私舞弊、滥用职权、玩忽职守,侵犯公民人身权利、民主权利,具有社会危害性,但尚不够刑罚处罚的行为。构成职务违法需要具备三个要件:一是违法行为应当与公职人员的职务相关联。那些与职务无关的行为不属于职务违法行为。二是职务违法行为尚未构成犯罪。违法主要是指违反行政法。三是应当承担法律责任。职务犯罪主要是指国家机关、国有公司、企业事业单位、人民团体工作人员利用职权,贪污、贿赂、徇私舞弊、滥用职权、玩忽职守,侵犯公民人身权利、民主权利,破坏国家对公务活动的管理规范,依照《刑法》应当予以惩罚的行为。

对职务违法和职务犯罪的调查可以依法采取调查措施。监察机关行使的调查权不同于刑事侦查权,调查措施不能等同于强制措施。《监察法》明确了监察机关的职责权限和调查手段,监察机关通过调查所获取的有关证据材料,在刑事诉讼中可以作为证据使用。

第三,监察委员会的处置职责。对违法的公职人员依法作出政务处分决定;对履行职责不力、失职失责的领导人员进行问责;对涉嫌职务犯罪的,将调查结果移送人民检察院依法审查、提起公诉;向监察对象所在单位提出监察建议。

一是对违法的公职人员依法作出政务处分决定。本条和《中华人民共和国公职人员政务处分法》构成监察机关作出政务处分决定的主要法律依据。《中华人民共和国公职人员政务处分法》对政务处分作了详细的规定,规定了政务处分的原则、种类和适用、违法行为及其适用、程序、复审和复核等。各级监察委员会有权对违法的公职人员作出政务处分决定,具体包括警告、记过、记大过、降级、撤职、开除六种。

二是对履行职责不力、失职失责的领导人员进行问责。问责是指监察机关对不履行或者不正确履行职责的,按照管理权限对负有管理责任的领导人员作出问责决定,或者向有权作出问责决定的机关提出问责建议。问责建议所针对的内容与监察建议并不一致。监察建议针对建议对象自身的廉政建设和履行职责存在的问题。问责建议是向有权作出问责决定的机关提出的建议,是针对不履行或者不正确履行职责负有责任的领导人员。监察机关针对被建议单位相关领导人员应当被问责而又不属于监察机关的管理权限。问责的主体是监察机关。

问责的对象是公职人员中的领导人员,即有领导权的领导干部,而不是一般工作人员。主要是指中国共产党机关、人大机关、行政机关、监察机关、审判机关、检察机关、政协机关、民主党派和工商联机关中担任各级领导职务和副调研员以上非领导职务的人员;参照公务员法管理的单位中担任各级领导职务和副调研员以上非领导职务的人员;大型、特大型国有和国有控股企业中层以上领导人员,中型以下国有和国有控股企业领导班子成员,以及上述企业中其他相当于县处级以上层次的人员;事业单位领导班子成员及其他六级以上管理岗位人员。问责的情形是领导人员履行职责不力、失职失责,并造成严重后果或者恶劣影响。

监察问责不同于党内问责。两者相辅相成,体现了党内监督和国家监察的有机统一,但两者又有明显的区别。在适用对象上,党内问责的对象是党组织和党的领导干部;监察问责既涵盖了党员领导干部,又包含了非党员领导干部,仅限于行使公权力的领导干部个人;在问责方式上,党内问责对党组织的问责方式包括检查、通报、改组,对党的领导干部的问责方式包括通报、诫勉、组织处理、纪律处分;监察问责的方式主要是按照管理权限作出通报批评、诫勉、停职检查、责令辞职等问责决定,或者向有权作出问责决定的机关提出降职、免职等问责建议。

三是对涉嫌职务犯罪的,将调查结果移送人民检察院依法审查、提起公诉。这是监察与司法紧密衔接,依法惩治腐败的重要环节。由监察机关移送到人民检察院审查起诉的案件,应当具备以下条件:一是涉嫌职务犯罪。如果仅仅是职务违法,则由监察机关给予政务处分即可。二是犯罪事实清楚,证据确实、充分。三是需要追究刑事责任。

四是向监察对象所在单位提出监察建议。监察建议是指监察机关根据监督和调查的结果,发现监察对象所在单位在廉政建设、权力制约、监督管理、制度执行以及履行职责等方面存在问题,认为需要整改纠正的,依法提出的具有一定法律效力的建议。监察机关提出监察建议的对象不仅只有监察对象所在单位,还包括监察对象的任免机关。监察机关提出的监察建议应当具有针对性,结合被建议单位的实际情况进行综合考量,在建议的规范性、精准性、可操作性上下功夫,确保建议对症下药、务实管用。监察建议的相对人无正当理由必须履行监察建议,否则将承担相应的法律责任。

第十二条 【监察委员会派驻或者派出监察机构、监察专员的设置、再派出和领导关系】

各级监察委员会可以向本级中国共产党机关、国家机关、中国人民政治协商会议委员会机关、法律法规授权或者委托管理公共事务的组织和单位以及辖区内特定区域、国有企业、事业单位等派驻或者派出监察机构、监察专员。

经国家监察委员会批准,国家监察委员会派驻本级实行垂直管理或者双重领导并以上级单位领导为主的单位、国有企业的监察机构、监察专员,可以向驻在单位的下一级单位再派出。

经国家监察委员会批准,国家监察委员会派驻监察机构、监察专员,可以向驻在单位管理领导班子的普通高等学校再派出;国家监察委员会派驻国务院国有资产监督管理机构的监察机构,可以向驻在单位管理领导班子的国有企业再派出。

监察机构、监察专员对派驻或者派出它的监察委员会或者监察机构、监察专员负责。

【理解与适用】

本条是有关监察委员会派驻或者派出监察机构、监察专员的设置、再派出和领导关系的规定。

2024 年 12 月 25 日,第十四届全国人民代表大会常务委员会第十三次会议通过的《监察法(修正草案)》在本条第一款中增加"中国人民政治协商会议委员会机关",把"所管辖的行政区域"改为"辖区内特定区域",增加事业单位。增加两款,作为第二款、第三款。将原第二款改为第四款,增加"或者监察机构、监察专员"。

本条修改的实践背景是派驻监督制度的新发展。我国监察体制改革的目标之一,是实现对所有行使公权力的公职人员的全覆盖。由监察委员会向有关机关、组织和单位派驻或者派出监察机构或监察专员,就是确保监察全覆盖的重要体制机制。派驻的"派"是派遣,"驻"是驻扎、停留,派驻是指监察委员会、监察机构或监察专员为了完成特定任务,在其他机关、单位、组织或地方设立临时或长期的监察机构、监察专员。

2014 年 12 月 11 日,中共中央政治局常委会审议的《关于加强中央纪委派驻机构建设的意见》对派驻机构的机构设置、领导体制、监督职能以及派驻干部队伍建设进行了详细的规定,对派驻监督改革提出总体思路和要求。2016年10月27日,党的十八届六中全会审议通过的《中国共产党党内监督条例》明确了派驻机构的职能定位、领导体制、领导关系、领导方式等,将派驻监督纳入党内监督的制度体系。党的十九大修改的《中国共产党章程》规定:"党的中央和地方纪律检查委员会向同级党和国家机关全面派驻党的纪律检查组"。《监察法》本条和第十三条对派驻全覆盖提供了法律依据。2018年10月,中共中央办公厅印发的《关于深化中央纪委国家监委派驻机构改革的意见》明确派驻机构的领导体制,健全相关制度,加强对驻在部门的监督,从纪法两个方面赋予中央和国家机关派驻机构执纪问责和监督调查处置的职责。2021年7月20日,《监察法实施条例》第十二条推动派驻监督向各类组织和基层延伸,明确规定地方各级监察组织的设置。2021年12月24日,中共中央发布的《中国共产党纪律检查委员会工作条例》第四十二至四十五条规范了纪委派驻、派出机构的产生、定位、职责及运行机制。该条例第四十二条规定:"党的中央纪律检查委员会国家监察委员会、地方各级纪律检查委员会监察委员会向同级党和国家机关全面派驻纪检监察组,按照规定可以向国有企业、事业单位等其他组织和单位派驻纪检监察组。党的中央和地方各级委员会派出党的机关工作委员会、街道工作委员会等代表机关的,党的中央纪律检查委员会国家监察委员会、地方各级纪律检查委员会监察委员会可以相应派出纪检监察工作委员会。"该条例第四十三条还规定了派驻和派出在管理体制上的区别:"派驻机构是派出它的党的纪律检查委员会监察委员会的组成部分,由派出机关直接领导、统一管理。派出机构在派出它的党的纪律检查委员会监察委员会和本级党的工作委员会双重领导下进行工作。派出机构按照规定开展纪律检查工作,领导管辖范围内机关纪委等纪检机构的工作。"

2022年6月22日,中共中央办公厅印发的《纪检监察机关派驻机构工作规则》对各级纪检监察机关派驻机构的组织设置、领导体制、工作职责等作出全面规范,提高派驻监督履责效能。针对中管高校纪检监察机构的规范化建设,2022 年 1 月 23 日,中央纪委国家监委印发的《关于深化中管高校纪检监察体制改革的意见》,进一步明确中管高校纪检监察机构的职能定位、职责权限等内容。党的二十大修改党章第四十五条,增写"按照规定向有关国有企业、事业单位派驻党的纪律检查组"。但是,在工作实践中,垂管系统公职人员队伍规模大,单位层级多,国家监委只能向中央一级单位派驻监察机构,派驻机构难以有效覆盖全系统。

党的二十大前,国有企业纪检监察派驻改革工作处于试点阶段,主要是在财政部系统前 15 家中管金融企业、国务院国资委系统前 53 家中管企业和国家铁路集团、中国邮政集团、中国烟草总公司等 3 家中管企业(以上 71 家俗称"部级央企")。我国有"中央企业"和"中管企业"两个概念。国务院国资委官网所列央企名录有 98 家中央企业,其中前 53 家是"中管企业"。所谓"中管"指它们的领导班子由党中央管理,后 45 家虽然也是中央企业,但领导班子是由国资委党委管理。财政部官网所列金融央企名录有 27 家中央金融企业,前 15 家是党中央管理领导班子的"中管金融企业"。除国务院国资委、财政部两大系统外,还有 3 家中管重要骨干企业,即国家铁路集团、中国邮政集团、中国烟草总公司。根据国有企业不同性质和相关国有企业已有党组织、纪检组织设置差异,中央企业纪检监察派驻改革采用了三条不同路径:一是中管金融企业和其他 3 家中管企业采取派驻纪检监察组的模式。原来的企业纪委撤销,被改为"中央纪委国家监委驻企业纪检监察组"。二是针对设党组的中管企业即国资委系统前 53 家中的多数企业,设置"集团纪检监察组"。授予原来的企业党组纪检组以监察权,对外统称"集团纪检监察组"。中央纪委国家监委对此模式的性质功能概括是"无派驻之名,行派驻之实"。三是对国资委系统前 53 家中的少数设有党委的中管企业,设置监察专员与监察专员办公室。保留原来企业纪委不变,国家监委向企业派出监察专员,监察专员和纪委书记由同一人担任,新成立"监察专员办公室"与纪委合署办公。《纪检监察机关派驻机构工作规则》第六条以党内法规形式明确上述三种模式。①

在上述背景下,2024年12月25日,全国人大常委会通过的《监察法(修正草案)》扩大派驻或者派出的监察机构或者监察专员的范围,新增监察再派出制度。修正草案规定,经国家监委批准,国家监委派驻垂管系统中央一级单位的监察机构可以向其驻在单位的下一级单位再派出,并将国家监委驻中管企业、国务院国资委、教育部等中央一级单位的派驻机构纳入监察再派出的范畴,以此充分发挥"派"的权威和"驻"的优势。

第一,监察委员会派驻或者派出监察机构、监察专员的主体和对象。本条第一款明确同级派驻或者派出的原则,明确派驻或者派出监察机构或者监察专员的对象范围,即向本级中国共产党机关、国家机关、中国人民政治协商会议委员会机关、法律法规授权或者委托管理公共事务的组织和单位以及辖区内特定区域、国有企业、事业单位。具体而言,细分为以下七种:

一是本级中国共产党机关。中国共产党的组织包括党的中央组织、地方组织、基层组织,既包括党委及其职能部门,也包括党的工作委员会。

二是国家机关。派的对象包括权力机关、行政机关、军事机关、审判机关和检察机关等。

三是中国人民政治协商会议委员会机关,包括全国政协机关、地方各级政协机关。

四是本级法律法规授权或者委托管理公共事务的组织和单位。《监察法实施条例》第三十九条规定:"监察法第十五条第二项所称法律、法规授权或者受国家机关依法委托管理公共事务的组织中从事公务的人员,是指在上述组织中,除参照公务员法管理的人员外,对公共事务履行组织、领导、管理、监督等职责的人员,包括具有公共事务管理职能的行业协会等组织中从事公务的人员,以及法定检验检测、检疫等机构中从事公务的人员。"

---

① 参见强舸:《新时代国有企业纪检监察派驻模式改革与创新》,《中共中央党校(国家行政学院)学报》2023年第5期。

五是辖区内特定区域。《监察法（修正草案）》将"所管辖的行政区域"改为"辖区内特定区域"，表述更加准确。辖区内是指被管辖的区域之内。特定区域的范围要大于行政区域。既包括街道、乡镇以及不设置人民代表大会的地区、盟，也包括开发区等城市功能区、跨行政区域的地区，例如，西咸新区位于陕西省西安市和咸阳市之间，区域范围涉及西安、咸阳两市所辖7县（区）23个乡镇和街道，还包括新疆生产建设兵团这种实行党政军企高度统一的特殊管理体制的组织中的师、团所管辖区域。此处不使用行政区域，而使用"特定区域"的表述，考虑到跨行政区域联合派驻或派出的因素。

六是国有企业。参照《监察法实施条例》第四十条关于国有企业管理人员的解释，国有企业是指国家出资企业，具体包括国有独资、全资公司、企业、国有控股、参股公司及其分支机构。

七是事业单位。参照《监察法实施条例》第四十一条关于公办的教育、科研、文化、医疗卫生、体育等单位中从事管理的人员的解释，这里的事业单位是指国家为了社会公益目的，由国家机关举办或者其他组织利用国有资产举办的教育、科研、文化、医疗卫生、体育等单位。

第二，规定了再派出制度。本条第二、三款明确了三个方面：

一是再派出制度的批准主体是国家监察委员会，明确再派出属于特例，需要最高监察机关一事一议来批准。

二是再派出的对象是驻在单位的下一级单位。法律并未授权下一级单位可以继续再往下派出，即不能层层派出。这个下一级不等于下级，专指仅次于本级的那，而非下属各级。

三是派驻或派出的主体，即四类监察机构、监察专员：

首先，国家监察委员会派驻本级实行垂直管理的单位、国有企业。前述中管金融企业和其他3家中管企业的"中央纪委国家监委驻企业纪检监察组"就是由国家监察委员会派驻本级实行垂直管理的。

其次，国家监察委员会派驻本级实行双重领导并以上级单位领导为主的单位、国有企业。所谓双重领导,指一个单位同时接受本级党委政府和上级业务主管部门领导,或者同时接受两个上级业务主管部门领导。实行双重领导体制的单位,承担上级业务主管部门和地方党委政府依法赋予的相关职责,通常以上级业务主管部门的领导为主,例如,海关总署缉私局、中国民用航空局公安局这两类警务单位实行双重领导但以公安部领导为主。海关总署缉私局(公安部十四局)、中国民用航空局公安局(公安部十五局)统一列入公安部序列。虽然海关总署缉私局、中国民用航空局公安局分别作为海关总署、中国民用航空局内设机构,但两单位均以公安部领导为主,局长/政委都由公安部任命管理。前述设置"集团纪检监察组"的设党组的中管企业即国资委系统前53家中的多数企业。集团纪检监察组一方面要接受企业党组领导,履行纪委协助职责、同级监督责任,又要代表上级监委履行监察监督职责,在中央纪委国家监委直接领导下对驻在企业党组以及其他治理主体的全面从严治党乃至公司治理相关工作进行全面监督。设置监察专员与监察专员办公室的国资委系统前53家中的少数设有党委的中管企业。监察专员(纪委书记)也属于双重领导,以上级领导为主。

再次,由国家监察委员会派驻监察机构、监察专员来监督校领导班子的普通高等学校。主要是教育部直属普通高等院校,例如,国家监委驻中国人民大学监察专员。按照《关于深化中管高校纪检监察体制改革的意见》,由国家监委在中管高校派驻监察专员,设立监察专员办公室与学校纪委合署办公,正式赋予部分监察权,明确中管高校纪委由中央纪委国家监委统筹领导、省纪委监委日常领导、高校党委直接领导的领导体制。在干部选任方面,高校纪委书记改为由中央纪委会同主管部门党组提名、考察,实行交流任职、不从本校产生,其考核工作由中央纪委国家监委进行。在领导体制方面,明确高校纪委接受所属地方纪委监委和学校同级党委的双重领导,同时接受驻在主管部门纪检监察组的工作指导。在调查措施方面,授权中管高校纪委在监督执纪过程中,可采取谈话、查询、调取、扣押、勘验检查、鉴定等六种措施,完善监督手段,提升监督效果。

在地方高校派驻改革方面,派驻方式上有监察"单派驻"和纪检监察"双派驻"两种模式。监察"单派驻"是省(市)监委向所属高校派驻监察专员,设立监察专员办公室,监察专员由纪委书记兼任。撤销高校内设监察机构,将力量充实到校纪委,实行监察专员办与校纪委合署办公。纪检监察"双派驻"是省(市)纪委监委直接向所辖高校派驻纪检监察组,接受地方纪委监委直接领导和统一管理,对其负责并报告工作。全国大部分地方高校采用的是监察"单派驻"模式。四川和天津两地在"双派驻"模式下对高校纪检监察机构做了调整。"四川模式"是撤销高校内设监察机构,保留校纪委,派驻纪检监察组和校纪委合署办公,实行"两块牌子、一套人马",派驻纪检监察组组长同时任高校纪委书记。"天津模式"是同时撤销原高校内设纪委和监察机构,派驻的纪检监察组组长不再同时担任高校纪委书记。在工作机制上,明确高校纪检监察业务工作以省(市)监委领导为主。在干部管理上,除高校纪委书记(监察专员)外,纪委副书记的提名、考察和任命也纳入省(市)主导范围,同时强化纪委书记在教育系统外选拔和异地交流任职。在工作考核上,高校纪委书记定期向省(市)监委述责述廉,纪委书记、副书记的工作考核评价由省(市)监委主导。在工作报告上,围绕监督工作各个方面,建立全方位、精细化的报告制度,进一步强化上级纪委监委对高校纪检监察业务工作的领导。

最后,国家监察委员会派驻国务院国有资产监督管理机构的监察机构。例如,国务院国有资产监督管理委员会驻委纪检监察组。

明确监察机构、监察专员对派驻或者派出它的监察委员会或者监察机构、监察专员负责。因为再派出的出现,所以派驻或者派出主体在监察委员会之外,又增加了上一级监察机构、监察专员。监察机构、监察专员对派驻或者派出它的监察机关负责,不受驻在部门的领导,具有开展工作的独立地位。这样可以在很大程度上保证监察机关能够通过派驻或者派出的监察机构、监察专员,经常、及时、准确地了解分散在不同机关、组织和单位等的监察对象情况;需要注意的是,各级监察委员会与本级党的纪律检查委员会合署办公,监察委员会派驻或者派出的监察机构、监察专员,与本级纪委派驻或者派出到该单位以及行政区域、国有企业的纪检组,也应当合署办公。

第十三条 【派驻或者派出的监察机构、监察专员职责】

派驻或者派出的监察机构、监察专员根据授权,按照管理权限依法对公职人员进行监督,提出监察建议,依法对公职人员进行调查、处置。

【理解与适用】

本条是有关派驻或者派出的监察机构、监察专员职责的规定。

监察专员是指负责执行监察工作特定职务的专职人员。监察机构指行使国家监察职能的机构,通常称为监察组或在同纪委的纪检组合署办公情况下合称纪检监察组。

第一,派驻或者派出的监察机构、监察专员的监察权来自授权。授权主体是监察委员会、上级监察机构、监察专员。授权的本质是上级对下级的权力委托或下放。要严格按照职权法定和授权原则行使监察权。职权法定原则是公权力运行的基本逻辑。监察委员会、监察机构或监察专员对派驻或者派出的监察机构、监察专员的授权存在权力边界。授权主体仅能在其依法享有的监察权范围内进行授权,不得超越其法定职权。被授权主体严格根据授权来行权。

第二,派驻或者派出的监察机构、监察专员按照管理权限依法对公职人员进行监督,提出监察建议,依法对公职人员进行调查、处置。按照管理权限有两个层面的理解,一是按照授权的范围来确定监督、提出监察建议、调查、处置的范围,二是按照干部管理权限确定监察对象的范围。干部管理权限,是指中央和地方各级党委管理干部的职权范围和责任范围。派驻或者派出的监察机构、监察专员的监督、调查和处置的对象,不包括派驻或者派出它的监察委员会、监察机构、监察专员直接负责监督、调查、处置的公职人员。

实践中,派驻或者派出的监察机构、监察专员对反映驻在部门领导班子成员违反党纪、法律问题进行初步核实。根据授权,可以使用谈话、询问、查询、调取等不限制被调查人的人身权利和财产权利的措施。如果需要采取其他调查手段的,一般要报派出它的监察机关、监察机构、监察专员的同意,以监察委员会的名义行使,或者由监察委员会相关内设机构来组织实施。地方纪委监委的派驻纪检监察机构、监察专员不得使用留置措施。需要立案调查的,由纪委监察机关按规定程序办理,派驻监察机构、监察专员可参与调查。目前广泛采取"组地"联合办案、"室组地"联合办案的方式,即在派出机关(上级纪委监委)领导和部署下,在派出机关特定的监督检查室(或审查调查室)指导和安排下,国有企业纪检监察派驻机构和某个地方监委组成联合专案组,共同办理该国有企业的重大案件。

第三,需要明确"派驻"与"派出"的区别。一是领导体制不同。派出监察机构、监察专员在委派机关和驻在部门党委的双重领导下开展工作;派驻监察机构、监察专员受委派机关统一领导、统一管理,向委派机关请示报告工作,并对其负责。

二是具体职责不同。派出监察机构、监察专员按照管理权限依法履行职责。派驻监察机构、监察专员依据有关规定和委派机关授权履行职责。派驻监察机构与驻在部门是监督与被监督的关系,派驻监察机构、监察专员不承担驻在部门领导班子履行主体责任相关的日常工作。

三是权限不同。派出监察机构、监察专员可以对公职人员涉嫌职务违法、职务犯罪进行调查、处置。派驻监察机构、监察专员的具体职责权限,则需要根据派出它的监察机关、监察机构、监察专员的授权来确定。

第十四条 【监察官制度】

国家实行监察官制度,依法确定监察官的等级设置、任免、考评和晋升等制度。

【理解与适用】

本条是关于监察官制度的规定。

监察官制度属于国家制度。国家建立监察官制度的意义重大,一是建设党领导下的忠诚干净担当的高素质专业化的监察官队伍。通过制度规范选人用人、职能职责、管理监督等环节,围绕提升监察官的政治素质和专业能力,设立高标准。二是进一步深化国家监察体制改革。通过制度化、法定化,促进监察官依法履行职责,进一步明确权力边界、严格内控机制,强化自我约束、加强外部监督,从而促进监察权的规范正确行使。

明确监察官制度中的一些内容需要"依法"确定。第一,"依法"指的是依照《中华人民共和国监察官法》(以下简称《监察官法》)。该法 2021 年 8 月 20 日由十三届全国人大常委会第三十次会议表决通过,2022 年 1 月 1 日起正式施行。根据《监察官法》的规定,监察官制度包括了监察官的职责、义务和权利、条件和选用、任免、管理、考核和奖励、监督和惩戒、职业保障。第二,"依法"也包括《中华人民共和国公务员法》等其他法律。监察官制度应当是开放性的制度体系。监察官制度并不限于《监察官法》规定的制度,例如,《监察官法》第十一条规定,监察官享有《中华人民共和国公务员法》等法律规定的其他权利。该法第二十一条还规定,监察官有法律规定的其他情形,应当免去其监察官职务。第三十三条也规定:"监察官依照法律和国家有关规定实行任职交流。"面向未来,应当逐步完善监察官的职业伦理规范、培训制度、任职回避、交流制度、福利保险制度等。第三,《监察官法》通过授权的方式使监察官制度逐步具体化。例如,该法第十二条第二款规定:"本法施行前的监察人员不具备前款第六项规定的学历条件的,应当接受培训和考核,具体办法由国家监察委员会制定。"第二十八条规定:"监察官的等级设置、确定和晋升的具体办法,由国家另行规定。"第四十一条第二款规定:"监察官的奖励按照有关规定办理。"第六十条规定:"监察官的工资及等级津贴制度,由国家另行规定。"

《监察法》中只有本条出现"监察官"一词,其他条文出现多次"监察人员"。《监察法》并没有界定监察官的范围,而是交由《监察官法》进一步明确。《监察官法》第三条规定,监察官主要包括:各级监察委员会的主任、副主任、委员;各级监察委员会机关中的监察人员;各级监察委员会派驻或者派出到中国共产党机关、国家机关、法律法规授权或者委托管理公共事务的组织和单位以及所管辖的行政区域等的监察机构中的监察人员、监察专员;其他依法行使监察权的监察机构中的监察人员。在《监察官法》立法中,学界有观点认为监察官与监察人员的范围不应当完全重合,监察官属于特殊的监察人员,其范围应小于监察人员。[1] 但是,立法否决了学界在监察机关实行"员额制"的方案,而是把全部监察人员纳入监察官范围,从而使"监察官"和"监察人员"在内涵外延上趋同。

本条罗列监察官制度中的几个重要制度,即等级设置、任免、考评和晋升制度。

第一,监察官等级设置制度。《监察官法》第二十七条第一款规定:"监察官等级的确定,以监察官担任的职务职级、德才表现、业务水平、工作实绩和工作年限等为依据。"监察官等级分为十三级,据《监察官法》第二十五条规定:"依次为总监察官、一级副总监察官、二级副总监察官,一级高级监察官、二级高级监察官、三级高级监察官、四级高级监察官,一级监察官、二级监察官、三级监察官、四级监察官、五级监察官、六级监察官。"

---

[1]　参见褚宸舸、王阳:《我国监察官制度的立法构建——对监察官范围和任职条件的建议》,《浙江工商大学学报》2020 年第 4 期。

第二，监察官任免制度。涉及监察官的产生和任命、宪法宣誓、免职情形、禁止担任其他职务、任职回避等具体制度。《监察官法》第十九条第三、四款特别规定："新疆生产建设兵团各级监察委员会主任、副主任、委员，由新疆维吾尔自治区监察委员会主任提请自治区人民代表大会常务委员会任免。""其他监察官的任免，按照管理权限和规定的程序办理。"这一方面考虑了新疆生产建设兵团特殊管理体制，完善了《监察法》第九条的规定，另一方面也考虑到监察官中有些人并非各级监察委员会组成人员的情况。《监察官法》第二十条规定："监察官就职时应当依照法律规定进行宪法宣誓。"第二十一条规定了应当免去其监察官职务的情形。第二十二条规定："监察官不得兼任人民代表大会常务委员会的组成人员，不得兼任行政机关、审判机关、检察机关的职务，不得兼任企业或者其他营利性组织、事业单位的职务，不得兼任人民陪审员、人民监督员、执业律师、仲裁员和公证员。监察官因工作需要兼职的，应当按照管理权限批准，但是不得领取兼职报酬。"《监察官法》规定了任职回避制度，一是第二十三条规定的监察官担任县级、设区的市级监察委员会主任的按照有关规定实行地域回避。二是第二十四条规定的监察官之间有夫妻关系、直系血亲关系、三代以内旁系血亲以及近姻亲关系的，不得同时任职的具体情形。

第三，监察官考评制度。根据《监察官法》第三十六至三十九条的规定，对监察官的考核，应当全面、客观、公正，实行平时考核、专项考核和年度考核相结合。监察官的考核应当按照管理权限，全面考核监察官的德、能、勤、绩、廉，重点考核政治素质、工作实绩和廉洁自律情况。年度考核结果分为优秀、称职、基本称职和不称职四个等次。考核结果作为调整监察官等级、工资以及监察官奖惩、免职、降职、辞退的依据。年度考核结果以书面形式通知监察官本人。监察官对考核结果如果有异议，可以申请复核。

第四，监察官晋升制度。《监察官法》第二十七条第二款规定："监察官等级晋升采取按期晋升和择优选升相结合的方式，特别优秀或者作出特别贡献的，可以提前选升。"

第三章　监察范围和管辖

第十五条　【监察对象的范围】

监察机关对下列公职人员和有关人员进行监察：

（一）中国共产党机关、人民代表大会及其常务委员会机关、人民政府、监察委员会、人民法院、人民检察院、中国人民政治协商会议各级委员会机关、民主党派机关和工商业联合会机关的公务员，以及参照《中华人民共和国公务员法》管理的人员；

（二）法律、法规授权或者受国家机关依法委托管理公共事务的组织中从事公务的人员；

（三）国有企业管理人员；

（四）公办的教育、科研、文化、医疗卫生、体育等单位中从事管理的人员；

（五）基层群众性自治组织中从事管理的人员；

（六）其他依法履行公职的人员。

【理解与适用】

本条是关于监察对象范围的规定。

我国之所以要深化监察体制改革和制定《监察法》，其原因之一就是在监察体制改革之前，行政监察的范围过窄，不利于实现对所有公职人员的全覆盖。因此，监察全覆盖是一条重要的立法原则。《监察法》第三条明确规定，

"各级监察委员会是行使国家监察职能的专责机关,依照本法对所有行使公权力的公职人员(以下称公职人员)进行监察"。本条规定便是对这一规定的细化,为监察工作实践中确定监察对象的范围提供了明确的法律依据。

一、"公职人员"和"有关人员"的含义

准确理解这一条文,必须明确该条文中的"公职人员"和"有关人员"的含义。在我国,"公职人员"是一个全新的法律术语,与以往法律中使用的"公务员""国家工作人员"等概念有着不同的含义。《联合国反腐败公约》关于"公职人员"的定义是:"公职人员"系指:1. 无论是经任命还是经选举而在缔约国中担任立法、行政、行政管理或者司法职务的任何人员,无论长期或者临时,计酬或者不计酬,也无论该人的资历如何;2. 依照缔约国本国法律的定义和在该缔约国相关法律领域中的适用情况,履行公共职能,包括为公共机构或者公营企业履行公共职能或者提供公共服务的任何其他人员;3. 缔约国本国法律中界定为"公职人员"的任何其他人员。但就本公约第二章所载某些具体措施而言,"公职人员"可以指依照缔约国本国法律的定义和在该缔约国相关法律领域中的适用情况,履行公共职能或者提供公共服务的任何人员。可见,《联合国反腐败公约》对"公职人员"的界定比较宽泛,并且缺乏明确、统一的标准。为了明确"公职人员"的范围,本条列举了六类在党政机关、国有企业、事业单位以及群众性自治组织等单位中履行公职的人员。

那么,应该如何理解"有关人员"的含义呢?这里所谓的"有关人员"是特指那些虽然没有担任固定的公职,但同样履行公共职责的人员。本条规定的第六类人员,即"其他依法履行公职的人员",是一个兜底性的条款。"其他依法履行公职的人员"这一兜底性的规定不仅能够弥补前面五类公职人员所难以涵盖的公职人员类型,还能够将那些虽然不具有公职人员的身份,但经由选举、指派或者聘请而履行公共职责的人员纳入监察对象的范围。这些虽不具有公职人员身份,但实质性行使公权力的人员就属于"有关人员"。比如,不具有公职人员身份的普通农民经选举程序担任人大代表,需要履行人大代表职责;不具有公职人员身份的专业人士受聘担任评标小组成员,需要履行评标职责;等等。

将"有关人员"作为对"公职人员"的补充,是十分必要的。习近平总书记指出:"我们要健全权力运行制约和监督体系,有权必有责,用权受监督,失职要问责,违法要追究,保证人民赋予的权力始终用来为人民谋利益。"①监察机关的职责是加强对公权力运行的监督,监察全覆盖就是强调将所有公权力的运行纳入监督范围。从实践的角度来看,绝大多数监察对象都是担任公职的人员。但是,如果不将"有关人员"纳入监察对象的范围,就难免会导致某些实质上行使公权力的人员成为监察全覆盖的"漏网之鱼"。

值得注意的是,结合本法第三条的规定可知,本条中的"公职人员"和"有关人员"省略了一个定语,即"行使公权力",但在条文表述中通过"公务""管理"等限定词阐明了"行使公权力"的具体情形。由此可见,本条中监察机关应当进行监察的"公职人员"和"有关人员"与第三条中关于"所有行使公权力的公职人员"的规定在本质上是一致的,都是为了更好地实现监察全覆盖的目标。

二、监察对象所涉及的人员范围

根据本条的规定,应当被纳入监察对象范围的公职人员和有关人员包括以下六类:

(一)公务员和参照公务员管理的人员

公务员是最重要的一类监察对象。"在我国,党的机关、人大机关、行政机关、政协机关、监察机关、审判机关、检察机关等,都在党中央统一领导下行使公权力,为人民用权,对人民负责,受人民监督。"②而各级党政机关的权力

———————

① 中共中央纪律检查委员会、中共中央文献研究室编:《习近平关于党风廉政建设和反腐败斗争论述摘编》,中央文献出版社、中国方正出版社2015年版,第121页。

② 中共中央纪律检查委员会、中华人民共和国国家监察委员会法规室编:《〈中华人民共和国监察法〉释义》,中国方正出版社2018年版,第33页。

行使是由党政机关的公务员来具体承担的。因此,对行使党和国家权力的公务员进行监察,是监察机关的主要职责。

公务员是指党政机关中除工勤人员以外的工作人员。《中华人民共和国公务员法》第二条第一款规定,"本法所称公务员,是指依法履行公职、纳入国家行政编制、由国家财政负担工资福利的工作人员。"据此,公务员应当符合三个条件:(1)履行公职,即从事公务活动;(2)纳入国家行政编制,该条件排除了事业单位等其他机关中,从事公务的人员;(3)国家行政负担工资福利。具体而言,主要包括以下八类人员:

1. 中国共产党机关公务员。包括:(1)中央和地方各级党委、纪律检查委员会的领导人员;(2)中央和地方各级党委工作部门、办事机构和派出机构的工作人员;(3)中央和地方各级纪律检查委员会机关和派出机构的工作人员;(4)街道、乡、镇党委机关的工作人员。

2. 人民代表大会及其常务委员会机关公务员。包括:(1)县级以上各级人民代表大会常务委员会领导人员,乡、镇人民代表大会主席、副主席;(2)县级以上各级人民代表大会常务委员会工作机构和办事机构的工作人员;(3)各级人民代表大会专门委员会办事机构的工作人员。

3. 人民政府公务员。包括:(1)各级人民政府的领导人员;(2)县级以上各级人民政府工作部门和派出机构的工作人员;(3)乡、镇人民政府机关的工作人员。

4. 监察委员会公务员。包括:(1)各级监察委员会的组成人员;(2)各级监察委员会内设机构和派出监察机构的工作人员,派出的监察专员等。

5. 人民法院公务员。包括:(1)最高人民法院和地方各级人民法院的法官、审判辅助人员;(2)最高人民法院和地方各级人民法院的司法行政人员等。

6. 人民检察院公务员。包括:(1)最高人民检察院和地方各级人民检察院的检察官、检察辅助人员;(2)最高人民检察院和地方各级人民检察院的司法行政人员等。

7. 中国人民政治协商会议各级委员会机关公务员。包括：(1)中国人民政治协商会议各级委员会的领导人员；(2)中国人民政治协商会议各级委员会工作机构的工作人员。

8. 民主党派机关和工商业联合会机关公务员。包括八个民主党派中央和地方各级委员会的公务员，以及中华全国工商业联合会和地方各级工商联等单位的公务员。

"参照公务员管理的人员"是指法律、法规授权的具有公共事务管理职能的单位中除工勤人员以外的工作人员。具有公共事务管理职能的单位具体包括两类：一类是参公管理的组织和团体。比如，中华全国总工会、中华全国妇女联合会、中国共产主义青年团、中国法学会等人民团体、群众团体。另一类是参公管理的事业单位。比如，中国证券监督管理委员会、中国银行业监督管理委员会等事业单位。上述单位中除工勤人员以外的工作人员属于"参照公务员管理的人员"，也属于监察对象的范围。

(二)法律、法规授权或者受国家机关依法委托管理公共事务的组织中从事公务的人员

在我国，除了上文提到的各类党政机关和参公管理的单位依法行使公权力之外，还有一些组织基于法律、法规的授权或者受国家机关依法委托，承担着对公共事务的组织、领导、管理、监督等职责。主要包括两类：一类是具有公共事务管理职能的行业协会等组织；另一类是法定的检验检测、检疫等机构。这些组织和机构中从事公务的人员也属于监察对象的范围。

(三)国有企业管理人员

国有企业是国民经济的主导力量，特别是在基础能源、重大工程项目和技术创新等领域占据绝对优势。它们不仅提供煤炭、石油、电力、钢铁等基础能源，还承担着生产公共产品、推动国家技术创新等重要职责。2016年10月，习近平总书记在全国国有企业党的建设工作会议上发表重要讲话指出，国有

企业是中国特色社会主义的重要物质基础和政治基础,是党执政兴国的重要支柱和依靠力量①。在国有企业中从事管理的人员当然应当被纳入监察对象的范围。

但是,在实践中,除了国有独资、全资企业之外,还有一些国家参与部分出资的企业。那么,在国有控股、参股公司及其分支机构中从业的人员是否属于国有企业管理人员呢?根据2003年4月《财政部关于国有企业认定问题有关意见的函》,对"国有公司、企业"的认定,除了国有独资、全资企业之外,还应涵盖国有控股企业,其中,对国有股权超过50%的绝对控股企业,因国有股权处于绝对控制地位,应属"国有公司、企业"范畴;对国有股权处于相对控股的企业,因股权结构、控制力的组合情况相对复杂,如需纳入"国有公司、企业"范畴,须认真研究提出具体的判断标准。显然,在我国经济领域,对于国家参股企业是否属于国有企业,是根据持股比例来加以判断的,原则上只有国有控股企业才能被认定为国有企业。然而,《监察法》关于监察对象的确定并非完全依据企业的经济属性,其关注的重点在于企业工作人员是否行使公权力。因此,在监察法上,对于国家参股企业是否属于国有企业,不宜简单地根据国家持股比例作出判断。

根据《监察法实施条例》的规定,本条所谓的"国有企业管理人员",是指国家出资企业中的下列人员:(一)在国有独资、全资公司、企业中履行组织、领导、管理、监督等职责的人员;(二)经党组织或者国家机关,国有独资、全资公司、企业,事业单位提名、推荐、任命、批准等,在国有控股、参股公司及其分支机构中履行组织、领导、管理、监督等职责的人员;(三)经国家出资企业中负有管理、监督国有资产职责的组织批准或者研究决定,代表其在国有控股、参股公司及其分支机构中从事组织、领导、管理、监督等工作的人员。

(四)公办的教育、科研、文化、医疗卫生、体育等单位中从事管理的人员

这里所谓的"公办的教育、科研、文化、医疗卫生、体育等单位"是指服务

---

① 《十九大以来重要文献选编》(中),中央文献出版社2021年版,第498页。

于社会公益目的的事业单位。事业单位是国家为了社会公益目的,由国家机关举办或者其他组织利用国有资产举办的,从事教育、科研、文化、医疗卫生、体育等活动的社会服务组织。根据 2011 年 3 月《中共中央、国务院关于分类推进事业单位改革的指导意见》,事业单位包括承担行政职能、从事生产经营活动和从事公益服务三个类别。其中,有些承担行政职能的事业单位属于本条第一项规定的参公管理的事业单位,还有一些承担行政职能的事业单位属于本条第二项规定的"法律、法规授权或者受国家机关依法委托管理公共事务的组织"。除此之外的事业单位均属于本条第四项规定的"公办的教育、科研、文化、医疗卫生、体育等单位"。国家出资设立的事业单位是经济社会发展中提供公益服务的主要载体,是我国社会主义现代化建设的重要力量。在这些事业单位中从事管理的人员当然应属于监察对象的范围。

(五)基层群众性自治组织中从事管理的人员

这里的"基层群众性自治组织"是指城市里的居民委员会和农村的村民委员会。根据相关法律的规定,居民委员会和村民委员会都属于自我管理、自我教育、自我服务的基层群众性自治组织。作为一种自治组织,居委会和村委会负责管理所在社区或者乡村的集体性事务。这种对公共事务的管理权显然也属于公权力,因而,在居委会和村委会从事集体事务和公益事业管理的人员以及从事集体资金、资产、资源管理的人员都属于监察对象的范围。

除了负责集体性事务的管理之外,居委会和村委会还要协助政府部门开展相应的行政管理工作。根据《城市居民委员会组织法》的规定,居委会要协助人民政府或者它的派出机关做好与居民利益有关的公共卫生、计划生育、优抚救济、青少年教育等项工作。根据《村民委员会组织法》的规定,村民委员会要协助乡、民族乡、镇的人民政府开展工作。因此,在居委会和村委会协助人民政府从事行政管理工作的人员,也属于监察对象的范围。这里所谓的"行政管理工作"包括:从事救灾、防疫、抢险、防汛、优抚、帮扶、移民、救济款物的管理,社会捐助公益事业款物的管理,国有土地的经营和管理,土地征收、征用补偿费用的管理,代征、代缴税款,有关计划生育、户籍、征兵工作,协助人民政府等国家机关在基层群众性自治组织中从事的其他管理工作。

(六)其他依法履行公职的人员

这是一个兜底性的条款。既包括上述五种情形所难以涵盖的公职人员,也包括那些不具有公职人员身份,但经由选举、指派或者聘请而行使公权力的有关人员。《监察法实施条例》第四十三条规定,"其他依法履行公职的人员"包括:(一)履行人民代表大会职责的各级人民代表大会代表,履行公职的中国人民政治协商会议各级委员会委员、人民陪审员、人民监督员;(二)虽未列入党政机关人员编制,但在党政机关中从事公务的人员;(三)在集体经济组织等单位、组织中,由党组织或者国家机关,国有独资、全资公司、企业,国家出资企业中负有管理监督国有和集体资产职责的组织,事业单位提名、推荐、任命、批准等,从事组织、领导、管理、监督等工作的人员;(四)在依法组建的评标、谈判、询价等组织中代表国家机关,国有独资、全资公司、企业,事业单位,人民团体临时履行公共事务组织、领导、管理、监督等职责的人员;(五)其他依法行使公权力的人员。

第十六条 【管辖的一般原则、提级管辖以及管辖权争议的解决】

各级监察机关按照管理权限管辖本辖区内本法第十五条规定的人员所涉监察事项。

上级监察机关可以办理下一级监察机关管辖范围内的监察事项,必要时也可以办理所辖各级监察机关管辖范围内的监察事项。

监察机关之间对监察事项的管辖有争议的,由其共同的上级监察机关确定。

【理解与适用】

本条是关于管辖的一般原则、提级管辖以及管辖权争议解决的规定。

一、管辖的一般原则

管辖,是指监察法对于不同级别、不同地域的监察机关在履行监察工作职责方面的权限和分工所做的规定。管辖制度有助于明确监察机关所能够办理监察事项的范围,从而督促监察机关及其工作人员在职责范围内恪尽职守,避免争执或者推诿。

本条第一款从级别管辖和地域管辖两个方面明确了监察机关对监察事项管辖的一般原则。

首先是级别管辖。监察机关开展监督、调查、处置实行分级负责制。级别管辖就是指上下级监察委员会之间关于监察事项的权限分工。本条第一款明确了确定级别管辖的依据是各级监察机关的"管理权限"。这里的"管理权限"与同级党委的"干部管理权限"是一致的。"干部管理权限"就是指中央和各级地方各级党委管理干部的职权和职责范围。可见,监察法与刑事诉讼法在级别管辖方面有着显著的区别,后者确定级别管辖的依据主要是犯罪的性质和可能判处的刑罚轻重。比如,根据刑事诉讼法的规定,基层法院管辖第一审普通刑事案件,但危害国家安全、恐怖活动案件以及可能判处无期徒刑、死刑的案件由中级人民法院管辖。而监察法确定级别管辖的依据不是职务违法犯罪行为本身的性质和严重程度,而是监察对象的身份和级别。比如,国家监察委员会管辖中管干部涉嫌职务违法和职务犯罪案件;省级监察委员会管辖省管干部涉嫌职务违法和职务犯罪案件;地市级监察委员会管辖市管干部涉嫌职务违法和职务犯罪案件;区(县)级监察委员会管辖区(县)管干部涉嫌职务违法和职务犯罪案件。如果监察对象不具有上述的干部身份,则可由基层监察委员会管辖。比如,对《监察法》第十五条第五项规定的"基层群众性自治组织中从事管理的人员",其所涉监察事项由其所在的县级监察委员会管辖,县级监察委员会向其所在街道、乡镇派出监察机构、监察专员的,派出的监察机构、监察专员可以直接管辖。①

其次是地域管辖。根据本条规定,地方各级监察委员会只能管辖本辖区内本法第十五条规定的人员所涉监察事项。这里的"本辖区",是指地方各级监察委员会同级政府的行政辖区范围。换言之,各地监察机关原则上只能管辖本地公职人员的职务违法犯罪案件。需要注意的是,公职人员的所在地并非其户籍地或经常居住地,而是依据其所在工作单位的隶属关系确定的。

需要注意的是,虽然不同的监察机关之间存在上述的级别管辖和地域管辖上的分工,但各级各地监察机关对于其所发现的职务违法犯罪的线索都不得拒绝接收。根据《监察法实施条例》第三十二条第一款的规定,监察机关发现依法由其他机关管辖的违法犯罪线索,应当及时移送有管辖权的机关。

二、提级管辖

本条第二款规定了提级管辖。提级管辖是关于管辖权向上转移的规定,是对本条第一款规定的级别管辖的变通和补充。它是指上级监察机关基于某些监察事项的复杂性和特殊性,为了保证监察工作的顺利进行,直接办理原本属于其所辖的下一级监察机关管辖范围内的监察事项。必要时,还可以直接办理其所辖的更低级别的监察机关所管辖的监察事项。实践中,某些案件具有较高的政治敏感度或者社会关注度较高,或者属于重大复杂案件,不宜由下级监察机关办理。在此情况下,上级监察机关可以将案件的管辖权上提,以保障案件的办理质量。根据《监察法实施条例》第四十七条第一款的规定,提级管辖主要适用于以下三种情形:(1)在本辖区有重大影响的;(2)涉及多个下级监察机关管辖的监察对象,调查难度大的;(3)其他需要提级管辖的重大、复杂案件。

提级管辖的依据在于上下级监察机关之间的垂直领导关系。根据《监察

---

① 中共中央纪律检查委员会、中华人民共和国国家监察委员会法规室编:《〈中华人民共和国监察法〉释义》,中国方正出版社 2018 年版,第 116 页。

法》第十条的规定,国家监察委员会领导地方各级监察委员会的工作,上级监察委员会领导下级监察委员会的工作。上级监察委员会根据需要决定提级管辖,是强化对下级监察委员会的领导的重要体现。至于提级管辖的具体方式,则可以灵活多样。根据《监察法实施条例》第四十七条第二款的规定,上级监察机关对于所辖各级监察机关管辖范围内有重大影响的案件,必要时可以依法直接调查或者组织、指挥、参与调查。

三、管辖权争议的解决

本条第三款对管辖权争议的解决作出了规定。所谓管辖权争议,是指对同一个监察事项,两个或者两个以上的监察机关都认为自己具有或者不具有管辖权,从而发生争议的情形。《监察法》对监察事项的管辖作出了明确的规定,这些规定是确定管辖的基本依据,应当得到严格的遵守。监察机关既不能越权办理不属于自己管辖的监察事项,也不能对属于自己管辖的监察事项怠于履行监察工作职责。然而,在实践中,由于不同的监察机关对管辖规定在理解上的差异性以及案件自身情况的复杂性,难免对于监察事项的管辖权发生争议。在此情况下,应当报请它们共同的上级监察机关来决定管辖权的归属。

需要注意的是,"共同的上级监察机关"是指与发生管辖权争议的各个监察机关均存在领导与被领导关系的上级监察机关。并且,从保障监察工作效率的角度出发,这里的"共同的上级监察机关"原则上是指"共同的上一级监察机关"。比如,同一地市辖区内的两个区县监察委员会之间的管辖权争议应当报请该地市监察委员会确定;同一省内不同地市辖区的两个区县监察委员会之间的管辖权争议应当报请该省监察委员会确定;跨省的两个区县监察委员会之间的管辖权争议应当报请国家监察委员会确定。

第十七条　【指定管辖和报请提级管辖】

上级监察机关可以将其所管辖的监察事项指定下级监察机关管辖,也可以将下级监察机关有管辖权的监察事项指定给其他监察机关管辖。

监察机关认为所管辖的监察事项重大、复杂,需要由上级监察机关管辖的,可以报请上级监察机关管辖。

【理解与适用】

本条是关于指定管辖和报请提级管辖的规定。

一、指定管辖

指定管辖,是指在特定情况下,由上级监察机关指定下级监察机关管辖某一具体监察事项的制度。这一制度本质上是通过上级监察机关的指定,使监察事项的管辖权发生转移,以实现监察资源的优化配置。它是对管辖一般原则的变通和补充。指定管辖主要包含两种情形:管辖权向下转移和管辖权平行转移。

第一种指定管辖是管辖权向下转移的情形,即上级监察机关将自己所管辖的监察事项指定给下级机关管辖。这种指定管辖是对级别管辖的变通和补充。指定管辖的依据在于上下级监察机关之间的垂直领导关系。上级监察机关根据工作需要,将原本由自己管辖的案件交由下级监察机关管辖,有助于更好地配置监察资源。根据级别管辖的规定,上级监察机关负责对更高级别的干部开展监督、调查和处置工作,其担负着更为重要的职责。因而,在其工作负担负荷过重的情况下,可以将某些适合下级监察机关办理的案件的管辖权下移,以便集中精力办理大案要案。

不过,《监察法》所确立的级别管辖原则仍然需要被遵循。管辖权向下转移只能作为一种例外情况,而不应被常态化运用。为了防止上级监察机关推卸责任,滥用这种指定管辖的权力,需要构建必要的程序制约机制。根据《监察法实施条例》第四十八条第二款的规定,设区的市级监察委员会将同级党委管理的公职人员涉嫌职务违法或者职务犯罪案件指定下级监察委员会管辖的,应当报省级监察委员会批准;省级监察委员会将同级党委管理的公职人员涉嫌职务违法或者职务犯罪案件指定下级监察委员会管辖的,应当报国家监察委员会相关监督检查部门备案。

第二种指定管辖是管辖权平行转移的情形,即上级监察机关将下级监察机关有管辖权的监察事项指定给其他监察机关管辖。此款规定中的"其他监察机关"应当遵循级别管辖的相关规定,因此,属于同级监察机关之间的管辖权转移。这种指定管辖是对地域管辖的变通和补充。

除了为了解决不同监察机关之间的管辖权争议而指定管辖以外,这种指定管辖主要是基于保障公正办案的考虑。在实践中,有些案件的被调查人在当地有较大的社会影响或者有错综复杂的人际关系网,由当地监察机关办理难以保障案件得到公正处理,在此情况下就可以通过上级监察机关的指定来实现监察权的平行转移。实践中还有一种情况,那就是由于当地监察委员会工作人员涉案,由其所在的监察机关办理案件显然容易受到人情因素的干扰。出现上述情况后,上级监察机关可以直接决定指定管辖,原本有管辖权的下级监察机关也可以主动报请上级监察机关指定管辖。根据《监察法实施条例》第四十八条第三款的规定,上级监察机关对于下级监察机关管辖的职务违法和职务犯罪案件,具有下列情形之一,认为由其他下级监察机关管辖更为适宜的,可以依法指定给其他下级监察机关管辖:(一)管辖有争议的;(二)指定管辖有利于案件公正处理的;(三)下级监察机关报请指定管辖的;(四)其他有必要指定管辖的。

需要注意的是,无论是管辖权向下转移,还是管辖权平行转移,都是基于上级监察机关的指定而确定的管辖,被指定的下级监察机关必须加以接受,认真承办相应的监察事项。因此,被指定的下级监察机关未经指定管辖的监察机关批准,不得将案件再行指定管辖。发现新的职务违法或者职务犯罪线索,以及其他重要情况、重大问题,应当及时向指定管辖的监察机关请示报告。

二、报请提级管辖

本条第二款是关于报请提级管辖的规定。报请提级管辖,是指下级监察机关基于某些监察事项的复杂性和特殊性,为了保证监察工作的顺利进行,报请上级监察机关直接办理其所管辖的监察事项。报请提级管辖是对《监察法》第十六条第二款规定的提级管辖的必要补充。实践中,下级监察机关认为案件有重大影响,或者案件涉及其他监察机关管辖的监察对象,调查难度大的,可以主动报请上级监察机关管辖。当然,是否能够实现管辖权向上转移,仍然取决于上级监察机关的决定。

报请提级管辖的适用情形与提级管辖相同。根据《监察法实施条例》第四十七条第三款的规定,地方各级监察机关所管辖的职务违法和职务犯罪案件,具有下列情形之一的,可以依法报请上一级监察机关管辖:(1)在本辖区有重大影响的;(2)涉及多个下级监察机关管辖的监察对象,调查难度大的;(3)其他需要提级管辖的重大、复杂案件。

第四章　监察权限

第十八条　【监察机关收集证据的一般规定】

监察机关行使监督、调查职权,有权依法向有关单位和个人了解情况,收集、调取证据。有关单位和个人应当如实提供。

监察机关及其工作人员对监督、调查过程中知悉的国家秘密、工作秘密、商业秘密、个人隐私和个人信息,应当保密。

任何单位和个人不得伪造、隐匿或者毁灭证据。

【理解与适用】

本条是关于监察机关收集证据的一般规定。

一、监察机关的调查取证权

第一款规定是关于监察机关调查收集证据的权力及有关单位和个人配合的义务。任何法律适用活动都要以事实认定为前提,监察机关履行监督、调查和处置职责也不例外。根据证据裁判原则的要求,认定事实必须依靠证据来进行,没有足够充分的证据就不得对相关事实作出认定。为此,《监察法》赋予监察机关调查取证的权力,并明确规定有关单位和个人应当如实提供证据的义务。

监察证据与诉讼证据分别属于监察程序和司法程序中的证据形态,但在证据的性质、种类和运用规则等方面都存在类似之处。因而,对于监察法上的"证据",可以参考我国《刑事诉讼法》上的定义来加以理解,即"可以用于证明案件事实的材料,都是证据"。监察法上的证据也需要具备法定的形式,具体包括:(1)物证;(2)书证;(3)证人证言;(4)被害人陈述;(5)被调查人陈述、供述和辩解;(6)鉴定意见;(7)勘验检查、辨认、调查实验等笔录;(8)视听资料、电子数据。

本条除了明确监察机关有权调查取证之外,还强调监察机关向有关单位和个人了解情况,收集、调取证据,必须依法进行。根据《监察法》的规定,监察机关可以采取的调查取证手段包括:第十九条规定的谈话和函询,第二十条规定的讯问,第二十一条规定的强制到案,第二十二条规定的对证人的询问,第二十三条规定的责令候查,第二十四条规定的留置,第二十五条规定的管护,第二十六条规定的对财产的查询、冻结,第二十七条规定的搜查,第二十八条规定的调取、查封、扣押,第二十九条规定的勘验检查和调查实验,第三十条规定的鉴定,第三十一条规定的技术调查措施等。监察机关采取上述调查措施必须遵循相应的程序规定。

为了保障监察机关调查取证权的行使,本条明确规定了有关单位和个人应当如实提供证据的义务。"有关单位和个人"既包括监察对象、被调查人及其所在单位,也包括证人、鉴定人、勘验人、具有专门知识的人以及其他持有证据的单位和个人。"如实提供"是指根据监察机关的要求提供相应的言词证据和实物证据,并保证其完整性和真实性。监察机关向有关单位和个人收集、调取证据时,应当告知其必须依法如实提供证据。对于不按要求提供有关材料,泄露相关信息,伪造、隐匿、毁灭证据,提供虚假情况或者阻止他人提供证据的,依法追究法律责任。

二、监察机关及其工作人员的保密义务

第二款规定是监察机关及其工作人员的保密义务。监察机关及其工作人员在监督、调查过程中可以采取上文提到的多种调查取证手段来了解情况和收集证据,因而会接触到包括国家秘密、工作秘密、商业秘密、个人隐私、个人信息等在内的大量信息。监察机关及其工作人员获取信息的目的只是为了开展监督、调查工作,不应将这些信息用于其他用途,更不得向外界泄露。为了维护国家与工作机关的安全、企业的合法权益,保护公民的隐私权和个人信息,需要强化监察机关及其工作人员的保密义务。

其中,国家秘密的范围要根据保密法来加以确定。依据《中华人民共和国保守国家秘密法》的规定,国家秘密是关系国家安全和利益,依照法定程序确定,在一定时间内只限一定范围的人员知悉的事项。下列涉及国家安全和利益的事项,泄露后可能损害国家在政治、经济、国防、外交等领域的安全和利益的,应当确定为国家秘密:(1)国家事务重大决策中的秘密事项;(2)国防建设和武装力量活动中的秘密事项;(3)外交和外事活动中的秘密事项以及对外承担保密义务的秘密事项;(4)国民经济和社会发展中的秘密事项;(5)科学技术中的秘密事项;(6)维护国家安全活动和追查刑事犯罪中的秘密事项;(7)经国家保密行政管理部门确定的其他秘密事项。政党的秘密事项中符合前款规定的,属于国家秘密。工作秘密是指国家工作人员在公务活动中所知悉的,在一定时间内不宜对外公开,一旦泄露会给本机关、单位的工作带来被动和损害的事项和信息。根据《公务员法》的规定,公务员除了要保守国家秘密之外,还要承担保守工作秘密的义务。监察机关及其工作人员在对公职人员开展监督、调查的过程中难免会了解相关的工作秘密,对此应当加以保密。商业秘密是指不为公众所知悉、具有商业价值并经权利人采取相应保密措施的技术信息、经营信息等商业信息。根据《反不正当竞争法》的规定,经营者不得实施侵犯商业秘密的行为,监督检查部门及其工作人员对调查过程中知悉的商业秘密也负有保密义务。《监察法》明确监察机关及其工作人员对商业秘密的保密义务是十分必要的。个人隐私是指公民个人生活中不愿为他人公开或知悉的不危害社会的个人秘密,如个人的私生活、日记、相册、生活起居、通信秘密、生理缺陷等。隐私权是自然人享有的对其个人的、与他人及社会利益无关的个人信息、私人活动和私有领域进行支配的一种人格权。监察机关及其工作人员对监督、调查过程中知悉的个人隐私予以保密,体现了人权保障原则的基本要求。根据《中华人民共和国个人信息保护法》的规定,个人信息是以电子或者其他方式记录的与已识别或者可识别的自然人有关的各种信息,不包括匿名化处理后的信息。自然人的个人信息受法律保护,任何组织、个人不得侵害自然人的个人信息权益。《个人信息保护法》还明确规定,国家机关为履行法定职责处理个人信息,应当依照法律、行政法规规定的权限、程序进行,不得超出履行法定职责所必需的范围和限度。因此,监察机关及其工作人员也应当承担对个人信息的保密义务。

三、伪造、隐匿或者毁灭证据之禁止

第三款是关于任何单位和个人不得伪造、隐匿或者毁灭证据的规定。这里的"任何单位和个人"不同于第一款规定的"有关单位和个人"。任何单位和个人除了监察对象、被调查人及其所在单位,以及证人、鉴定人、勘验人、具有专门知识的人以及其他持有证据的单位和个人以外,还包括办案机关及其工作人员在内。因此,一方面,监察对象、被调查人、证人等有关单位和个人不得故意制造虚假的证据材料,或者隐藏、销毁真实的证据材料;另一方面,监察机关、检察机关、审判机关等办案机关及其工作人员也不得实施类似的行为。根据《监察法实施条例》第六十条第一款的规定,监察机关认定案件事实应当以证据为根据,全面、客观地收集、固定被调查人有无违法犯罪以及情节轻重的各种证据,形成相互印证、完整稳定的证据链。因此,监察机关及其工作人员不得片面收集、固定对监察对象、被调查人不利的证据,而应当对包括监察对象、被调查人有利的证据在内的所有证据进行全面的收集和固定,否则就可能涉嫌隐匿证据。任何单位和个人伪造、隐匿或者毁灭证据的,都要依法追究法律责任;构成犯罪的,应当依法追究刑事责任。

第十九条 【监察机关采取谈话、函询措施】

对可能发生职务违法的监察对象,监察机关按照管理权限,可以直接或者委托有关机关、人员进行谈话,或者进行函询,要求说明情况。

【理解与适用】

本条是关于监察机关对可能发生职务违法的监察对象采取谈话、函询措施的规定。

一、本条中谈话和函询的对象

本条所规定的谈话和函询的对象是"可能发生职务违法的监察对象"。可见,本条中的谈话、函询既是监察机关及其工作人员调查了解情况和收集证据的一种方式,也是开展廉政教育和进行职务违法预防的一种方式。

根据《监察法》第一条的规定,监察法的立法目的是为了深入开展廉政建设和反腐败工作,同时,根据《监察法》第三条的规定,监察机关承担着开展廉政建设和反腐败工作的双重职责。因此,监察机关不仅要依法查办职务违法犯罪案件,还要在日常监督过程中对可能发生职务违法的监察对象开展谈话提醒、教育警示等工作。由此可知,本条适用的对象不是监察调查阶段的被调查人,而是监察监督活动中的监察对象。这是将监督执纪的"四种形态"运用于监察执法活动的体现。根据《中国共产党党内监督条例》第七条的规定,党内监督必须把纪律挺在前面,运用监督执纪"四种形态",经常开展批评和自我批评、约谈函询,让"红红脸、出出汗"成为常态;党纪轻处分、组织调整成为违纪处理的大多数;党纪重处分、重大职务调整的成为少数;严重违纪涉嫌违法立案审查的成为极少数。监督执纪之所以要运用"四种形态",目的是为了惩前毖后、治病救人,彰显了抓早抓小、防微杜渐的理念。这一目的和理念完全可以被应用于监察执法活动。

监察机关在履行监督职责的过程中对可能发生职务违法的监察对象开展谈话或者函询,显然是对"第一形态"的运用。监察机关的监督职责主要是针对公职人员遵守公务员法定职业规范的情况进行监督,包括事前预防、事中监督和事后检查等。而"谈话"与"函询"作为履行监督职能的手段,既能够对可能发生职务违法的公职人员进行事前的预防提醒,又能够对监察对象进行事中监督和事后检查。通过谈话或者函询,指出公职人员存在的苗头性、倾向性问题并提出批评意见和改进建议,显然有助于达到预防职务违法行为的效果。

本条中的"谈话"和"函询",除了作为开展廉政教育和进行职务违法预防的一种方式之外,也是调查取证的一种方式。从本条中"要求说明情况"的表述可以看出,监察机关一般是在发现相关问题线索或者发现职务违法相关的苗头性、倾向性问题的情况下,通过谈话或者函询来调查了解公职人员履职的相关情况。一旦发现这些公职人员涉嫌职务违法犯罪,那么,监察机关此前通过谈话或者函询获得的陈述便可以作为证据使用。尤其是,在实践中,某些公职人员在谈话或者函询过程中主动交代监察机关尚未掌握的职务违法犯罪行为,则可以构成"自动投案"。在此情况下,通过谈话或者函询获得的供述不仅是用来证明被调查人职务违法犯罪行为的证据,也是证明其自动投案等从宽情节的证据。

二、谈话的方式和程序

谈话必须按照管理权限进行。一方面,谈话对象应该属于依法应由该监察机关管辖的监察对象范围。除了上级监察机关指定管辖等例外情况外,监察机关不得越权对不属于自身管辖的监察对象进行谈话。另一方面,采取谈话措施需要按程序报批。

谈话可以采取两种方式进行。一种是直接谈话,即由监察人员直接与监察对象进行谈话。监察机关谈话应当形成谈话笔录或者记录。谈话结束后,可以根据需要要求被谈话人在十五个工作日以内作出书面说明。被谈话人应当在书面说明每页签名,修改的地方也应当签名。另一种是委托谈话,即由监察机关委托被谈话人所在单位主要负责人等进行谈话。委托谈话的,受委托人应当在收到委托函后的十五个工作日以内进行谈话。谈话结束后及时形成谈话情况材料报送监察机关,必要时附被谈话人的书面说明。

根据相关规定,谈话应当个别进行。负责谈话的人员不得少于二人。并且,谈话应当在工作地点等场所进行,明确告知谈话事项,注重谈清问题、取得教育效果。谈话后发现监察对象存在违法行为但情节较轻的,可以按照管理权限,由监察机关直接或者委托有关机关、人员进行批评教育、责令检查,或者予以诫勉。①《监察法实施条例》第七十一条规定,对一般性问题线索的处置,可以采取谈话方式进行,对监察对象给予警示、批评、教育。

三、函询的方式和程序

与谈话一样,函询也必须按照管理权限进行。一方面,函询对象应该属于依法应由该监察机关管辖的监察对象范围。除了上级监察机关指定管辖等例外情况外,监察机关不得越权对不属于自身管辖的监察对象进行函询。另一方面,采取函询措施需要按程序报批。

根据《监察法实施条例》第一百七十四条第二款的规定,函询应当以监察机关办公厅(室)名义发函给被反映人,并抄送其所在单位和派驻监察机构主要负责人。被函询人应当在收到函件后十五个工作日以内写出说明材料,由其所在单位主要负责人签署意见后发函回复。被函询人为所在单位主要负责人的,或者被函询人所作说明涉及所在单位主要负责人的,应当直接发函回复监察机关。

第二十条　【监察机关要求被调查人陈述及讯问被调查人】

在调查过程中,对涉嫌职务违法的被调查人,监察机关可以进行谈话,要求其就涉嫌违法行为作出陈述,必要时向被调查人出具书面通知。

对涉嫌贪污贿赂、失职渎职等职务犯罪的被调查人,监察机关可以进行讯问,要求其如实供述涉嫌犯罪的情况。

---

① 中共中央纪律检查委员会、中华人民共和国国家监察委员会法规室编:《〈中华人民共和国监察法〉释义》,中国方正出版社 2018 年版,第 127 页。

【理解与适用】

本条是关于监察机关要求被调查人进行陈述以及对被调查人进行讯问的规定。本条借鉴了纪律检查机关执纪工作中的成功做法和刑事诉讼法的有关规定。本条包含涉嫌职务违法和涉嫌职务犯罪两个被调查人接受调查的款项。

本条第一款是对于"涉嫌职务违法的被调查人",监察机关的调查人员可以要求其作出陈述。所谓"涉嫌职务违法"是指被调查人涉嫌违反法律、法规的行为,包括普通职务违法,也包括严重职务违法并可能涉嫌职务犯罪行为。应正确理解本法第十九条谈话和第二十条陈述、讯问的关系,合理划分谈话、要求陈述和进行讯问这三种强制措施的适用情形,确保监察机关有序使用调查手段,有利于监察目的和调查手段之间达成比例平衡,有利于更好地保障公民的自由和人权。

"监察机关可以要求其就涉嫌违法行为作出陈述"是指监察机关可以要求被调查人就其涉嫌的违法问题作出说明和解释,而被调查人可以对其违法行为进行陈述和申辩。法条中的"陈述"并非一般意义上的"陈述",而是包括"说明、解释、陈述和申辩"四个方面的含义。一方面,被调查人负有配合监察机关履行监督、监察职责的义务,应当按照监察机关的要求如实对其涉嫌违法的问题作出说明和解释,不得弄虚作假,不得逃避拖延,否则应当依法承担相应的法律责任,构成犯罪的应当依法追究刑事责任。另一方面,被调查人面对指控和质问,享有陈述和申辩的权利。"陈述"是指被调查人可以对监察机关所指控的违法行为提出自己的意见和看法,针对监察机关质问事项、适用法律等方面表达自己的主张和要求。"申辩"是指被调查人可以针对监察机关对于案件事实的认定、证据的处理等提出不同的意见,申述理由并加以辩解。陈述和申辩是被调查人的一项法定权利,认真听取被调查人的陈述和申辩是监察机关人员的一种法定职责。当然,监察机关有保护被调查人陈述、申辩权利的义务,但"听取"并非"听从",监察机关在调查过程中仍然应当坚持"以事实为根据、以法律为准绳"的原则。

陈述和申辩权利属于一种实体兼具程序性质的权利,保护被调查人的陈述和申辩权是《监察法》的重要使命。监察机关对任何公职人员的监督和调查,都涉及被调查人切身利益甚至政治前途命运,被调查人为维护自身合法权益进行陈述和申辩是法律必须容忍和理解的。因此,监察机关应当保证被调查人在整个监察过程中都享有能够行使陈述、申辩的权利。任何机关在任何情形下,都不得以任何借口剥夺被调查人陈述申辩的权利,并且在认真听取其陈述和申辩后,不得仅仅因被调查人的申辩或反对而加重对案件的处理结果。

"必要时向被调查人出具书面通知",所谓"必要时"主要有以下几种情形:首先,案情重大复杂、可能有其他共同违法行为人的,可以向被调查人出具书面通知,列明监督调查的事项,要求被调查人以口头或书面的形式如实作出陈述。其次,被调查人的行为明显违法,必须责令其停止违反法律、法规或行政纪律的行为的,正式的书面通知可以及时制止其违法行为,防止给国家利益、集体利益和公民的合法权益造成更大损害。再次,对于不履行或不正确履行法定职责的被调查人,可以先正式出具书面通知,要求其全面、适当地履行法定职责。最后,被调查人主动要求对监察机关的指控和质问作书面交代和说明的等其他情形,允许被调查人通过书面的方式陈述事实、表达意见也是被调查人陈述申辩权利的一部分。这里的"书面通知",是指具有法律效力的文书,主要是针对被调查人不按照监察机关口头要求进行陈述时,由监察机关对其出具书面通知,要求其作出陈述。如果被调查人此时再不按照要求作出陈述的,则应当追究其法律责任。需要注意的是,要求被调查人就涉嫌的职务违法行为作出陈述,只能由监察机关工作人员来行使,不能委托给其他机关、个人行使。

本条第二款规定监察机关适用讯问措施的对象是"对涉嫌贪污贿赂、失职渎职等职务犯罪的被调查人"。职务犯罪是指本法第十五条所列公职人员和从事公务的人员利用职权之便,贪污受贿、徇私舞弊、滥用职权、玩忽职守等,以及侵犯公民人身权利、民主权利依照刑法应当予以刑罚处罚的犯罪。包括《刑法》第八章和第九章规定的犯罪,也包括其他利用职权实施的侵犯公民人身权利、民主权利的犯罪。本条规定的"讯问"手段只能针对涉嫌职务犯罪的被调查人才能适用,而针对一般的违纪行为、职务违法行为均不可以采取讯问的手段。依照本法第三十六条,监察机关在讯问过程中采取与刑事审判关于"犯罪嫌疑人、被告人供述和辩解"相一致的证据要求和标准,收集的被调查人供述和辩解才能够在刑事诉讼中作为证据使用。否则,以非法方法收集的证据应当依法排除,不得作为案件处置的依据。

依据《监察法实施条例》,监察机关在适用讯问措施时应当坚持与刑事诉讼活动中"讯问"同等严格的程序标准:第一,讯问被调查人只能由监察机关的调查人员负责进行,其他任何非监察机关的调查人员都非适格的讯问主体。为了保证被调查人的人身安全以及保障讯问过程的正当性和结果的公正性,讯问时调查人员不得少于两人。首次讯问时,应当向被讯问人出示《被调查人权利义务告知书》,由其签名、捺指印。被讯问人拒绝签名、捺指印的,调查人员应当在文书上记明。被讯问人未被限制人身自由的,应当在首次讯问时向其出具《讯问通知书》。第二,讯问一般按照下列顺序进行:1.核实被讯问人的基本情况,包括姓名、曾用名、出生年月日、户籍地、身份证件号码、民族、职业、政治面貌、文化程度、工作单位及职务、住所、家庭情况、社会经历,是否属于党代表大会代表、人大代表、政协委员,是否受到过党纪政务处分,是否受到过刑事处罚等;2.告知被讯问人如实供述自己罪行可以依法从宽处理和认罪认罚的法律规定;3.讯问被讯问人是否有犯罪行为,让其陈述有罪的事实或者无罪的辩解,应当允许其连贯陈述。第三,调查人员的提问应当与调查的案件相关。被讯问人对调查人员的提问应当如实回答。调查人员对被讯问人的辩解,应当如实记录,认真查核。讯问时,应当告知被讯问人将进行全程同步录音录像。告知情况应当在录音录像中予以反映,并在笔录中记明。第四,在讯问被调查人时,必须保障被调查人的陈述申辩的权利。应当首先讯问被调查人是否有犯罪行为,让其陈述有罪情节或无罪辩解,然后再根据其供述的情况提出问题。在讯问时,调查人员应当告知被调查人如实供述自己的罪行可以从宽处理的法律规定。

讯问被调查人应当依法制作讯问笔录,讯问之后所形成的讯问笔录是"被调查人供述和辩解"法定证据的载体,必须符合法定的程序要件:1. 讯问笔录应当交由被调查人进行核对;2. 经核对后发现遗漏或错误的,可以进行补充和改正,在改正的地方应当签名或盖章,并捺手印;3. 被调查人确认讯问笔录无误的应当签名或盖章并捺手印,两名调查人员也应当签名;4. 被调查人员要求自行书写的,应当准许其书面形式供述。

我国《刑事诉讼法》第三十四条规定"犯罪嫌疑人自被侦查机关第一次讯问或者采取强制措施之日起,有权委托辩护人",以及在第三十六条到四十七条都详细地规定了犯罪嫌疑人获得辩护的权利。由此,这一规定是否可以适用到监察活动中,一直是学界谈论的热点话题。2018 年通过的宪法修正案以及《监察法》和此次《监察法》的修订,已经对这一问题给予了回应。从法理上讲,非腐败刑事犯罪一般以事立案,一旦案发,即进入刑事侦查,案件一旦侦破,律师即可以刑事辩护人的身份介入。腐败犯罪案件一般以人定案,需要通过线索排查、证据收集和调查终结程序,在移送检察机关后,才进入刑事诉讼环节。被调查人在未移送检察机关之前,还不是法定意义上的犯罪嫌疑人,所以律师以刑事辩护人的身份介入为时过早。这正是《监察法》在惩治腐败犯罪与保障被调查人辩护权两者之间衡平原则基础上,作出不同于普通刑事犯罪的特殊规定。

第二十一条　【强制被调查人到案接受调查】

监察机关根据案件情况,经依法审批,可以强制涉嫌严重职务违法或者职务犯罪的被调查人到案接受调查。

【理解与适用】

本条是新增的关于强制被调查人到案接受调查的规定。这一规定旨在补强调查职务违法和职务犯罪手段单一、不适应监察调查工作流程贯通的"短板",增强监察执法权威性。①

本条中关于"监察机关根据案件情况"是规定强制到案措施的适用条件。所谓"根据案件情况"是要求被调查人必须具备实质意义上强制到案的正当理由,即被调查人到案才能取得办案所需的证言证据。职务犯罪案件具有隐蔽性强、案情复杂的特点,加之职务犯罪行为人往往具有极强的反调查意识和较大的人身危险性,为了有效防止被调查人隐匿、逃窜、相互串供、毁灭证据,阻碍监察调查工作的开展,监察机关在调查过程中不可避免要对行为人采取具有人身强制性的措施。从立法现状来看,《刑事诉讼法》明确设立了包括刑事拘留、逮捕、监视居住等严密的强制措施体系。但相对于《刑事诉讼法》,《监察法》修订前的调查强制措施相对单一,仅规定了留置和限制出境。因而在监察机关查办职务违法和职务犯罪的实践中,客观存在部分被调查人经通知不到案的问题,严重影响案件调查的顺利进行。《监察法(修正草案)》赋予监察机关根据案件情况强制被调查人到案接受调查的权限,体现了确保查办职务犯罪流程贯通的实际需要。

本条中关于"经依法审批"是监察机关实施强制到案措施前置规定,也是监察强制到案的启动程序。《监察法(修正草案)》虽然尚未对强制到案的审批流程进行明晰,参考留置的审批机制,对监察强制到案适用内部审批及报送上一级监察委员会备案的启动程序与其强制效力相当,便于应对调查中可能出现的紧急情况,同时有效保障了被调查人的人身自由不被随意剥夺。

---

① 引自国家监察委员会关于《中华人民共和国监察法(修正草案)》的说明。

本条中关于"可以强制涉嫌严重职务违法或者职务犯罪的被调查人到案接受调查"。这是强制被调查人到案接受调查的实体性规定。《监察法(修正草案)》赋予监察机关强制到案措施是为了保障监察调查工作顺利开展对被调查人的人身自由予以限制的措施。强制到案属于非羁押性强制措施,相较于其他几类监察强制措施,强制到案的人身强制性最弱、时限最短且在适用上具有优先性。监察强制到案的功能在于强制涉嫌严重职务违法或职务犯罪的被调查人到案接受调查,既满足了监察机关强制被调查人到案的实践需求,也规范了监察机关的讯问活动,避免监察机关用留置充当强制到案措施,减少了羁押性强制措施的使用频率,弥补了监察调查权缺失的控制和带到功能,符合保障人权、程序正当的原则。监察强制到案的设立,旨在确保监察工作持续在法治轨道上运行,提高了监察调查工作的效率,强化了对被调查人人权的保障,是对监察体制改革迈向制度化、规范化的阶段性总结。

综上所述,"强制被调查人到案接受调查"作为一项新增的强制性监察措施,有以下三个特点:

一是临时性和短暂性。监察强制到案是监察强制措施体系中时限最短的一类措施,作为到案措施,监察强制到案不具备长期限制被调查人人身自由的功能,仅能在短期内对被调查人的人身进行限制。《监察法(修正草案)》对强制到案作出了明确的时间限制,一般情况下不得超过 12 小时,特殊情况下需要采取管护或留置措施的,持续的时间不得超过 24 小时。与此同时,监察机关还应当保障被调查人在该期限内拥有必要的饮食和休息时间。期限届满后,监察机关应将强制到案转为与被调查人人身危险性相适应的其他种类的强制措施。基于此,监察强制到案的效力也是暂时的,随着案件的调查出现进展或者基于新出现的证据,强制到案会被撤销、变更。监察强制到案的临时性和短暂性表明其是为保障监察调查程序顺利进行而设置的临时性手段,体现了监察机关对被调查人人身自由权利的尊重和保障。

二是强制效力较弱。相较于管护、责令候查、留置等其他限制或剥夺人身自由的监察强制措施,监察强制到案是强制力最弱的一种监察强制措施。监察强制到案的目的是确保涉嫌严重职务违法或职务犯罪的被调查人能够及时到案接受调查,从而保障监察调查活动的顺利进行,并非对被调查人实施严厉的惩罚或制裁。与此同时,时限较短也是强制到案强制力弱的体现,不同于管护、留置等羁押性监察强制措施长期限制被调查人的人身自由,监察强制到案仅能在短期内限制其人身自由,期限届满后监察机关需要根据案情及时对被调查人采取其他措施。监察强制到案是整个监察强制措施体系的第一道手段,其余的措施均在强制到案的基础之上逐个加大了强制力度,进而确保措施的实施效果能够合理分层并适当衔接,使监察强制措施体系更具协调化、梯度化、体系化。

三是适用对象特定。根据《监察法(修正草案)》的规定,监察强制到案仅能适用于涉嫌严重职务违法和职务犯罪的被调查人。对于证人、被害人等其他人员,即使需要其配合监察机关调查取证,也不能对其适用监察强制到案。监察强制到案是在确保监察权独立运行的框架下,为实现高效反腐而设置的独立化、特殊化的监察强制措施,因此其适用对象只能是监察机关的监督对象,即依法行使公权力的公职人员。与此同时,该对象必须涉嫌实施了严重职务违法或犯罪行为,但并非所有涉嫌职务违法犯罪的被调查人都会被采取强制到案措施,只有当监察机关已经收集到了足够的证据和线索能够证明被调查人存在严重职务违法犯罪行为,且被调查人存在逃避侦查、毁灭证据的可能性时,才能采取监察强制到案。此外,这里的被调查人应当进行进一步的明确,即不能包含那些已经被适用了其他监察强制措施的被调查人,对于已经被采取了管护、责令候查、留置的被调查人有及时到案配合监察机关开展调查工作的义务,无需再对其采取监察强制到案。监察强制到案适用对象特定的特点体现了监察强制措施的谦抑性,以及保障被调查人人权的原则。

第二十二条　【监察机关询问证人】

在调查过程中,监察机关可以询问证人等人员。

【理解与适用】

本条是关于询问证人的规定。这一规定是纪检监察机关执纪审查实践经验的法定化。

《监察法》和其他法律并没有对证人的概念作出明确的解释,在理论上而言,"证人就是直接或者间接了解案件真实情况并依法提供证明的人。"我国《刑事诉讼法》第六十二条规定:"凡是知道案件情况的人,都有作证的义务。生理上、精神上有缺陷或者年幼,不能辨别是非、不能正确表达的人,不能作证人。"由此可见,在《监察法》中所述的"证人"必须满足以下条件:1. 证言必须保证客观真实性,所以证人必须是与案件事实无关的人,主要排除被调查人和被害人,此外由于身份上的冲突,证人也不能是监察机关的人员。2. 证人必须直接或者间接了解案件情况,只要了解案件情况的人就具备作证的资格,同时作证也是其义务。3.《刑事诉讼法》规定在生理上、精神上有缺陷或者年幼,不能辨别是非、不能正确表达的人不能作为证人,但《监察法》不能采取年龄或精神状况的形式作证标准,而应当在实质上考量针对作证的事实内容能够正确辨认和表达即可作证。4. 证人必须是"人员",只能是相对于法人、组织或单位的自然人才具备感知案件事实的能力。

证人制度中除了证人资格的界定和排除,还包括证人的程序保障。证人程序是证人证言客观真实性的重要保障。从查明案件事实的角度而言,收集到的证人证言越多,还原案件事实的可能性就越大,但同时调查过程中的主观性因素随之也会不断增加。因此必须在追求事实真相的过程中,进行理性的程序设计,尽可能排除或降低证人证言的主观性因素,达到相应的证明标准。

所谓"相应的证明标准"是说,监察委员会所监督、调查的案件范围较大,所以不同案件类型、不同的处置方式所要求的证明标准是不同的,例如,证明一般的违纪违法行为其证明标准就低一些,证明职务违法行为的证明标准就高一些,而证明职务犯罪就必须达到《刑事诉讼法》第五十五条所规定的"证据确实、充分"的程度。

为了有效地查明案件事实真相,在维护公平正义、保护证人的同时提高调查效率,应当依照有关询问证人的法律规定,在调查活动中遵循一定的规范程序。第一,询问证人的地点和方式。监察机关的调查人员询问证人应当在规定的地点进行:1. 在犯罪现场询问。在现场有利于唤醒证人记忆从而取得更多对调查案件有用的信息,但多数的职务违法犯罪没有严格意义上的犯罪现场,因此可以作扩大解释,只要是与职务违法犯罪有关联的场所均可。2. 到证人所在单位、住处或者证人提出的地点进行询问。这主要是为了鼓励证人作证保护证人安全,便于证人身份的保密。3. 必要时可以通知证人到监察机关提供证言。"必要时"主要是考虑到案情重大复杂或作证内容可能涉及国家秘密、商业秘密或个人隐私,为了排除作证干扰、防止秘密或隐私泄露,消除证人作证的思想顾虑等,可以通知证人到监察机关提供证言。在犯罪现场询问证人应当出示监察机关的工作证件以证明调查人员的身份;在证人所在的单位、住处或者证人提出的地点询问证人则应当出示监察机关的证明文件,在证明文件上应当载有询问人、被询问人的规范信息。

第二,在询问证人时应当个别进行,一案中存在几个证人,应当分别进行询问,防止证人之间相互串通、相互影响损害证言的客观真实性,同时也有利于保密案情,确保调查活动顺利有效进行。

第三,调查人员在询问证人有关案件的线索和事实前,应当告知其必须如实提供证据、证言以及有意作伪证或者隐匿罪证要负的法律责任。为了促使证人如实作证,询问证人前,调查人员应当提前告知说明证人的权利和义务,以便被询问人对自己的行为有清晰正确的认识。对于自己掌握的物证、书证、视听资料等应当原封不动地提供，不得私自隐匿、销毁或篡改；对于自己了解的案件事实信息等，应当如实陈述告知，不得隐瞒、歪曲或编造。同时，应当告知证人故意作伪证将承担法律责任，如我国《刑法》第三百零五条规定，证人对与案件有重要关系的情节，故意作虚假证明，意图陷害他人或者隐匿罪证的，处三年以下有期刑或者拘役；情节严重的，处三年以上七年以下有期徒刑；再如《刑法》第三百一十条规定，明知是犯罪的人而为其提供隐藏处所、财物，帮助其逃匿或者作假证明包庇的，处三年以下有期徒刑、拘役或者管制；情节严重的，处三年以上十年以下有期徒刑。

第四，调查人员询问证人，应当依法制作询问笔录。首先，询问证人应当由调查人员进行，并且调查人员不得少于两人。询问后产生的询问笔录应当交由被询问人核对，若被询问人没有阅读能力的，应当向其宣读。在核对中，被询问人认为有错误或者有遗漏的，可以提出改正或者补充，在改正或者补充的地方应当盖章或捺指印。其次，被询问人确认询问笔录准确无误的，应当在笔录上签名并盖章或捺指印，调查人员也应当在笔录上签名。最后，证人主动要求提供书面证言的，应当准许。在必要时候，可能书写提供证言更能顺利、准确表达证人真实意思和案情事实的，调查人员也可以主动让被询问人亲笔书写证词。总之，监察机关要为证人不受干扰地提供证据和证言创造条件，监察机关的调查人员必须注意言行举止，保持客观中立的态度，不得随意泄露案情，不得使用强迫方法取得证言，确保证人提供的证据具有客观性和真实性。

第五，询问证人的调查人员如果与案件或者涉案人员有某种特殊联系，可能影响询问客观公正的，应当实行回避。询问调查人员应当保守询问秘密，具体包括：1. 不能向询问对象泄露案情或者表示对案件的看法，包括当着被询问人的面谈论与案情有关内容；2. 询问证人时，应对其个人隐私保守秘密；3. 不能将询问的内容透露给其他的询问对象。

第二十三条 【监察机关的责令候查措施】

被调查人涉嫌严重职务违法或者职务犯罪,并有下列情形之一的,经监察机关依法审批,可以对其采取责令候查措施:

(一)不具有本法第二十四条第一款所列情形的;

(二)符合留置条件,但患有严重疾病、生活不能自理的,系怀孕或者正在哺乳自己婴儿的妇女,或者生活不能自理的人的唯一扶养人;

(三)案件尚未办结,但留置期限届满或者对被留置人员不需要继续采取留置措施的;

(四)符合留置条件,但因为案件的特殊情况或者办理案件的需要,采取责令候查措施更为适宜的。

被责令候查人员应当遵守以下规定:

(一)未经监察机关批准不得离开所居住的直辖市、设区的市的城市市区或者不设区的市、县的辖区;

(二)住址、工作单位和联系方式发生变动的,在二十四小时以内向监察机关报告;

(三)在接到通知的时候及时到案接受调查;

(四)不得以任何形式干扰证人作证;

(五)不得串供或者伪造、隐匿、毁灭证据。

被责令候查人员违反前款规定,情节严重的,可以依法予以留置。

【理解与适用】

本条是关于责令候查措施的适用条件、适用要求、适用期限的规定。

《监察法(修正草案)》增设"责令候查"措施,与刑事诉讼中的"监视居住"措施的功能相似,解决未被采取留置措施的被调查人缺乏相应监督管理措施的问题,同时减少留置措施适用,彰显本法总则关于尊重和保障人权、维护监察对象和相关人员合法权益的基本原则,这是应对反腐败斗争新的形势和任务的创新之举。责令候查与强制到案和监察管护三项措施的增设,对优化监察强制措施发挥着重要的互补作用。从监察制度层面对监察强制措施单一、缺少梯度化的制度设计进行补强,在实践中能够进一步保障被调查人的合法权益,节约监察资源,提高监察资源的利用效率。

本条第一款从总体上规定监察机关对涉嫌严重职务违法或者职务犯罪的被调查人可以采取责令候查措施。并明确采取这一措施的启动程序和前提条件是"经依法审批"与"有下列情形之一"。对本款的理解是,"经依法审批"的表述与强制到案措施一样,《监察法(修正草案)》未对具体审批流程做出明确规定,但参考留置的审批机制,对监察责令候查的"经依法审批",应适用内部审批及报送上一级监察委员会备案的启动程序。"有下列情形之一"明确了适用责令候查措施必须符合本条所列的具体情形,不符合本条所列具体情形的,不得适用责令候查措施。

本条第一款关于"不具有本法第二十四条第一款所列情形的",是指不具备采取留置措施条件的,即不具备涉嫌贪污贿赂、失职渎职等严重职务违法或者职务犯罪,监察机关已经掌握其部分违法犯罪事实及证据,仍有重要问题需要进一步调查,并涉及案情重大、复杂,可能逃跑、自杀,可能串供或者伪造、隐匿、毁灭证据,可能有其他妨碍调查行为的情形。对上述不具备留置条件情形的被调查人,可适用责令候查措施,以保障调查顺利进行。

本条第一款关于"符合留置条件,但患有严重疾病、生活不能自理的,系怀孕或者正在哺乳自己婴儿的妇女,或者生活不能自理的人的唯一扶养人",是指在法律和伦理的框架内,对于患有严重疾病、生活不能自理的妇女(包括怀孕或正在哺乳的情况)以及生活不能自理的人的唯一扶养人,通常不能采取严厉强制措施,这主要基于以下几个原因:一是人道主义考虑。对待身体或心理上处于弱势的个体,特别是那些生活不能自理或处在生育、哺乳阶段的妇女,法律通常会强调人道主义。强制措施可能会对其身心健康造成进一步的伤害,因此需要特别的保护和照顾。二是保护未出生和哺乳婴儿的利益。怀孕或正在哺乳的妇女,她们的身体状况直接影响到胎儿或婴儿的健康。采取严厉强制措施可能会影响母亲的身体状态,进而危害到未出生或正在哺乳的婴儿。因此,法律往往会优先考虑婴儿的健康和福祉。三是社会责任和家庭功能。生活不能自理的人的唯一扶养人通常承担着照顾和抚养的责任。如果对其采取严厉强制措施,可能会导致被扶养人的生活状况恶化,增加社会负担。

本条第一款关于"案件尚未办结,但留置期限届满或者对被留置人员不需要继续采取留置措施的",是指在监察调查中案件尚未办结,但留置期限届满或者对被留置人员不需要继续采取留置措施的,可以采取责令候查这一相对较轻的强制措施,作为特定情况下的轻型强制措施,目的是在保障案件调查正常进行的同时,尽量减少对个人自由的限制。责令候查措施特点:一是限制自由:虽然责令候查比留置要轻,但仍然对个人的自由有一定的限制,需要在居住地接受监察部门的监管。二是避免不必要的羁押:责令候查的设置可以有效避免无辜者因羁押而遭受的不必要损害。三是配合调查:被采取责令候查措施的被调查人仍需配合调查,并有义务随时接受监察机关的询问。值得指出的是,在决定是否采取责令候查措施时,监察机关应考虑被调查人是否有逃跑、毁灭证据或再犯的风险。如果被调查人没有明显的逃跑风险,责令候查则可能成为一个合适的选择。

本条第一款关于"符合留置条件,但因为案件的特殊情况或者办理案件的需要,采取责令候查措施更为适宜的",是指在留置期限虽然未满,但变更为责令候查更有利于案件办理的情形。这一规定类似于刑事诉讼中在逮捕期限未满的时限内变更为监视居住。本条中"特殊情况或者办理案件的需要"通常包括以下几个方面:一是被调查人在调查过程中表现出积极配合的态度,如实供述、主动提供证据等;二是被调查人没有逃跑、毁灭证据或再犯的风险,改为责令候查可以被视为对其自由的合理保护,同时确保案件的正常进行;三是某些情况下,嫌疑人可能因为健康原因(如重病)或家庭特殊情况(如照顾未成年子女、老人等)不适合继续被留置,基于人道主义考虑,改为责令候查;四是某些情况下,责令候查可以促使被调查人更快地配合调查和证据收集,从而有助于案件的快速解决;五是案件涉及的罪名较轻,且被调查人并未构成严重的社会危害,责令候查可以作为更为适当的选择。

本条第二款"被责令候查人员应当遵守以下规定"明确了被责令候查人员的法律义务。被责令候查人员在责令候查期间的法律义务主要是为了确保调查的顺利进行,以及防止其逃避法律责任。这些义务同时也是对其自身合法权益的保护。换言之,遵守责令候查规定,能够帮助其更好地遵从法律程序;若违反相关义务,可能会导致更为严重的法律后果,如被依法采取更严格的措施。

本条第二款列举了被责令候查人必须遵守的五项规定。第一项"未经监察机关批准不得离开所居住的直辖市、设区的市的城市市区和不设区的市、县的辖区"的主要含义是:被责令候查人员,在法律上被要求在特定的居住地内活动,不能随意离开。其核心在于对责令候查人员活动的管理和控制,目的是保护调查的公正性与有效性,同时也保障法律程序的顺利进行。第二项"住址、工作单位和联系方式发生变动的,在二十四小时以内向监察机关报告"的主要含义是:为了确保监察机关能够及时掌握被责令候查人员的最新信息,确保他们不会利用信息不对称逃避监控或干扰调查。而及时报告变动信息有助于保持对被责令候查人员的有效监管和法律责任,如果未能在规定时间内报告信息变动,则可能会变更为留置措施。第三项"在接到通知的时候及时到案接受调查"的主要含义是:被责令候查人员在收到通知后,应当按照法律要求,及时到相关的监察机关接受调查。这是对责令候查制度的一种遵守和配合;及时到案接受调查,有助于确保调查的顺利进行,避免因时间拖延导致的证据灭失或记忆模糊,从而影响案件的公正处理;如果被责令候查人员未能在规定时间内到案,可能会被视为逃避或拒绝配合调查。这种行为可能会导致相应的法律后果。第四项"不得以任何形式干扰证人作证"的主要含义是:证人作证的真实性和可靠性对案件的公正查处至关重要,干扰证人作证将影响执法司法公正。因此,必须保护证人的合法权益,确保他们能够自由、公正地作证。严禁被调查人在责令候查期间,以任何方式影响、威胁或干扰证人的作证,包括直接接触证人、通过他人传达信息、施加压力等行为。第五项"不得串供或者伪造、隐匿、毁灭证据"的含义涉及不得"串供""伪造证据""隐匿证据""毁灭证据"四个关键词。"串供",是指被告人或证人之间相互串通,故意协调证词,以达到影响审判结果的目的。"伪造证据"是指制造虚假证据材料的行为,包括模仿真实证据而制造假证据,或者凭空捏造虚假的证据,以及对真实证据加以变更改造,使其失去或减弱证明作用的情形。"隐匿证据"是指故意隐藏或掩盖证据的行为,使证据在诉讼或调查中无法被发现或使用。这种行为可能构成帮助毁灭。"毁灭证据"是指故意破坏证据使证据不复存在或使其丧失原有的证明价值或产生虚假证明效果的行为。

本条尾款"被责令候查人员违反前款规定,情节严重的,可以依法予以留置",是指被责令候查人员违反第二款的规定且情节严重的应该承担的法律后果。这一后果就是可依法予以留置。这里的"依法予以留置"是特指监察机关对不遵守责令候查五项规定的被调查人而实施的留置措施。实施这一留置措施必须依照留置措施的决定程序启动,即本级监察机关审批并报送上一级监察委员会备案的启动程序。

第二十四条 【监察机关留置被调查人】

被调查人涉嫌贪污贿赂、失职渎职等严重职务违法或者职务犯罪,监察机关已经掌握其部分违法犯罪事实及证据,仍有重要问题需要进一步调查,并有下列情形之一的,经监察机关依法审批,可以将其留置在特定场所:

（一）涉及案情重大、复杂的；

（二）可能逃跑、自杀的；

（三）可能串供或者伪造、隐匿、毁灭证据的；

（四）可能有其他妨碍调查行为的。

对涉嫌行贿犯罪或者共同职务犯罪的涉案人员，监察机关可以依照前款规定采取留置措施。

留置场所的设置、管理和监督依照国家有关规定执行。

【理解与适用】

本条是关于留置的对象和条件的规定。本条的主要目的是将留置这一重要的调查措施确立为监察机关在调查过程中可以运用的权限，解决长期困扰反腐败的法治难题。

党的十九大报告指出，"制定国家监察法，依法赋予监察委员会职责权限和调查手段，用留置取代'两规'措施。用留置取代"两规"措施，实现"两规"的法治化，是法治建设的重大进步，是以法治思维和法治方式反对腐败的重要体现，是反腐败工作思路办法的创新发展。① 这体现了深入推进反腐败法治化的趋势，也表明了中央全面推进依法治国的决心。

我国法律体系内，留置在公安行政执法、民事实体法、程序法和国家监察调查等四个领域内存在。在不同领域，留置被赋予不同的内涵。首先，在公安行政执法领域内，根据《中华人民共和国人民警察法》的规定，对于存在"被指控有犯罪行为的；有现场作案嫌疑的；有作案嫌疑身份不明的；携带的物品有可能是赃物的"等情形的盘查对象，人民警察可以留置盘问。虽然对公安行政执法中留置措施的属性存在一定争议，但主流观点还是将其界定为一种行政强制措施。其次，在民事实体法领域内，根据《民法典》第四百四十七条第

---

① 参见中共中央纪律检查委员会、中华人民共和国国家监察委员会法规室编:《〈中华人民共和国监察法〉释义》,中国方正出版社 2018 年版,第 133—134 页。

一款的规定,"债务人不履行到期债务,债权人可以留置已经合法占有的债务人的动产,并有权就该动产优先受偿。"就其性质而言,通说认为留置权属于担保物权的范畴。再次,在程序法领域内,根据《民事诉讼法》和《刑事诉讼法》的规定,留置送达是指受送达人或与其同住的成年家属拒收诉讼文书时,送达人将诉讼文书留在受送达人住所的一种送达方式。其性质为我国法定送达方式之一。而作为监察委员会的调查措施,留置措施中留置这一概念的解读同既有使用方式存在显著差异,所对应的制度属性亦存在本质区别。该措施的性质界定可以从作用对象、权力渊源和功能定位三个方面入手加以分析。

一是留置措施的作用对象。首先,根据党的十九大报告的表述,留置措施与"两规"之间存在取代关系,因而其权力内容上必然具有重合性。根据既往实践,"两规"措施的主要内容是各级纪委在调查办案期间对被调查对象人身自由的限制性措施。因此,留置措施在作用对象上应当是指向被留置对象的人身自由,强制其在一定的期间内接受调查。其次,国家监察体制改革各试点地区的实践探索,留置措施的作用对象也是直指被留置对象的人身自由权。无论是在政策指引层面,还是在实践适用层面,留置措施的作用对象都指向被留置对象的人身自由权。而且,这种对人身自由的限制具有强制性,被留置对象必须服从。因此,就作用对象而言,在国家监察体制改革的制度空间下,留置是一种对留置对象人身自由的强制性限制措施。

二是留置措施的权力渊源。就权力渊源而言,留置措施法律效力的来源是独立的国家监察权,不同于传统的立法权、司法权与行政权,是独立的新型权力。根据以前的试点改革方案,国家监察权是将此前党的纪检机关的执纪办案权、行政监察机关的行政监察权、检察机关的职务犯罪调查权进行整合充实基础上发展而来的一项独立权力类型。具体到留置措施而言,其直接的权力渊源主要由纪检机关的"两规"权、行政监察机关的"两指"权、检察机关的职务犯罪侦查强制措施适用权三部分构成。其中,"两规"也称"双规",是指"要求有关人员在规定的时间、地点就案件所涉及的问题作出说明"。"两指"

也称"双指"，是指"责令有违反行政纪律嫌疑的人员在指定的时间、地点就调查事项涉及的问题作出解释和说明"。检察机关职务犯罪侦查中的强制措施主要包括拘传、取保候审、监视居住、拘留和逮捕等针对犯罪嫌疑人的人身自由限制措施。这三项权力的共同点都属于针对被调查或侦查对象的强制性人身自由限制权，作为集大成者，国家监察委员会的留置权自然也应当具有这一性质，即对被留置对象人身自由的强制性限制权。

三是留置措施的功能定位。根据国家监察体制改革试点方案，对于监察机关调查完毕的腐败行为，如果涉嫌犯罪则应当移送检察机关审查起诉，进入刑事司法程序。这意味着对于腐败犯罪行为，国家监察委员会的调查行为并不具有最终定罪量刑的确定权。由此，虽然留置措施可以对被调查人的人身自由进行限制，但是这种限制不具有惩罚性，其功能定位被限定于收集固定证据和控制被调查对象，保障调查活动的顺利进行。因此，留置措施的预设功能属于一种保障性措施，而非实体处分性措施。

综上，无论是作用对象、权力渊源，还是功能定位，都决定了留置措施作为国家监察委员会调查职权的重要组成部分，在属性界定上是一种针对被调查对象强制限制人身自由的保障性措施，属于未定罪羁押措施的范畴。根据本条，监察机关作出留置决定应当考虑以下条件和因素：

第一，"被调查人涉嫌贪污贿赂、失职渎职等严重职务违法或者职务犯罪"所指"贪污贿赂、失职渎职"并不仅限于《刑法》分则第八章和第九章所列贪污贿赂犯罪和渎职犯罪，而是包括刑法在内的法律规范规定的所有职务性违法犯罪行为。留置措施的适用严格限定在"严重职务违法或者职务犯罪"的程度，换言之，仅仅只是一般违法或者轻微违反相关法律规定不得适用留置，这是《监察法》立法对于留置措施适用的严格限制。"已经掌握其部分违法犯罪事实及证据"表示采取留置措施必须达到特定的证据标准。有专家曾提出应当将"主要犯罪事实已经查清"作为适用留置的条件，但在实践中"主要犯罪事实查清"的条件过于严格，特别是针对较为疑难、复杂的案件很难在短期内做到,因此适当降低标准以"掌握其部分违法犯罪事实及证据"作为认定标准为宜。其中"违法犯罪事实"可以是单一的违法犯罪行为事实,也可以是多个违法犯罪事实中的一部分。当然,"部分违法犯罪事实及证据"仍然必须达到"严重职务违法或者职务犯罪"的程度方可适用留置。

第二,"仍有重要问题需要进一步调查"是对于留置措施适用的目的限制。不论是为了追究违法犯罪还是保障人权,监察机关都必须及时开展调查程序。留置措施的适用是为了防止被调查人可能存在逃跑、自杀、串供或伪造、隐匿、毁灭证据等行为妨碍调查,及时采取留置措施有利于约束被调查人,推进调查程序,提高调查效率。因此,留置措施只能是监察机关调查违法犯罪事实的手段,不得适用于其他目的,更不能出现"留而不查"、久拖不决甚至将留置作为案件处理的结果的情形。

第三,本条列举几种适用留置的情形:(一)"涉及案情重大、复杂的"是指监察机关在调查案件时发现案情重大、复杂,考虑要进一步调查或办理案件的实际需要可以考虑适用留置;(二)"可能逃跑、自杀的"表明被调查人在监察机关调查案件中可能自杀或逃跑,使调查程序中断甚至终止,因而采取留置措施;(三)"可能串供或者伪造、隐匿、毁灭证据的"包括与其他被调查人串供、干扰证人作证,采取行动伪造证据,隐匿、毁灭已经存在的证据等,从而阻止监察机关查明事实真相;(四)"可能有其他妨碍调查行为的"属于开放式列举,表明留置措施还适用于其他性质和程度与前文表述一致的情形。

第四,留置措施的适用必须经过监察机关的批准程序。在监察体制改革试点中,关于留置措施适用存在由监察机关自行决定和提请党委主要负责人批准两种模式。其中提请党委主要负责人批准虽然也经过审批程序,但监察机构在宪法中上升为国家机关后,监察机关自行独立适用留置措施是职权法定的应有之义,并且《监察法》第四条明确指出"监察委员会依照法律规定独立行使检察权,不受行政机关、社会团体和个人的干涉",因此立法选择了采纳监察机关独立决定或审批的模式。根据《监察法》第四十七条,留置措施的适用由监察机关领导人员集体研究决定,报上一级监察机关批准;而省级监察机关采取留置措施,报国家监察委员会备案即可。由监察委员会独立行使留置权,其采取措施和解除措施均由监察机关决定,符合职权法定的原则,是《宪法》第一百二十七条"监察委员会依照法律规定独立行使监察权,不受行政机关、社会团体和个人的干涉"的直接体现。

本条第二款"对涉嫌行贿犯罪或者共同职务犯罪的涉案人员,监察机关可以依照前款规定采取留置措施"实际上是对本条留置适用对象的扩大化规定。本法第十五条明文列举了监察机关对于公职人员和有关人员的监察对象范围,而此处所述"涉嫌行贿犯罪或者共同职务犯罪的涉案人员"完全有可能突破《监察法》第十五条所列举的范围,因此在此处是对监察机关留置适用对象范围的扩大。究其原因,行贿与受贿、共同职务犯罪在行为和事实上均难以分离,应当由监察委员会一并调查,为了便于调查,提高办案效率,必须将其相应地纳入本条适用的范围。

关于留置措施的执行场所,《监察法》规定留置措施应当在特定场所进行,未明确说明特定场所是从既有羁押场所中选择,还是新建专门的留置场所。根据监察法实施以来的实践情况,为确保执行场所的统一规范安全,一般在看守所内执行留置措施。相较于其他场所,看守所执行留置措施一方面可以节约新建执行场所所需成本;更重要的是,无论在硬件设施建设,还是管理机制配置方面,看守所的规范化和安全性都具有相对的优势。实践证明,在看守所内专设留置措施专门监区,以满足监察调查工作需要,是可行的。

第二十五条　【监察机关的管护措施】

对于未被留置的下列人员,监察机关发现存在逃跑、自杀等重大安全风险的,经依法审批,可以进行管护:

(一)涉嫌严重职务违法或者职务犯罪的自动投案人员;

（二）在接受谈话、函询、询问过程中，交代涉嫌严重职务违法或者职务犯罪问题的人员；

（三）在接受讯问过程中，主动交代涉嫌重大职务犯罪问题的人员。

采取管护措施后，应当立即将被管护人员送留置场所，至迟不得超过二十四小时。

【理解与适用】

本条是关于监察机关在特定条件下采取管护措施的规定。管护作为一种短期限制人身自由的手段，与刑事诉讼中的"刑事拘留"的功能相似，两者都被用于填补正式羁押措施（逮捕/留置）的局限之处。正如国家监察委员会关于《中华人民共和国监察法（修正草案）》的说明所言：监察机关在特定情形下，对存在逃跑、自杀等重大安全风险的涉嫌严重职务违法或者职务犯罪人员，可以进行管护，避免有关人员自动投案或者交代有关问题后因情绪波动等原因发生安全事件。管护措施作为一种以七日为限的应急性强制措施，其设置的主要功能价值主要是防止逃跑、自杀等重大安全风险。同时有助于形成对被调查人的心理震慑，促使其配合调查，防止其伪造证据、串供、毁灭证据等行为，从而保障案件调查的顺利进行。特别是对于社会危害性较大的职务犯罪嫌疑人及时实施管护措施，可以增强社会公众对监察执法的信任感和公信力。

本条第一款"对于未被留置的下列人员，监察机关发现存在逃跑、自杀等重大安全风险的，经依法审批，可以进行管护"，规定了实施管护的对象和启动条件。其一，管护的适用对象是未被留置的被调查人员。未被留置的被调查人员是指有证据证明被调查人涉嫌职务违法和职务犯罪但未具备留置四种情形的人员。其二，虽然被调查人未具备留置四种情形，但发现其存在重大安全风险，而必须采取应急性短期强制措施。重大安全风险主要列举了两项：一是逃跑风险，即被调查人因害怕法律制裁而选择逃跑，导致无法接受调查，使得案件调查变得更加复杂,影响证据的收集和证人的询问;二是自杀风险,即被调查人在面临调查中可能因心理压力过大而产生自杀倾向,这不仅影响法律程序的进行,还可能引发舆论关注和社会反响,影响监察公信力。关于其他重大安全风险,是一项兜底性规定,可以从毁灭证据,对证人、受害者等造成危害等对社会安全构成威胁等方面考虑。

第一款第一项中关于"涉嫌严重职务违法或者职务犯罪的自动投案人员"是指被调查人在其犯罪行为未被监察机关发觉,或虽被发觉但监察机关尚未对其传讯、采取强制措施之前,以及正被追捕、通缉期间,主动投案的行为。自动投案有三种形式:一是直接向监察机关投案;二是被调查人有投案的诚意,但由于特殊原因不能亲自投案而委托他人报案或以信电投案;三是在特殊情况下,向本单位负责人或具有执纪执法身份人员交代违法犯罪行为,经监察机关认定也可以视为自动投案。

第一款第二项中关于"在接受谈话、函询、询问过程中,交代涉嫌严重职务违法或者职务犯罪问题的人员"的规定,明确了交代涉嫌严重职务违法或者职务犯罪问题的特定场合,是指被调查人员在接受谈话、函询、询问三项调查措施中交代自己的问题。之所以明确在三项调查措施中交代问题,是监察执法的合法性和规范性要求。表明了被调查人交代涉嫌严重职务违法或者职务犯罪问题,是在遵循法律程序、确保被调查人合法权利基础上进行的。彰显了监察调查坚持程序正义的法治理念。

第一款第三项中关于"在接受讯问过程中,主动交代涉嫌重大职务犯罪问题的人员"的规定,明确了"交代涉嫌重大职务犯罪问题"的阶段和情形。即被调查人交代涉嫌重大职务犯罪问题,是在监察调查人员对其实施讯问调查措施阶段。"讯问"具有类似刑事诉讼中的"审讯"功能。讯问阶段是通过监察调查人员提问、被调查人回答,取得印证被调查人有关职务违法犯罪事实的口供及其他证据的过程。监察调查中的"讯问"只能由监察机关工作人员依法行使,不能委托给其他机关、个人行使。被调查人只有在符合"讯问"这一法定场合下交代问题才能被依法认定。而"主动交代"不仅是监察调查人员提问、被调查人如实回答,而且突出强调对监察机关尚未发现、监察人员在讯问中尚未提及的问题,被调查人在自主意识下供述职务违法和职务犯罪问题。

本条尾款"采取管护措施后,应当立即将被管护人员送留置场所,至迟不得超过二十四小时"。这是对监察机关实施管护措施的具体要求。"采取管护措施后"是指监察机关对被调查人依法作出了实施管护措施的决定。"应当立即将被管护人员送留置场所"是指对监察机关作出管护措施决定后不得拖延,应当立即实施。"至迟不得超过二十四小时"是对实施管护措施时限的严格规定,体现了确保监察调查程序贯通的法定性和严肃性。

第二十六条 【监察机关查询冻结财产】

监察机关调查涉嫌贪污贿赂、失职渎职等严重职务违法或者职务犯罪,根据工作需要,可以依照规定查询、冻结涉案单位和个人的存款、汇款、债券、股票、基金份额等财产。有关单位和个人应当配合。

冻结的财产经查明与案件无关的,应当在查明后三日内解除冻结,予以退还。

【理解与适用】

本条是关于监察机关实施查询、冻结的规定。本条的主要目的是为了收集、保全财产性证据,防止证据流失或者被隐匿,确保在后续工作中对违法犯罪所得予以没收、追缴、返还、责令退赔。

"涉嫌贪污贿赂、失职渎职等严重职务违法或者职务犯罪"常常伴随着严重的经济问题,而查明被调查人的财产就需要采取查询、冻结等必要手段。"查询"是指监察机关为了调查案件事实,依照本法及有关规定向银行等金融机构或有关机关查询被调查人的存汇款以及其他财务变化状况的调查措施。
"冻结"是指监察机关根据监督调查工作的需要,依法通知银行以及其他金融
机构或有关机关、企事业单位暂时停止向被调查人支付存汇款或其他账户资
金的调查措施。

随着经济社会发展,公民的财产状况呈现多样化的形态。本条第一款列
举了监察机关可以查询、冻结的范围为"存款、汇款、债券、股票、基金份额
等",其中"查询"措施有利于监察机关及时顺畅地了解被调查人的财产状况,
调查违法犯罪的案件事实,提高调查效率,而"冻结"措施有助于防止涉案财
产被隐藏、转移,造成国家、集体或个人的合法资产的流失,维护国家、集体和
个人的合法财产权益。但随着时代的发展,经济财产形态可能进一步增加变
化,例如,网络虚拟财产等。所以法条中"等"的开放式列举也表明了监察机
关可以查询、冻结的范围绝不限于以上规定的几种形态。在监察机关实行
"查询、冻结"措施时,仅仅依靠监察机关及其工作人员的能力是难以完成任
务的,在查询、冻结过程中需要有关单位和个人的配合。因此,本条特别增加
了有关单位和个人对监察机关实施查询和冻结的配合义务,包括银行等金融
机构、有关企事业单位和个人等都应当予以配合。

一般来讲,国家监察机关拥有各种强制性的调查手段,被调查人在调查活
动中相对处于孤立无援的境地,代表公共利益的国家公权力与公民个人之间
形成巨大的实力差距,特别是公民个人的人身自由、财产权利等处于被支配状
态,由此,在监察权力与公民权利之间可能产生剧烈冲突时,《监察法》就需要
构建理性平衡的机制,使监察目标与保障人权目的之间达成动态的相对平衡。
在调查过程中有两种不同利益需要权衡:一是监督、调查活动的顺利展开,以
保证监察机关对公权力的有效监察;二是保障被调查人和其他公民基本权利
和自由。传统的诉讼理论认为"侦查行为越要求通过强制手段实现目的,侵
犯相对人的私生活领域的基本权利的可能性就越大",因此在监察机关的调
查活动中,需要重点关注如何规范公权力的运行,以保障公民特别是被调查人

的基本权利。不论是查询还是冻结,都会对公民基本财产权利产生重大影响,因此当监察机关采取查询、冻结措施时必须接受正当程序的限制。公民的财产权并非不可以限制,但是对其财产权的限制必须具备实质意义上的正当理由,同时也必须经过形式意义上的"正当程序"。

"根据工作需要"是关于查询、冻结调查措施适用的条件。所谓"根据工作需要",是要求查询、冻结被调查人的财产必须具备实质意义上的正当理由,即有充分的证据证明查询或冻结被调查人的涉案财产是正当的、合理的。当然,这种证明程度不可能也不必要达到《刑事诉讼法》第五十五条证据确实、充分的程度,但是必须考量所实施的查询、冻结手段可能对被调查人产生的影响,在提高调查效率、维护国家和社会公共利益与保护被调查人基本权利之间保持一种合理的比例和平衡关系。在选择使用查询、冻结措施以及确定查询、冻结使用的范围和时间时,应当选择对被调查人利益侵害最小的方案,而不能一味追求调查效率、监察效益。

"可以依照规定查询、冻结涉案单位和个人的存款、汇款、债券、股票、基金份额等财产"。"可以依照规定"即表明了对监察机关的程序限制,可以依照有关查询、冻结的法律规定进行。我国《刑事诉讼法》、2019 年 12 月 30 日发布的《人民检察院刑事诉讼规则》以及 2020 年 7 月 20 日修正的《公安机关办理刑事案件程序规定》,对于查询、冻结与案件有关的单位的存款、汇款、债券、股票、基金份额等财产的程序作出了相应规定,监察机关可以参照适用其程序。

第一,查询、冻结被调查人的存款、汇款、债券、股票、基金份额等财产,应当经监察机关主要负责人批准,制作查询、冻结财产通知书,通知银行或者其他金融机构、邮电部门执行。

第二,被调查人的存款、汇款、债券、股票、基金份额等财产已冻结的,监察机关不得重复冻结,但可以轮候冻结。并应当要求有关银行或者其他金融机构、邮电部门在解除冻结或者作出处理前通知监察机关。

第三,冻结债券、股票、基金份额等财产,应当书面告知当事人或者其法定代理人、委托代理人有权申请出售。权利人书面申请出售被冻结的债券、股票、基金份额等财产,经审查认为不损害国家利益、被害人利益,不影响调查正常进行的,以及被冻结的汇票、本票、支票的有效期即将届满的,经监察委员会主要负责人批准,可以依法出售或者变现,所得价款应当继续冻结在对应的银行账户或监察机关指定的账户,并及时告知当事人或者其近亲属。

第四,冻结存款、汇款等财产的期限为六个月。冻结债券、股票、基金份额等证券的期限为二年。有特殊原因需要延长期限的,监察机关应当在冻结期限届满前办理继续冻结手续。每次续冻存款、汇款等财产的期限最长不得超过六个月;每次续冻债券、股票、基金份额等证券的期限最长不得超过二年。继续冻结的,应当按照规定重新办理冻结手续。逾期不办理继续冻结手续的,视为自动解除冻结。

"有关单位和个人应当配合"。明确规定了涉案单位和个人应当履行的法定义务。监察查询、冻结涉案单位和个人的存款、汇款、债券、股票、基金份额等财产是调查犯罪的重要措施,是打击犯罪,特别是打击职务违法或职务犯罪的有效手段。这里的"配合"主要是指有关单位和个人应当为查询、冻结工作提供方便、协助,履行冻结手续,不得以保密等为由进行阻碍。对于掌握相关信息的机关和单位,如拒不配合监察机关的查询、冻结行为的,监察机关可以依法追究其相应责任。

本条第二款"冻结的财产经查明与案件无关的,应当在查明后三日内解除冻结,予以退还。"表明冻结涉案单位或涉案人员的财产的目的是查明犯罪、证实犯罪,及时、准确地惩罚犯罪,保护国家、集体和公民的合法权益。在惩罚犯罪的同时,也要切实保障公民、组织的合法权益,防止执法部门在这一问题上出现偏差或权力滥用。所以,本条明确规定了在查明与案件无关后,解除冻结的期限。执行本规定应当注意以下两点:1.冻结存款、汇款、债券、股票、基金份额等财产后,必须及时调查核实,弄清被冻结的财产与案件及犯罪嫌疑人和涉案单位的关系,不能扣而不查;2.经查明确实与案件无关,对被冻结的存款、汇款、债券、股票、基金份额等财产要尽快解冻,不得以任何借口留置或者拖延退还、解冻。

第二十七条 【监察机关搜查职权】

监察机关可以对涉嫌职务犯罪的被调查人以及可能隐藏被调查人或者犯罪证据的人的身体、物品、住处和其他有关地方进行搜查。在搜查时,应当出示搜查证,并有被搜查人或者其家属等见证人在场。

搜查女性身体,应当由女性工作人员进行。

监察机关进行搜查时,可以根据工作需要提请公安机关配合。公安机关应当依法予以协助。

【理解与适用】

本条是关于监察机关运用搜查措施调查案件的规定。

搜查是指监察机关在调查涉嫌职务犯罪的案件过程中,为查获被调查人,搜集被调查人有罪、无罪或罪轻的各种线索和证据,对可能隐藏被调查人的场所、可能隐藏犯罪证据的人的身体、物品、住处和其他有关地方进行搜索、查看的一种调查措施。

鉴于搜查措施对被调查人及相关人员的人身自由、住宅权、财产权、隐私权等基本权利可能形成的冲击,监察机关采取搜查措施应当符合必要性、适当性和保密原则。

一是符合必要性原则。搜查具有明显的强制性,监察机关调查人员实施搜查行为不仅会对私人物品、空间场所形成强力控制,更会对公民人身自由、住宅权等基本权利产生强制作用。只有在使用谈话、讯问、查询、冻结等其他强制性较弱的措施无法满足监察机关办案活动顺利进行的前提下,才有必要采取搜查措施搜集犯罪证据、查获被调查人,做到最低程度干预被调查人及相关人员的人身自由、住宅权等基本权利。

二是符合适当性原则。监察机关工作人员应当在适当范围内开展搜查，不得擅自变更搜查对象和扩大搜查范围，不得无故损坏搜查现场的物品。搜查过程应当采取适当的方式和手段，维持办案效率与正当程序之间的平衡。比如，搜查措施一般应当在白天进行，禁止无区别地实施夜间搜查，尽量减少对公民的夜间休息权、夜间安宁权的侵害。

三是符合保密原则。《监察法》第十八条第二款规定，监察机关及其工作人员对监督、调查过程中知悉的国家秘密、工作秘密、商业秘密、个人隐私和个人信息应当保密。监察机关工作人员在搜查过程中容易搜集到涉及被调查人或其他人员个人隐私的物品、信息。搜查行为本身即涉及工作秘密，在实施前应当严格对搜查的具体时间、方法进行保密，避免因提前泄密致使搜查效果大打折扣。同时，职务犯罪案件往往可能涉及国家秘密和商业秘密。因此，监察机关采取搜查措施时必须全面贯彻保密原则。

本条分三款。第一款规定了搜查措施的实施主体、适用范围及相关程序性要求。为有效惩治职务犯罪、贯彻《监察法》第五条"尊重和保障人权"的监察工作原则，理解与适用第一款规定，可以从实施主体、适用情形、搜查范围、内部审批程序、外部执行程序等五个方面把握。

（一）实施主体

搜查措施的实施主体只能是监察机关的工作人员。根据《监察法》第三条，各级监察委员会是行使国家监察职能的专责机关，故依法调查职务犯罪是监察机关的专门职责，其他国家机关无权运用搜查等强制措施调查职务犯罪案件。本条第三款虽然规定监察机关进行搜查时可以提请公安机关配合，但公安机关的工作人员在此过程中主要发挥协助作用，公安机关缺乏对职务犯罪案件的调查权限，故对于职务犯罪案件并不具备调查取证的主体资格。

（二）适用情形

从搜查措施所对应的案件类型来看，其只能适用于职务犯罪案件。搜查的直接目的在于搜集犯罪证据、查获涉嫌职务犯罪的被调查人,只有案件"涉嫌职务犯罪"时才能采取搜查措施,在职务违法、违纪案件中均不能采取搜查措施。这是由于搜查措施具有极为严厉的强制性,监察机关采取搜查措施必然会对被调查人及相关人员的人身自由、住宅权、财产权、隐私权等基本权利造成较大的冲击,因此必须对搜查措施的适用情形进行适当限制,将其限缩于涉嫌职务犯罪情形,避免搜查措施的滥用。

（三）搜查范围

搜查措施适用范围可以概括为四种情形:(1)涉嫌职务犯罪的被调查人的身体、物品、住处;(2)可能隐藏被调查人的人的住处;(3)可能隐藏犯罪证据的人的身体、物品、住处;(4)其他可能隐藏被调查人或者犯罪证据的地方。其中,前三种情形都是对搜查范围的具体规定,第四种情形属于兜底条款。由此可见,监察机关采取搜查措施并不限于被调查人及相关人员的身体、物品和住处,任何有可能隐藏被调查人或者犯罪证据的地方都在搜查范围之内,例如工作地点、实施职务犯罪行为的地点等。

（四）内部审批程序

监察机关实施搜查措施之前,应当严格按照规定履行内部审批程序。内部审批程序实质上是监察机关的一种内控机制,既可以保障监察机关审慎用权,也可以明确监察机关工作人员的具体责任,实现搜查措施在法治轨道上稳健运行。在此阶段,监察机关应当明确搜查的执法目的、执行人员、具体时间、搜查场所、搜查范围、方法等内容,制作《搜查证》。《搜查证》是监察机关依法进行搜查的法律文书,应当写明搜查机关、搜查日期、执行人员、搜查范围以及被调查人或者其他人员的相关信息,在实施搜查措施前应当向被调查人或者其他人员出示《搜查证》。

遇到紧急情况时,可以先实施搜查,再及时补办内部审批手续。为避免"先搜后补"泛化,规范搜查措施,对作为"先搜后补"前提的紧急情况应作严格解释。比如,有证据证明被调查人可能逃匿,可能携带、隐藏危险物品从而危害公共安全,可能隐匿、毁弃、转移犯罪证据等情况下可以"先搜后补"。

（五）外部执行程序

根据本条第一款及《监察法》第四十四条第一款规定,监察机关工作人员采取搜查措施,应当首先表明身份,出示《搜查证》,调查人员不得少于二人,并有被搜查人或者其家属等见证人在场。搜查时应当根据具体情况审慎把握、妥善处理在场人员,应当避免未成年人、患有严重疾病或不宜受到刺激的被调查人家属等人在场。搜查作为强制性措施,其实施过程可能会对在场的人产生一定的心理影响,如对未成年人、患病的家属等群体的身心健康造成负面影响,故应当避免其在场。

搜查见证人制度是国家公权力介入公民私生活领域的必要监督方式,由见证人在场见证有利于提升搜查措施的公信力与正当性。由于只有适格见证人才能在实质上发挥见证与监督作用,故对见证人的范围应当进行合理解释。适格见证人应当与案件无利害关系、具备完全行为能力和辨识能力,若见证人与被搜查人或案件结果具有利害关系,则难以发挥公正监督的作用。《监察法实施条例》第一百一十三条第二款规定,监察机关实施搜查措施时"应当有被搜查人或者其家属、其所在单位工作人员或者其他见证人在场",即搜查时除应当有被搜查人或者其家属在场外,还应当有被搜查人所在单位工作人员或者其他见证人在场。被搜查人及其家属均不是法定的见证人,故不应当以被搜查人或其家属代替见证人。此外,为确保见证人独立客观地监督搜查过程,根据回避原则,监察机关工作人员不应当作为见证人。

监察机关应当根据搜查情况制作搜查笔录,搜查笔录应当如实记录实施搜查的时间、地点、搜查范围、执行人员、被搜查人、见证人、搜查过程、搜查结果等,写明查获的物品或者证据的名称、规格、数量以及位置等内容。搜查笔录应当由被搜查人或者其家属、见证人等相关人员签字或者盖章,若被搜查人在逃、其亲属拒不到场,或者相关人员拒绝签字或者盖章,则应当在搜查笔录中注明。

根据《监察法》第四十四条第二款的规定,监察机关采取搜查措施时,应当对全过程进行录音录像,留存备查。搜查现场录音录像是证明监察机关搜查行为合法性最直接有力的证据,故应当按照规定的程序和标准严格实施全过程录音录像制度,以提升监察工作的规范化、法治化、正规化水平。搜查过程中查获的书证、物证、视听资料、电子数据等材料是证明职务犯罪案件事实的重要证据,应当对其放置、存储的位置进行拍照记录,同时在搜查笔录中作出文字说明,确保相关证据材料的真实性、合法性、关联性。对于搜查过程中需要查封、扣押的财物,应当按照查封、扣押的有关规定办理。

第二款对搜查女性身体作出了特殊规定。

鉴于性别原因,限定由女性工作人员搜查女性身体是贯彻《监察法》第五条"尊重和保障人权"的具体表现,体现出立法对女性的特殊保护。一方面,对女性的特殊保护可以防止搜查过程中的人身侮辱、猥亵等违法行为,确保被搜查女性的人身安全、人格权益不受侵犯。另一方面,人身搜查中的同性别原则也有利于保障搜查措施顺利实施。由女性工作人员搜查女性身体是监察机关文明执法的表现,同性别原则有利于降低女性被搜查身体时的抵触心理,促使女性配合搜查,从而保证搜查活动的顺利进行。

第三款规定了公安机关的协助、配合义务。

《监察法》第四条第三款原则性地规定了监察机关在工作中需要协助时,其他机关和单位具有予以协助的法定义务,公安机关在监察机关实施搜查措施时的协助、配合义务即是具体表现。但是,这并不意味着任何情形下公安机关都有协助、配合义务。根据条款内容,监察机关可以根据"工作需要"提请公安机关配合,故监察机关"工作需要"是公安机关履行协助、配合义务的前提。一般来讲,搜查过程中监察机关应当依靠自身力量要求在场人员予以配合,告知被调查人及其家属阻碍调查、妨碍公务应负的法律责任,依法制止不听劝告并以暴力、胁迫等方法阻碍搜查的行为。在被搜查人可能携带凶器、可能隐藏爆炸剧毒等危险物品或使用暴力手段阻碍调查、妨碍公务等情形下,监察机关依靠自身力量无法保障搜查活动的顺利进行时才能提请公安机关协助、配合。

监察机关提请公安机关协助、配合应当按照规定履行审批手续,向公安机关出具函件,列明提请协助的具体事项和建议,明确搜查时间、地点、目的等内容,并附《搜查证》复印件。需要提请异地公安机关协助、配合时,应当向协作地同级监察机关出具协作函件及相关文书,再由协作地监察机关提请当地公安机关予以协助。

由于公安机关并不具备职务犯罪案件的调查权限,因此监察机关实施搜查措施过程中公安机关的协助、配合义务应当仅限于技术层面,比如依法制止以暴力、威胁等方法阻碍搜查的行为,或者将相关人员带离现场等。但是,公安机关不能越位取代监察机关的职务犯罪案件调查主体地位。

第二十八条　【监察机关调取、查封、扣押职权】

监察机关在调查过程中,可以调取、查封、扣押用以证明被调查人涉嫌违法犯罪的财物、文件和电子数据等信息。采取调取、查封、扣押措施,应当收集原物原件,会同持有人或者保管人、见证人,当面逐一拍照、登记、编号,开列清单,由在场人员当场核对、签名,并将清单副本交财物、文件的持有人或者保管人。

对调取、查封、扣押的财物、文件,监察机关应当设立专用账户、专门场所,确定专门人员妥善保管,严格履行交接、调取手续,定期对账核实,不得毁损或者用于其他目的。对价值不明物品应当及时鉴定,专门封存保管。

查封、扣押的财物、文件经查明与案件无关的,应当在查明后三日内解除查封、扣押,予以退还。

【理解与适用】

本条是关于监察机关调取、查封、扣押财物、文件和电子数据的规定。

调取、查封、扣押，是指监察机关依法强行调阅、封存、扣留和提存与案件有关的财物、文件、电子数据等的一种调查活动。[①] 在调查活动中，监察机关调取、查封、扣押证据材料或者财物、文件，可以获取和保全物证、书证、视听资料和电子数据，防止其毁损和被隐匿，用以认定案情、查明犯罪，保障监察活动的顺利进行。在监察调查措施中，调取、查封、扣押措施使用频率较高，正确、高效使用调取、查封、扣押措施，具有重要意义。

调取、查封、扣押关乎精准、及时查明案情。监察机关采取调取、查封、扣押措施是为了及时、全面、准确地收集、固定与案件相关的财物、文件和电子数据等信息，防止涉嫌违法犯罪的单位或者人员藏匿、毁灭证据，以便及时查清案情，有效打击职务违法犯罪行为。随着时代发展，职务违法和职务犯罪案件愈发错综复杂，违法犯罪行为深层隐蔽，且越来越多案件涉及新型腐败和隐性腐败，这对精准高效获取证据提出了更高要求。一方面，监察机关需要精准识别案件性质，把握案件规律，寻找和识别与案件相关证据；另一方面，监察机关需要及时依法行使调取、查封、扣押措施，收集和固定相关证据，及时形成证据闭环。

调取、查封、扣押关乎保障公民合法权益。调取、查封、扣押措施作为一种监察措施，具有强制性。措施的规范使用关乎保障公民合法权益，具体体现在三个方面。一是监察机关需要全面收集固定证据。不仅要收集固定能够证明被调查人涉嫌违法犯罪或者情节较重的证据，还要收集固定能够证明被调查人未涉嫌违法犯罪或情节较轻的证据，做到不枉不纵、客观公正。二是监察机关需要严格依法规范使用调取、查封、扣押措施。监察机关通过依法行使职

[①] 马怀德主编：《监察法学》，人民出版社 2019 年版，第 209 页。

权、规范采取措施,加强对公民知情权、财产权、申诉权等合法权益的保护。比如,在采取措施时,监察机关要及时履行告知义务,准确制作调取、查封、扣押物品清单并送达物品持有人,告知物品持有人等相关人员享有申诉权等。三是严格限制措施适用范围。监察机关只能调取、查封、扣押能够证明被调查人是否涉嫌职务违法犯罪的财物、文件和电子数据等信息,与案件无关的财物、文件、电子数据等不能被调取、查封、扣押。对于经查明与案件无关的财物、文件等,要及时解除查封、扣押措施,予以退还。

调取、查封、扣押关乎监察活动顺利进行。监察活动涵盖监察监督、调查、处置,在查办职务违法犯罪案件过程中,包括监察初核、监察调查、监察审理以及在涉嫌职务犯罪案件中与司法机关的衔接等环节。调取、查封、扣押措施在以上过程中,起到保障监察活动顺利进行的重要作用。一方面,使用调取、查封、扣押措施可以直接获取到与案件相关的证据,全面、客观地收集、固定被调查人有无违法犯罪以及情节轻重的各种证据,形成相互印证、完整稳定的证据链。职务违法案件,需要达到事实清楚、证据确凿,综合全案证据,所认定事实清晰且令人信服的标准;职务犯罪案件,需要达到事实清楚,证据确实、充分,综合全案证据,对所认定事实已排除合理怀疑的标准。证据符合上述标准,监察活动才能顺利进入下一环节。另一方面,使用调取、查封、扣押措施可以及时有效保全涉案财物,尤其是对涉案不动产进行查封、对涉案贵重物品进行扣押,在起到保全、固定证据作用的同时,可以确保将涉案财物随案移送,有利于后续追赃挽损,减少国家、集体和公民财产的损失。

本条分三款。第一款规定了调取、查封、扣押范围和程序。第二款是关于被调取、查封、扣押的财物、文件和电子数据保管的规定。第三款规定了解除查封、扣押的要求。该条包括调取、查封、扣押三项措施,理解与适用该条款,可从调取、查封、扣押的内涵与辨析,财物、文件和电子数据的界定,调取、查封、扣押的程序要求三个层面予以把握。

（一）调取、查封、扣押的内涵与辨析

《监察法》第二十八条虽然在立法上对调取、查封、扣押进行统一规范，但调取、查封、扣押并非一项措施，而是三项相互独立的措施，即调取措施、查封措施、扣押措施。这三项调查措施在适用范围、规范要求等方面存在一定的共性，故而整合在一起规定，但这并不等同于三项措施没有明确的界限。恰恰相反，三项措施在具体适用情形、实际功能等方面存在明显区别，显示出其独特属性。

"调取"是指监察机关为获取能够证明被调查人有无职务违法犯罪或者情节轻重的证据，要求有关单位或个人提供相关材料并予以调阅取得的一种调查措施。调取的对象，一般是书证、物证、视听资料等证据材料。相较于查封、扣押，调取的强制性较弱。原则上，调取措施需要调取原件、原物，但是在特殊情形下，当原件、原物无法调取或者不方便调取时，对于书证、视听资料，可以调取副本或者复制件，对于原物，可以将原物封存，并拍照、录像。而查封、扣押措施强制性更为明显。"查封"是指监察机关在调查过程中，对与案件相关的财物、文件和电子数据等信息进行检查后，就地封存，禁止其他单位和个人动用的一种调查措施。"扣押"是指监察机关在调查过程中，为防止涉嫌违法犯罪的单位或者人员藏匿、毁灭证据，对与案件相关的财物、文件和电子数据等信息采取扣留、保管的一种调查措施。由此可见，查封、扣押措施的适用对象具有不可替代性，必须及于原件、原物。

但对于查封、扣押两项措施，《监察法实施条例》未作区分，在相关条款中一并规定。比如第一百二十五条第一款规定"监察机关按规定报批后，可以依法查封、扣押用以证明被调查人涉嫌违法犯罪以及情节轻重的财物、文件、电子数据等证据材料"；第一百二十七条第一款规定"查封、扣押不动产和置于该不动产上不宜移动的设施、家具和其他相关财物，以及车辆、船舶、航空器和大型机械、设备等财物，必要时可以依法扣押其权利证书，经拍照或者录像后原地封存"；第一百二十八条则规定了对多种类型动产的查封、扣押。① 根据前述第一百二十七条和第一百二十八条规定,查封、扣押措施既可以针对不动产,也可以针对动产。查封,强调对查禁物品进行封存的状态,需要张贴封条。扣押,强调对扣押物品的直接管理和控制,无需张贴封条。但也有学者认为,查封针对的是不动产,扣押针对的是动产。② 此外,在措施的具体适用阶段上,查封、扣押措施必须在立案后使用,而调取既可以在初核阶段使用,也可以在立案后使用。

(二)财物、文件和电子数据的界定

《监察法》第二十八条第一款规定,"监察机关在调查过程中,可以调取、查封、扣押用以证明被调查人涉嫌违法犯罪的财物、文件和电子数据等信息。"用以证明被调查人涉嫌违法犯罪的财物、文件和电子数据等信息是指能够证明被调查人有无职务违法犯罪行为、行为轻重的物证、书证、视听资料及电子数据信息等证据。"财物"主要包括违法犯罪所得及其孳息,实施违法犯罪的工具,可用以证明犯罪行为发生、违法犯罪情节轻重的财产和物品,包括动产和不动产,比如房屋、土地、汽车、货币、存折、银行卡、金银珠宝、名贵字画等。"文件"是指以文字或图案记录的,能够反映被调查人是否违法犯罪、违法犯罪情节轻重的书面材料,包括物证和书证。"电子数据"是指案件发生过程中形成的,以数字化形式存储、处理、传输的,能够证明案件事实的数据。随着电子数据的应用和发展,其定义也呈现出开放式特点。电子数据包括但不限于下列信息、电子文件:1. 网页、博客、微博客、朋友圈、贴吧、网盘等网络平台发布的信息;2. 手机短信、电子邮件、即时通信、通讯群组等网络应用服务的通信信息;3. 用户注册信息、身份认证信息、电子交易记录、通信记录、登录

---

① 《中华人民共和国监察法实施条例》第一百二十八条规定:"查封、扣押下列物品,应当依法进行相应的处理:(一)查封、扣押外币、金银珠宝、文物、名贵字画以及其他不易辨别真伪的贵重物品……(二)查封、扣押存折、银行卡、有价证券等支付凭证和具有一定特征能够证明案情的现金……(三)查封、扣押易损毁、灭失、变质等不宜长期保存的物品以及有消费期限的卡、券……(四)对于可以作为证据使用的录音录像、电子数据存储介质……(五)对被调查人使用违法犯罪所得与合法收入共同购置的不可分割的财产……(六)查封、扣押危险品、违禁品……"

② 陈光中主编:《刑事诉讼法》,北京大学出版社、高等教育出版社 2021 年版,第 317 页。

日志等信息;4. 文档、图片、音视频、数字证书、计算机程序等电子文件。①

（三）调取、查封、扣押的程序要求

为查清职务违法和职务犯罪事实,保障公民、法人和其他组织的财产权和其他权利不受侵犯,监察机关使用调取、查封、扣押措施,需要严格遵守以下程序。

1. 严格遵守审批权限

采取调取、查封、扣押措施的,根据审批权限,报请监察机关相关负责人审批,并根据所申请措施种类分别开具《调取证据通知书》《查封通知书》《扣押通知书》等法律文书。

2. 依法规范使用措施

在执行调取、查封、扣押措施时,应当由 2 名以上调查人员持工作证件和相应措施文书,并需要持有人或者保管人、见证人在场。调查人员应会同在场的见证人和被调取、查封、扣押财物、文件、电子数据等信息的持有人或者保管人查点清楚,当场开列调取、查封、扣押清单,并由当场人员核对、签字。

3. 调取、查封、扣押后的保管和处理

对调取、查封、扣押的财物、文件,监察机关应当设立专用账户、专门场所,确定专门人员妥善保管,严格履行交接、调取手续,定期对账核实,不得毁损或者用于其他目的。对价值不明物品应当及时鉴定,专门封存保管。

4. 调取、查封、扣押后的退还

《监察法》第二十八条第三款仅规定"查封、扣押的财物、文件经查明与案件无关的,应当在查明后三日内解除查封、扣押,予以退还"。为了更全面保护公民合法权益,《监察法实施条例》第一百二十四条将"调取的物证、书证、视听资料等原件"也纳入及时退还范围。② 因此,对于调取、查封、扣押的对

---

① 详见 2016 年最高人民法院、最高人民检察院、公安部颁布的《关于办理刑事案件收集提取和审查判断电子数据若干问题的决定》。

② 《中华人民共和国监察法实施条例》第一百二十四条规定:"调取的物证、书证、视听资料等原件,经查明与案件无关的,经审批,应当在查明后三日以内退还,并办理交接手续。"

象,经查明与案件无关的,均需要及时退还,强化对公民合法权益的保障。

第二十九条 【监察机关适用勘验检查】

监察机关在调查过程中,可以直接或者指派、聘请具有专门知识的人在调查人员主持下进行勘验检查。勘验检查情况应当制作笔录,由参加勘验检查的人员和见证人签名或者盖章。

必要时,监察机关可以进行调查实验。调查实验情况应当制作笔录,由参加实验的人员签名或者盖章。

【理解与适用】

本条是关于监察机关适用勘验检查的规定。

勘验检查,是指监察人员直接或者指派、聘请具有专门知识、资格的人员在调查人员主持下对于职务违法犯罪有关的场所、物品、人身、尸体进行勘查、检验或检查,以发现和收集与职务违法犯罪相关的各种物品和痕迹的一种监察调查措施。勘验检查是监察机关调查案件的重要手段之一,勘验检查属于技术性手段,一般情况下勘验检查活动可以由监察机关工作人员直接完成,特殊情况下针对某些复杂性勘验检查活动(例如,指纹、血液或尸体)则需监察机关委托具有专门知识、资格能力的专业人员进行。

监察机关可以运用勘验检查的手段亲自查看与职务违法犯罪有关的场所、物品及人身情况,从而发现线索、收集并固定证据,在此过程中,应秉持"惩罚犯罪与保障人权"相统一的原则,最大限度地实现"打击腐败犯罪与保障公正价值"的平衡。"一切从实际出发、实事求是"的科学态度是监察机关开展勘验检查活动的指导性原则,在此基础之上,监察机关应当严格遵循合法性、必要性、有效性、保密性的原则。

一是坚持合法性原则。监察机关采取勘验检查的行为必须严格依照《监察法》及《监察法实施条例》的规定,确保所有勘验检查行为严格遵守法定权限和法定程序,不得侵犯被调查人的合法权益。

二是坚持必要性原则。监察机关决定采取勘验检查措施应当基于案件实际调查需要,符合特定条件才能开展勘验检查活动,不得随意进行。同时在案件办理过程中,监察机关必须严格遵守勘验检查活动适用范围、适用对象、程序要求等相关规定。

三是坚持有效性原则。监察机关开展勘验检查活动必须及时,避免案件相关证据遭受灭失损毁;勘验检查的内容必须全面,避免任何形式的遗漏或丢失,并制作勘验检查笔录;勘验检查的程序必须客观,避免因取证程序违法影响证据效力,保障证据材料的证据能力和证明力;勘验检查的人员必须独立,避免因具有利害关系而受到外部干扰或因主观臆断而影响客观事实的认定。

四是坚持保密性原则。当监察机关办理的案件涉及"国家机密、商业秘密或个人隐私"内容时,勘验检查行为应严格遵守保密规定,确保与案件调查有关的材料信息不被泄露。

理解与适用监察机关勘验检查措施,可以从勘验检查主体、勘验检查对象、勘验检查笔录、勘验检查见证人四个方面予以把握。

（一）勘验检查主体

勘验检查是监察机关有权采取的法定监察措施,原则上允许监察机关内部两名以上的调查人员有资格主持开展勘验检查活动。但在案情复杂且勘验检查手段专业化程度较高的情形下,监察机关可以指派或者聘请具有专门知识或专业资格的人员参与勘验检查活动,但同样需要在调查人员的主持下进行。监察机关所指派或者聘请参与勘验检查的人员,应当与案件无利害关系,调查人员不能对其进行技术上的干预,也不能强迫或暗示其作出某种不真实的倾向性结论。

（二）勘验检查对象

勘验和检查的性质是一样的,只是对象不同。勘验的对象是无生命的场所、物品、尸体、电子数据等,而检查的对象是活人的身体。

"勘验"可以具体分为以下类型:场所勘验,针对涉案场所进行实地勘验,例如办公场所、会议室、存储设施等,获取实物证据;物品勘验,对已经收集到的物品及其痕迹进行检查和验证,以确定其与案件有无联系;尸体勘验,一般在监察人员主持下,由法医或医生对尸体进行检验或者解剖,以查明相关事实;电子数据勘验,主要是对扣押的电子数据原始存储介质,或者对收集、提取的电子数据,通过数据恢复、破解、搜索、关联、统计等方式,以发现和收集与案件相关的线索和证据。

"检查"可以具体分为以下类型:身体健康状况检查,监察机关可对被调查人的身体状况进行检查,以确认其是否存在影响案件调查的身体健康问题,但应尊重被调查人的隐私权和个人尊严;毒品、药物检查,监察机关怀疑被调查人存在滥用毒品、药物、酒精等其他物质的行为时可对被调查人进行毒品检查,此类检查通常需要在有资质的专业人员或专业机构协助下进行,以确保检测过程的公正性与合法性;生物样本提取,在某些特殊情况下,监察机关可能会要求提取被调查人的生物样本(如血液、尿液等)进行分析,此类检查同样需要在有资质的专业人员或专业机构协助下进行,并且注重保护被调查人的隐私;伤痕或其他检查,以确定伤害部位、程度、伤情变化等。

(三)勘验检查笔录

根据本条规定,监察机关开展勘验检查活动应当形成客观记载的勘验检查笔录,属监察法定证据之一。勘验检查笔录,在制作时需要准确记录和反映勘验检查对象的真实情况,一般包括勘验检查时间、地点、对象、目的、经过和结果等,以确保其能够有效地辅助证明其他资料。勘验检查笔录应当由参加勘验检查人员和见证人签名。参加勘验检查人员,既包括监察机关参与勘验检查的调查人员,也包括受委托进行勘验检查的具有专门知识、勘验检查资格的人员等。

（四）勘验检查见证人

监察机关勘验检查的见证人是指在勘验检查中，由监察机关邀请的、与案件无利害关系的第三方，其主要职责是对勘验检查活动进行现场监督，以保障勘验检查工作全程遵守法定程序，证实勘验检查过程的合法性，增强获取证据的可靠性。担任见证人必须同时满足以下条件：（1）应无利害关系。勘验检查活动中的见证人应当与案件无利害关系，不能是案件的当事人或其近亲属，更不能是行使勘验检查措施的调查人员；（2）应有辨别能力与表达能力。见证人应兼具生理健全与精神健全，具备正常的感知能力、记忆能力、表达能力与如实陈述的能力，从而保证其客观性与合法性。

《监察法》此次修改中，在本条新增"必要时，监察机关可以进行调查实验"的内容，对此可从调查实验的性质与目的、基本原则、规范要点三个方面予以把握。

（一）调查实验的性质与目的

调查实验是指监察机关为了查清案情，针对特定情况和环境进行的现场模拟、过程重演或实验性调查，属一种专门调查措施。其目的有三：（1）查明事实真相。通过调查实验，监察机关可以还原事件发生的情境，有助于查明事实真相。（2）补充和验证证据。调查实验可以作为补充手段，辅助获取或验证与案件相关的重要证据，从而进一步确认其违法性。（3）提升调查效率。通过调查实验可以快速获取必要信息，降低传统调查方法中的时间成本和人力成本，提高调查效率，缩短案件办理时间。

（二）调查实验应遵循的基本原则

（1）必要性原则。调查实验仅在必要时进行，即在监察机关采取其他调查手段无法有效查明事实真相或获取关键证据的情况下，才可考虑采用，用以确保查明特定事实、验证证据，不得随意开展调查实验。（2）法定性原则。监察机关开展调查实验必须依据法律授权，并经严格审批，确保调查实验处于合法范围内，避免超越法定权限。（3）专业性原则。若调查实验必须依赖专业的技术手段和设备,必要时可以邀请专业人员参与,以确保实验方法的科学性和数据的可靠性。

(三)调查实验的规范要点

监察机关进行调查实验应遵循一系列规范要点,以确保调查实验的合法性、科学性和有效性。(1)明确实验目的。调查实验是为了确定与案件有关的某一事件或者事实在某种条件下能否发生,而将该事件或事实加以重演或者进行实验,以检验审查证人证言、被害人陈述、被调查人供述和辩解是否符合实际情况,是否客观真实,为监察人员判明案情、认定案件事实提供可靠的依据。(2)明确程序要求。开展调查实验,应当全程同步录音录像,并制作调查实验笔录。调查实验笔录作为法定的监察证据之一,应当记明调查实验的条件、过程和结果,并由参与调查实验的人员签名确认。(3)明确禁止事项。监察机关开展调查实验,采取的手段和方法必须科学合理,不得给实验人员和其他相关人员的生命、财产造成危险,不得损害实验人员和其他相关人员的人格尊严。

第三十条　【监察机关适用鉴定】

监察机关在调查过程中,对于案件中的专门性问题,可以指派、聘请有专门知识的人进行鉴定。鉴定人进行鉴定后,应当出具鉴定意见,并且签名。

【理解与适用】

本条是关于监察机关适用鉴定的规定。

鉴定,是指监察机关为了查明案情,就案件中某些专门性问题指派、聘请专业机构和专业人员进行科学鉴别和判断的一种监察措施。赋予监察机关鉴定权限,主要是为了解决案件中的专门性问题,以鉴定人员的专业知识来弥补监察人员在相关领域专业知识的不足,有利于帮助监察机关及时收集固定证据,对案件事实作出科学的判断,从而准确查明案情。本条规定的"专门性问题",主要是指监察机关在调查过程中遇到的必须运用专门的知识和经验作出科学判断的问题,比如法医类鉴定、物证类鉴定、声像资料鉴定等。

鉴定人进行鉴定后,应当出具鉴定意见。鉴定意见作为《监察法》和《监察法实施条例》所规定的法定证据之一,当然需要满足证据客观性、关联性和合法性三个基本属性。此外,鉴定意见作为一种依靠具有专门知识的人对专门性问题作出的判断,其还具有自身独特的属性,即科学性、主观性、非终结性。

(1)鉴定意见具有科学性。科学性是鉴定意见区别于其他证据的实质特征。鉴定意见的科学性,主要体现在三个方面。一是鉴定对象涉及科学范畴的内容。监察机关指派、聘请有专门知识的人对案件中的专门性问题进行鉴定,其所涉及的内容已经超出监察人员的知识能力范围,对需要借助于具备专门知识的人运用科学的原理、科学的方法来对案件事实作出判断。如果案件涉及的是常识性或法律性问题,能够依靠监察人员的知识来解决,也就不需要委托或聘请具有专门知识的人进行鉴定并出具鉴定意见。二是鉴定过程的科学性。鉴定意见是依据科学的原理、科学的方法所作的分析、判断。鉴定意见的作出并非基于常识性或经验性判断,而是基于鉴定事项所涉及科学领域的科学原理并运用科学的方法进行的判断,这种科学原理和科学方法是各科学领域通过长期的观察、实验、总结而获得,具有相对稳定性与可靠性。三是鉴定意见结果上的科学性。鉴定意见的内容是区别于常识、经验的科学判断,较之于其他证据具有更高的准确性、可靠性。[①]

(2)鉴定意见具有一定的主观性。首先,科学知识本身不具有绝对的客观性。科学是不断探求真理、接近真理的动态过程,建立在现阶段的科学原理、科学方法并不是绝对的,在此基础之上所作出的鉴定意见也就不可能是纯

[①] 苏青:《鉴定意见概念之比较与界定》,《法律科学(西北政法大学学报)》2016 年第1 期。

粹客观的,而必然是主观与客观的统一。其次,根据证据表现形式划分,鉴定意见属于言辞证据。[①] 言辞证据属于意见性证据,天然受到出具意见主体自身感知、记忆、表达能力、思想感情、价值取向的影响,这就使鉴定意见不可避免地具有一定的主观性。

(3)鉴定意见具有非终结性。根据鉴定意见所具有一定的主观属性,自然可以推出鉴定意见本身并不具有终结性。任何鉴定人出具的鉴定意见都不具有当然的法律效力,鉴定人就案件中专门性问题出具的鉴定意见,属于意见性证据,监察机关在将鉴定意见作为证据使用前,需要对其进行审查。2012年《刑事诉讼法》修改时,将"鉴定结论"修改为"鉴定意见"。"鉴定结论"意味着鉴定人所作出的鉴定结论性报告具有终局性,无需接受审查,可直接作为适格的定案依据。"鉴定意见"则意味着鉴定人作出的鉴定结论性报告并不当然具有证据资格,需要接受审查,如果存在缺陷或争议,可以进行补充鉴定或者重新鉴定。称谓的改变体现出立法的进步,以避免和纠正司法实践中盲目迷信鉴定意见的倾向。

理解与适用鉴定措施,可从鉴定主体、鉴定程序、鉴定类型三个方面予以把握。

(一)鉴定主体

鉴定主体可分为决定主体和实施主体。鉴定措施的决定主体是监察机关,且需要经过严格审批。鉴定措施的实施主体是具有鉴定资格的鉴定机构、鉴定人,鉴定机构和鉴定人具备法定的资格和条件,是鉴定意见具备证据能力的前提条件。根据《关于司法鉴定管理问题的决定》要求,鉴定机构从事鉴定业务,必须有明确的业务范围;有在业务范围内进行司法鉴定所必需的仪器、设备,以及检测实验室;并且每项司法鉴定业务要有 3 名以上鉴定人参与。鉴定人应当具有与所申请从事的司法鉴定业务相关的高级专业技术职称,或者

---

① 施鹏鹏:《证据法》,中国政法大学出版社 2020 年版,第 132 页。

具有与所申请从事的司法鉴定业务相关的专业执业资格或者高等院校相关专业本科以上学历,从事相关工作 5 年以上,或者具有与所申请从事的司法鉴定业务相关工作 10 年以上经历,具有较强的专业技能;且没有因故意犯罪或者职务过失犯罪受到过刑事处罚、开除公职处分或被撤销鉴定人登记。鉴定机构和鉴定人必须经过省级人民政府司法行政机关登记、名册编制和公告,鉴定人只能在一个鉴定机构从事鉴定业务,鉴定人符合法定回避条件和事由的,应当依法回避。①

（二）鉴定程序

第一,鉴定报批与送检。采取鉴定措施,必须经监察机关相关负责人审批。监察调查中,监察机关为解决案件中的专门性问题,按照规定报批后,可以依法进行鉴定。鉴定时应当出具《委托鉴定书》,由二名以上调查人员送交具有鉴定资格的鉴定机构、鉴定人进行鉴定。监察机关应当配合鉴定人做好相关工作,及时向鉴定人送交有关检材和对比样本等原始材料,根据鉴定工作需要全面、系统地向鉴定人介绍与鉴定有关的情况,并提出明确的鉴定需求。但是,监察机关不得对鉴定活动进行不正当的干预,不得暗示或者强迫鉴定人作出某种鉴定意见,以免影响鉴定人独立、客观地出具鉴定意见。②

第二,出具鉴定意见。鉴定人在运用科学技术或专门知识进行鉴别、判断后,应当出具鉴定意见。鉴定意见应载明委托人、委托鉴定的事项、提交鉴定的相关材料、鉴定的时间、依据和结论性意见等内容。鉴定人应当在出具的鉴定意见上签名,并附鉴定机构和鉴定人的资质证明或者其他证明文件。多个鉴定人的鉴定意见不一致的,应当在鉴定意见上记明分歧的内容和理由,并且分别签名。

第三,对鉴定意见的审查与告知。《最高人民法院关于适用〈中华人民共

---

① 详见《全国人民代表大会常务委员会关于司法鉴定管理问题的决定》。

② 中共中央纪律检查委员会、中华人民共和国国家监察委员会法规室编:《〈中华人民共和国监察法实施条例〉释义》,中国方正出版社 2022 年版,第 242 页。

和国刑事诉讼法〉的解释》确立了针对非法鉴定意见的排除规则,只要出现该司法解释中列明的负面情形,则该鉴定意见不得作为定案依据,直接予以排除。监察机关对鉴定意见进行审查时可参照《最高人民法院关于适用〈中华人民共和国刑事诉讼法〉的解释》中对鉴定意见审查要求。① 用作证据的鉴定意见直接关系到案件事实的认定,与被调查人等有直接的利害关系。因此,《监察法实施条例》第一百四十九条规定,对经审查作为证据使用的鉴定意见,应当告知被调查人及相关单位、人员,并送达《鉴定意见告知书》。监察机关告知鉴定意见时,应当全面、准确地向被调查人及相关单位、人员告知相关内容,既要告知鉴定结论,也要告知鉴定的内容和经过。同时,允许他们发表自己的意见,并拥有救济渠道。②

第四,补充鉴定与重新鉴定。补充鉴定与重新鉴定,分为两种情况:一种是依职权进行,即监察机关在对鉴定意见进行审查时自行发现存在问题,符合补充鉴定或者重新鉴定情形的;另一种是依申请进行,即被调查人或者相关单位、人员在被告知鉴定意见后,向监察机关提出补充鉴定或者重新鉴定申请,经审查符合法定要求并按规定批准的。《监察法实施条例》第一百五十条列举了补充鉴定的五种情形,第一百五十一条列举了重新鉴定的六种情形。③

（三）鉴定类型

实践中,监察机关所办理案件涉及不同领域,需要鉴定的专门性问题根

---

① 详见《最高人民法院关于适用〈中华人民共和国刑事诉讼法〉的解释》第四章第五节"鉴定意见的审查与认定"相关内容。
② 中共中央纪律检查委员会、中华人民共和国国家监察委员会法规室编:《〈中华人民共和国监察法实施条例〉释义》,中国方正出版社2022年版,第245页。
③ 《中华人民共和国监察法实施条例》第一百五十条规定:"经审查具有下列情形之一的,应当补充鉴定:(一)鉴定内容有明显遗漏的;(二)发现新的有鉴定意义的证物的;(三)对鉴定证物有新的鉴定要求的;(四)鉴定意见不完整,委托事项无法确定的;(五)其他需要补充鉴定的情形。"第一百五十一条规定:"经审查具有下列情形之一的,应当重新鉴定:(一)鉴定程序违法或者违反相关专业技术要求的;(二)鉴定机构、鉴定人不具备鉴定资质和条件的;(三)鉴定人故意作出虚假鉴定或者违反回避规定的;(四)鉴定意见依据明显不足的;(五)检材虚假或者被损坏的;(六)其他应当重新鉴定的情形。决定重新鉴定的,应当另行确定鉴定机构和鉴定人。"

据案件实际情况也会涉及多个领域，而且随着反腐败斗争持续保持高压态势，很多腐败问题转入地下，更多表现为各种各样的新型腐败和隐性腐败，监察机关依靠具有专门知识的人出具鉴定意见的类型也越来越多样。《监察法实施条例》第一百四十六条具体列举了七种鉴定类型：文书鉴定、会计鉴定、精神病鉴定、人身伤亡医学鉴定、录音录像资料鉴定、电子证据鉴定、其他鉴定。①

需要注意的是，鉴定措施的实施主体为具有鉴定资格的鉴定机构和鉴定人，但随着时代发展，新事物层出不穷，很多需要鉴定的专门性问题面临着没有对应鉴定机构的困境。为应对这一实践中的突出问题，《监察法实施条例》第一百五十二条规定因无鉴定机构，或者根据法律法规等规定，监察机关可以指派、聘请具有专门知识的人就案件的专门性问题出具报告。《最高人民法院关于适用〈中华人民共和国刑事诉讼法〉的解释》第一百条第一款规定，因无鉴定机构，或者根据法律、司法解释的规定，指派、聘请有专门知识的人就案件的专门性问题出具的报告，可以作为证据使用。该解释第一百零一条规定，有关部门对事故进行调查形成的报告，在刑事诉讼中可以作为证据使用；报告中涉及专门性问题的意见，经法庭查证属实，且调查程序符合法律、有关规定的，可以作为定案的根据。《监察法实施条例》和最高人民法院的上述司法解释，在一定意义上拓展了鉴定的外延，并进一步规范了专门性问题报告作为证据使用的情形和路径，为监察调查面对新问题新情况依法使用专门性问题报告提供了依据和支撑，具有重要的现实意义和法治意义。

---

① 《中华人民共和国监察法实施条例》第一百四十六条规定："监察机关可以依法开展下列鉴定：（一）对笔迹、印刷文件、污损文件、制成时间不明的文件和以其他形式表现的文件等进行鉴定；（二）对案件中涉及的财务会计资料及相关财物进行会计鉴定；（三）对被调查人、证人的行为能力进行精神病鉴定；（四）对人体造成的损害或者死因进行人身伤亡医学鉴定；（五）对录音录像资料进行鉴定；（六）对因电子信息技术应用而出现的材料及其派生物进行电子证据鉴定；（七）其他可以依法进行的专业鉴定。"

第三十一条　【监察机关采取技术调查措施】

监察机关调查涉嫌重大贪污贿赂等职务犯罪,根据需要,经过严格的批准手续,可以采取技术调查措施,按照规定交有关机关执行。

批准决定应当明确采取技术调查措施的种类和适用对象,自签发之日起三个月以内有效;对于复杂、疑难案件,期限届满仍有必要继续采取技术调查措施的,经过批准,有效期可以延长,每次不得超过三个月。对于不需要继续采取技术调查措施的,应当及时解除。

【理解与适用】

本条是关于监察机关采取技术调查措施的规定。

技术调查措施,是指监察机关采用技术手段调查职务犯罪案件、收集犯罪证据、查获犯罪分子的措施。本条规定旨在授予监察机关采取技术调查措施的权限,并对技术调查措施的适用进行规制。此处的"技术手段"范围较为宽泛,包括电话监听、上网监控、电子监控、拍照录像、大数据技术、人工智能等各类信息技术,并且这些技术手段会随着经济社会的发展不断更新换代。在当前职务犯罪日益国际化、隐蔽化、高科技化的形势下,监察机关需要采取技术调查措施,以提升打击重大职务犯罪的效率和力度。但同时也要注意到,技术调查措施具有比普通调查措施更强的秘密性,更容易触及个人隐私领域的敏感信息,易对措施相对人的通信秘密权、住宅权、信息自决权①等造成干预。因此,法律在授权监察机关采取技术调查措施的同时,也必须对措施的适用规定明确的前提条件和程序规则,以防止滥用技术调查措施侵犯相对人的合法权益。

---

①　施鹏鹏:《论大数据侦查:以信息自决权为主线》,《法治研究》2024 年第 6 期。

该条规定对技术调查措施的规制主要以比例原则为学理根基,并参照了《刑事诉讼法》中的技术侦查措施规定进行具体规则设计。严格说来,技术调查措施并非监察法原创,运用技术手段调查犯罪的方法早已在我国刑事诉讼法乃至世界各国司法实践中广泛应用。例如,《联合国反腐败公约》第五十条第一款就明确规定:"为有效地打击腐败,……允许其主管机关在其领域内酌情使用控制下交付和在其认为适当时使用诸如电子或者其他监视形式和特工行动等其他特殊侦查手段,并允许法庭采信由这些手段产生的证据。"技术调查措施本质上与我国刑事诉讼法上的"技术侦查措施"手段相同,只是分属不同的法律语境;与域外法中所称的"秘密侦查措施"存在交叉关系,二者均包括运用技术手段在相对人不知情的情况下调查犯罪的情形,只是"秘密侦查措施"更强调措施的秘密性,将一些没有利用技术的秘密侦查手段也纳入其中(例如跟踪、守候监视),而技术调查措施强调技术手段的运用,秘密性是一些技术手段运用时带来的客观效果,部分技术侦查手段是公开使用的(例如测谎①)。无论是技术调查措施、技术侦查措施还是秘密侦查措施,其本质上都是对公民基本权利构成干预的公权力行为,需遵循法律保留原则、比例原则等一系列干预正当化要求。②《监察法》的这一条款为技术调查措施设置了明确的法律授权依据,符合法律保留原则的要求,但在具体授权内容上仍需遵循比例原则的要求,即干预措施必须基于正当目的在适当的范围和程度上实施。③ 一般来说,比例原则由正当目的、有效性、必要性和相称性四个子原则组成,在技术调查措施的规制中分别体现为如下要求:一是技术调查措施应当为侦破职务犯罪的正当目的实施;二是技术调查措施应当对侦破职务犯罪目的的实现起主要促进作用;三是不存在其他更为温和、对相对人损害更小的调

---

① 宋英辉:《刑事程序中的技术侦查研究》,《法学研究》2000 年第 3 期。
② 施鹏鹏:《论面向基本权利的实体制裁》,载施鹏鹏、褚侨:《德国刑事诉讼与证据制度专论(第一卷)》,法律出版社 2023 年版,第 1—25 页;孙远:《论侦查、调查与强制及其合法性审查》,《江海学刊》2022 年第 2 期。
③ 施鹏鹏:《论大数据侦查:以信息自决权为主线》,《法治研究》2024 年第 6 期。

查措施能够同等地实现调查目的;四是技术调查措施运用的强度和范围应与措施所追求的目的之间合乎比例。简言之,技术调查措施基于技术手段的特殊性、实施的秘密性等,会对公民基本权利造成较强的干预,相应地,此类措施仅可用于调查较为严重的职务犯罪,且必须在为实现调查目的必要和适当的限度内实施,不可过度干预公民基本权利。我国《刑事诉讼法》在 2012 年修改时正式确立对技术侦查措施的法律规制,规定技术侦查措施的适用范围、实施程序、证据使用等规则,其中将技术侦查措施适用的案件类型限定在"危害国家安全犯罪、恐怖活动犯罪、黑社会性质的组织犯罪、重大毒品犯罪或者其他严重危害社会的犯罪案件""对于利用职权实施的严重侵犯公民人身权利的重大犯罪案件",并且要求"根据侦查犯罪的需要""经过严格的批准手续"方可实施,均体现了比例原则的要求。《监察法》在本条款的具体规则设计上与《刑事诉讼法》第一百五十条第二款"人民检察院使用技术侦查手段"的规定如出一辙,也设置了"涉嫌重大贪污贿赂等职务犯罪""根据需要"和"经过严格的批准手续"三个前提要件,既反映出对比例原则要求的贯彻,也符合国家监察体制改革后职务犯罪侦查职能转隶至监察机关的实践逻辑。

本条分为两款:第一款规定了技术调查措施的实施主体、实体要件和程序要件;第二款规定了技术调查措施的批准、延长和解除。适用本条规定,可从如下四个方面把握。

(一)实施主体

技术调查措施的实施主体包括决定主体和执行主体:决定主体为监察机关;执行主体为法律规定的"有关机关",即"公安机关或者国家有关执法机关"。[①] 在目前的司法实践中,技术调查措施的执行主体只有公安机关。而立法之所以采取"有关机关"这样的模糊表述,是延续了刑事诉讼法在技术侦查

---

① 《中华人民共和国监察法实施条例》第一百五十三条第一款规定:"监察机关根据调查涉嫌重大贪污贿赂等职务犯罪需要,依照规定的权限和程序报经批准,可以依法采取技术调查措施,按照规定交公安机关或者国家有关执法机关依法执行。"

措施权限的立法技术处理,回避各部门在执行权限问题上的争论和分歧,同时满足技术调查措施立法的现实需要。①

（二）实体要件

技术调查措施适用的实体要件包括如下两方面:

第一,适用的案件范围仅限于"涉嫌重大贪污贿赂等职务犯罪"。根据《监察法实施条例》第一百五十三条第二款的规定,此处所称重大贪污贿赂等职务犯罪,是指具有下列情形之一:1. 案情重大复杂,涉及国家利益或者重大公共利益的;2. 被调查人可能被判处十年以上有期徒刑、无期徒刑或者死刑的;3. 案件在全国或者本省、自治区、直辖市范围内有较大影响的。

第二,适用的前提是"根据需要"。这是比例原则中必要性原则和相称性原则的体现。一方面,监察机关要根据职务犯罪调查的实际需要,审慎采取技术调查措施,只有在其他调查措施无法达到调查目的,或为实现调查目的花费不合理的成本时,才有必要动用技术调查措施;另一方面,监察机关在决定使用何种具体类型的技术调查措施时,也要根据犯罪的严重程度、调查的具体需求等,选择适当的技术调查手段并将措施的实施范围限制在合理的限度内。

（三）程序要件

技术调查措施适用的程序要件是"经过严格的批准手续"。由于技术调查措施对公民权利的强干预性,必须适用更为严格的程序规制,这也是比例原则的重要体现。由于《监察法》是规范国家监察工作的统领性和基础性法律,无法对每一项调查措施的程序都进行事无巨细的规定,因此本条规定只是笼统地提出了"经过严格的批准手续"这一要件,并未再详细规定批准的主体、具体流程等。但本条第二款特别强调了批准决定应载明的内容,即"采取技术调查措施的种类和适用对象",这样有利于进一步明确技术调查措施的实施范围和程度,防止技术调查措施的滥用。此外,《监察法实施条例》第一百

---

① 刘广三、李胥:《刑事诉讼法关于技术侦查措施规定中的模糊性语言及其限定研究》,《中国刑事法杂志》2017 年第 1 期。

五十四条详细规定了监察机关委托有关机关执行技术调查措施时应出具的具体文书,包括《采取技术调查措施委托函》《采取技术调查措施决定书》和《采取技术调查措施适用对象情况表》,设区的市级以下监察机关还应当提供《立案决定书》。

(四)措施的延长和解除

首次采取技术调查措施获得批准后,有效期为三个月,自批准决定签发之日起算。期限届满后,如果因案件复杂、疑难,仍有必要继续采取技术调查措施的,可以经过批准延长有效期,每次延长不得超过三个月。延长程序中的批准手续流程同首次采取技术调查措施一致。根据《监察法实施条例》第一百五十五条规定,如期限届满,监察机关未办理延期手续,则技术调查措施自动解除。在技术调查措施的有效期内(无论是首次批准的有效期还是延长的有效期),监察机关发现不需要继续采取技术调查措施的,均应当及时解除技术调查措施。解除时,监察机关应当按规定及时报批,并将《解除技术调查措施决定书》送交公安机关执行。

另外,《监察法实施条例》第一百五十五条第三款还补充了依法变更技术调查措施种类和适用对象的程序规定。无论是变更技术调查措施种类,还是增加适用对象,监察机关均应当重新办理报批和委托手续,依法送交公安机关执行。①

第三十二条 【监察机关适用通缉】

依法应当留置的被调查人如果在逃,监察机关可以决定在本行政区域内

---

① 《中华人民共和国监察法实施条例》第一百五十五条规定:"技术调查措施的期限按照监察法的规定执行,期限届满前未办理延期手续的,到期自动解除。对于不需要继续采取技术调查措施的,监察机关应当按规定及时报批,将《解除技术调查措施决定书》送交有关机关执行。需要依法变更技术调查措施种类或者增加适用对象的,监察机关应当重新办理报批和委托手续,依法送交有关机关执行。"

通缉,由公安机关发布通缉令,追捕归案。通缉范围超出本行政区域的,应当报请有权决定的上级监察机关决定。

【理解与适用】

本条是关于监察机关如何运用通缉措施追捕在逃的被调查人的规定。

通缉,是指监察机关决定将依法应当被留置而在逃的被调查人通过公安机关发布通缉令等方式追捕归案的一种监察措施。《监察法》对通缉措施的规定与《刑事诉讼法》对应规定相类似。《刑事诉讼法》第一百五十五条规定"应当逮捕的犯罪嫌疑人如果在逃,公安机关可以发布通缉令,采取有效措施,追捕归案"。《刑事诉讼法》中的通缉措施适用于应当逮捕的犯罪嫌疑人,以尽快抓获犯罪人、有力打击犯罪。公安机关所通缉的应当逮捕的部分犯罪嫌疑人存在暴力倾向或者具有反社会人格,社会危险性更大,将这类人尽快缉捕归案,具有保护公民合法权益、维护社会安宁的重要意义。而《监察法》中的通缉措施适用于依法应当留置的被调查人,绝大多数被调查人虽然不具有人身危险性,但职务违法犯罪侵犯公职人员的职务廉洁性,严重败坏社会风气。如果依法应当留置的被调查人因出逃而不能接受法律的审判,甚至逍遥法外,势必形成极端负面的示范效应,严重影响社会公平正义。因此,本条款作为授权性条款,赋予监察机关采取通缉措施的权限,监察机关通过与公安机关协调配合、相互支持,并依靠群众的力量缉拿在逃的被调查人,对于及时抓获被调查人、保障调查活动顺利进行,进而严惩腐败分子、净化社会风气,具有十分重要的意义。

在肯定通缉措施打击腐败方面积极作用的同时,也要充分认识到通缉措施作为一项限制公民人身自由的强制措施,必须符合比例原则,加强对公民基本权利的重视和保护,确保反腐败工作走在法治化规范化的道路上。《监察法》修改时,将"尊重和保障人权"写入其中,体现出惩治腐败与保障人权的平衡。尊重和保障人权原则,是法治国家都要遵循的基本原则。在监察法语境下,尊重和保障人权原则具体是指监察机关在行使监察职权时,必须严格遵守宪法法律法规,尊重和保护公民的基本权利和人格尊严,所行使的监察措施在对公民基本权利进行干预时要保持谦抑原则,所要实现的监察目的与对公民基本权利的干预程度要合乎比例。通缉是一项紧急的强制调查措施,这种强制性主要体现在监察机关为了及时缉捕被通缉的对象,收集或者保全各种证据而采取的各种强制性的方式或者以对公民生活权益造成损害的方式进行的调查。具体而言,监察机关适用通缉,将会对被通缉人的隐私权、名誉权、肖像权造成严重干预。首先,通缉将被调查人的个人信息昭示于众,这就使其毫无隐私可言;其次,当被调查人被监察机关通缉时,意味着其涉嫌职务违法犯罪,这种信息会导致公众对其社会评价的降低,从而影响被通缉人,尤其是本为国家公职人员的被通缉人的名誉;最后,通缉令上一般均有被通缉者的肖像,如若错误通缉,即使及时进行纠错,被通缉人的肖像也可能会通过不同方式或途径在社会上传播,甚至继续成为社会怀疑对象乃至被牢牢打上腐败分子的烙印,而对其生活和工作造成重大不利影响。基于此,监察机关作为中国特色的反腐败机构,在一如既往发挥好重拳反腐、打击犯罪职能的同时,要全面贯彻落实《宪法》和《监察法》确立的"尊重和保障人权"原则,真正实现惩治犯罪与保障人权的平衡。

理解与适用通缉措施,可从通缉主体、通缉条件、通缉程序三个方面予以把握。

（一）通缉主体

通缉主体可分为决定主体和执行主体。通缉措施的决定主体是监察机关,执行主体是公安机关。《监察法》第四条第二款规定"监察机关办理职务违法和职务犯罪案件,应当与审判机关、检察机关、执法部门互相配合,互相制约"。本条所规定的监察机关与公安机关对通缉措施的适用,是"互相配合,互相制约"原则的具体体现。通缉的发布客观上应遵循"谁决定,谁发布"的原则,但考虑到目前我国公安机关、监察机关的不同性质,公安机关在调动社会资源与构建治安网络方面具有独特的优势,通缉令的发布权统一由公安机关行使为宜,发布通缉令后续执行查缉工作也由公安机关具体负责。监察机关和公安机关共同致力于将在逃的被调查人缉捕归案,实现互相配合、通力合作。同时,在通缉措施的具体适用过程中,监察机关可以实现对公安机关依法履职情况的监督,公安机关亦可以通过审查监察机关所送达的通缉资料的方式助推监察机关更加规范采取调查措施,进而实现相互制约、相互促进。

(二)通缉条件

根据《监察法》第三十二条的规定,通缉的对象是依法应当留置而在逃的被调查人。据此,采取通缉措施,应满足以下三个条件:(1)已按程序对涉嫌职务违法犯罪的被调查人进行立案。通缉是一项对公民基本权利干预程度较强的强制措施,在案件初核阶段禁止使用。(2)被调查人依法应当留置。根据《监察法》第二十四条规定,被通缉人应涉嫌严重职务违法或者职务犯罪,且监察机关已经掌握其部分违法犯罪事实及证据,但仍有重要问题需要进一步调查,且具有可能逃跑、自杀、串供或者伪造、隐匿、毁灭证据等情形。"依法应当留置",是指符合监察法上述关于留置的法定条件,且监察机关已经依法审批、决定对其采取留置措施。[①] (3)被调查人在逃。"在逃"是指去向不明、难以抓获的状态,既包括在采取留置措施前已出逃,也包括被采取留置措施后脱逃。

(三)通缉程序

第一,决定通缉。县级以上监察机关对在逃的应当留置人员,依法决定在本行政区域内通缉的,应当按规定报批,送交同级公安机关执行。送交执行时,应当出具《通缉决定书》,附《留置决定书》等法律文书和被通缉人员信息,以及承办单位、承办人员等有关情况。通缉范围超出本行政区域的,应当报有决定权的上级监察机关出具《通缉决定书》,并附《留置决定书》及相关材料,

---

① 中共中央纪律检查委员会、中华人民共和国国家监察委员会法规室编:《〈中华人民共和国监察法实施条例〉释义》,中国方正出版社 2022 年版,第 258 页。

送交同级公安机关执行。

第二，执行通缉。公安机关收到《通缉决定书》后，依法在本行政区域内及时发布通缉令。通缉令一般应当写明被通缉人的姓名、性别、年龄、籍贯及衣着、语音、体貌等特征和所犯罪名等，并且附照片，加盖发布机关的公章。需要发布公安部通缉令的，应当先提请公安机关采取网上追逃措施（俗称"上网"，即通过公安网"全国在逃人员信息系统"，对符合条件的在逃犯罪嫌疑人进行快速查询、比对并实施抓捕的一种侦查机制）。国家监察委员会依法需要提请公安部对在逃人员发布公安部通缉令的，应当先提请公安部采取网上追逃措施。如情况紧急，可以向公安部同时出具《通缉决定书》和《提请采取网上追逃措施函》。省级以下监察机关报请国家监察委员会提请公安部发布公安部通缉令的，应当先提请本地公安机关采取网上追逃措施。

公安机关发布通缉令后，应当迅速部署、组织力量，积极开展查缉工作，可采取控制被通缉人可能出入或者隐藏的地方、发动群众提供线索、围追堵截等措施。①

第三，接收被通缉人员。公安机关抓获留置对象后，应当及时通知决定通缉监察机关。监察机关接到公安机关抓获被通缉人员的通知后，应当立即核实被抓获人员身份，并在接到通知后二十四小时以内派员办理交接手续。边远或者交通不便地区，至迟不得超过三日。监察机关可以提请公安机关协助将被抓获人员带回，但需要按规定报批后，请本地同级公安机关依法予以协助。提请协助时，监察机关应当出具《提请协助采取留置措施函》，附《留置决定书》复印件及相关材料。

第四，撤销通缉。通缉措施属于限制人身自由的强制措施，必须严格遵循比例原则，当通缉条件丧失时，要尽快撤销通缉。撤销通缉有三种情形：（1）被通缉人已经归案、死亡。"归案"包括被通缉人自动投案或被抓获。这

---

① 马怀德主编：《监察法学》，人民出版社 2019 年版，第 214 页。

种情况下,已经失去了继续通缉的必要。(2)监察机关依法撤销留置决定。监察机关依法撤销留置决定后,该对象已不符合通缉条件。(3)其他不需要继续采取通缉措施情形的。监察机关决定撤销通缉措施的,应当经审批出具《撤销通缉通知书》,送交协助采取通缉措施的公安机关执行。公安机关收到该法律文书后,应当按规定及时撤销通缉措施。

第三十三条 【监察机关适用限制出境】

监察机关为防止被调查人及相关人员逃匿境外,经省级以上监察机关批准,可以对被调查人及相关人员采取限制出境措施,由公安机关依法执行。对于不需要继续采取限制出境措施的,应当及时解除。

【理解与适用】

本条是对被调查人及相关人员限制出境的规定。

限制出境,是指监察机关为防止被调查人及相关人员逃匿境外,决定采取并交由公安机关执行的一种措施。限制出境属于监察机关调查措施,具有强制性和人身性的特征。限制出境的性质可以从两方面把握:第一,限制出境措施具有强制性。在监察调查过程中,监察机关为了收集和调取证据、查明案件事实,需要通过强制手段限制被调查人及相关人员出入境自由。第二,限制出境措施具有人身性。限制出境是针对被调查人及相关人员的人身自由所采取的措施,不涉及被调查人及相关人员的财产权,具有强烈的人身性而非财产性。

纵观我国整个法律体系,限制出境措施并非监察法首创,而是出现在多种法律文件中并在不同法律情境中使用。如《民事诉讼法》第二百六十六条规定"被执行人不履行法律文书确定的义务的,人民法院可以对其采取或者通知有关单位协助采取限制出境,在征信系统记录、通过媒体公布不履行义务信息以及法律规定的其他措施";《最高人民法院关于适用〈中华人民共和国刑事诉讼法〉的解释》第四百八十七条规定"对涉外刑事案件的被告人,可以决定限制出境;对开庭审理案件时必须到庭的证人,可以要求暂缓出境……";《刑事诉讼法》第七十一条和第七十七条则规定对刑事诉讼中的犯罪嫌疑人和被告人适用"取保候审"和"监视居住"强制措施时,可通过暂收护照等证件方式实现限制出境。《监察法》第三十三条所规定的限制出境措施,与上述情境中的限制出境在外观上存在相似性,但也有其专属于监察调查措施的显著特征。

　　监察法语境下的限制出境措施所具有的显著特征,可以从立法目的、适用对象、适用情形、适用主体、执行与解除等方面进行理解。

　　第一,限制出境措施兼有"收集调取证据"与"防止外逃"两个立法目的,二者是辩证统一的关系。其一,限制出境是监察机关对被调查人及相关人员适用的一种监察措施,究其根本是为了收集和调取证据以查明被调查人涉嫌职务违法犯罪的案件事实,防止因被调查人及相关人员不能到案而导致无法收集和调取定案证据的情形。其二,限制出境的直接目的是通过限制被调查人及相关人员的出境自由,以防止出现因被调查人及相关人员逃匿境外而影响调查进程。

　　第二,限制出境措施的适用对象为"被调查人及相关人员",包括"被调查人"和"相关人员"。"被调查人"的范围应界定为经过初步核实需要追究法律责任并已履行监察立案程序的涉嫌职务违法犯罪的监察对象。需要注意的是,虽然本条文中规定限制出境的适用对象为被调查人,但这并不应该将限制出境措施理解为仅能在监察立案后适用。实践中,对于立案前初核阶段的被核查人同样可以适用限制出境措施。比如《中国共产党纪律检查机关监督执纪工作规则》第三十四条第二款规定核查组"需要采取技术调查或者限制出境等措施的,纪检监察机关应当严格履行审批手续,交有关机关执行";又如《监察法实施条例》第五十五条第一款规定"监察机关在初步核实中,可以依法采取谈话、询问、查询、调取、勘验检查、鉴定措施;立案后可以采取讯问、留置、冻结、搜查、查封、扣押、通缉措施。需要采取技术调查、限制出境措施的,应当按照规定交有关机关依法执行。设区的市级以下监察机关在初步核实中不得采取技术调查措施"。由此可见,在初核阶段使用限制出境强制措施,必须严格履行审批手续,且仅有省级以上监察机关才可适用。本条规定的"相关人员"包括涉嫌行贿犯罪或者共同职务犯罪的涉案人员,也包括与案件有关的其他人员。[①]

第三,限制出境措施的适用情形是被调查人及相关人员存在逃匿境外的可能性。这里"境外"的范围既包括国外,也包括我国港澳台地区。在具体判断被调查人及相关人员是否存在逃匿境外的可能性时,要遵循必要性原则,根据客观情况进行综合研判,对确有可能逃匿境外的被调查人及相关人员才能适用限制出境措施,不得随意扩大适用范围或者不加分辨地采取措施。

第四,限制出境措施的适用主体包括决定主体和执行主体。对被调查人及相关人员适用限制出境措施的决定主体是监察机关,需要采取限制出境措施的监察机关应当按照报批程序,经省级以上监察机关批准。监察机关适用限制出境的执行主体是公安机关,更准确来说是公安机关中专门负责出入境管理事务的移民管理机构。监察机关在作出对被调查对象采取限制出境措施的决定后,应将该决定送交移民管理机构执行,并向执行机关出具有关函件及《采取限制出境措施决定书》。有关函件和《采取限制出境措施决定书》的内容应该具体明确,以便管理机构后续执行。[②]

第五,限制出境措施的执行与解除,应当严格遵循监察法律法规以及国家关于出境入境方面的相关法律法规。

---

① 中共中央纪律检查委员会、中华人民共和国国家监察委员会法规室编:《〈中华人民共和国监察法实施条例〉释义》,中国方正出版社 2022 年版,第 263 页。

② 中共中央纪律检查委员会、中华人民共和国国家监察委员会法规室编:《〈中华人民共和国监察法实施条例〉释义》,中国方正出版社 2022 年版,第 264 页。

一是限制出境措施的执行。移民管理机构收到监察机关出具的有关函件和《采取限制出境措施决定书》后，应当立即按照《出境入境管理法》以及相关法律法规要求履行审批及执行程序。实践中，监察机关在向移民管理机构出具《采取限制出境措施决定书》时，可选择采取边控或法定不批准出境两种形式。监察机关要求边控的，可同时向移民管理机构提出扣留人员、不准出境、掌握出入境动态等具体要求，并根据移民管理机构边控工作要求提供相应法律文书。需要注意的是，口岸移民管理机构查获被监察机关决定采取留置措施的边控对象后，需立即通知相应监察机关，监察机关应当于二十四小时以内到达口岸办理移交手续，确保边控对象安全。因路途遥远、交通不便等原因，决定采取限制出境措施的监察机关调查人员无法及时到达口岸的，应当委托当地监察机关及时前往口岸办理移交手续，当地监察机关应当予以协助，共同完成边控对象的移交任务。监察机关选择法定不批准出境方式的，移民管理机构依据《出境入境管理法》相关规定予以执行。

二是限制出境措施的期限与解除。《监察法实施条例》第一百六十四条规定，限制出境措施有效期不超过三个月，到期自动解除。到期自动解除意味着到期时不需要再办理解除手续。但监察机关应当遵循必要性和合法性原则，严格控制措施使用。如果限制出境措施仍在有效期内，但案件已经办结或者被调查人及相关人员不再有逃匿境外的风险时，监察机关应当按规定报批后及时予以解除。限制出境措施到期后仍有必要继续采取措施的，应当提前做好准备，再次按照原程序报批，及时与移民管理机构做好对接并预留必要时间，确保限制出境措施无缝衔接，避免因存在措施空档期而出现被调查人或相关人员逃匿境外的不利后果。延长期限每次不得超过三个月。

三是临时限制出境措施。《监察法实施条例》第一百六十七条规定，县级以上监察机关在重要紧急情况下，经审批可以依法直接向口岸所在地口岸移民管理机构提请办理临时限制出境措施。本条是特殊规定，一般情况下不得采取该措施。只有在重要紧急情况下，经监察机关审批后，才能提请口岸所在地口岸移民管理机构办理该措施。赋予监察机关采取临时限制出境措施权限,是为了在重要紧急情况下,避免贻误时机,在具体适用时必须严格按规定期限执行,不能无限期拖延,更不能以临时措施代替正式措施。

第三十四条 【被调查人移送可以从宽的情形】

涉嫌职务犯罪的被调查人主动认罪认罚,有下列情形之一的,监察机关经领导人员集体研究,并报上一级监察机关批准,可以在移送人民检察院时提出从宽处罚的建议:

(一)自动投案,真诚悔罪悔过的;

(二)积极配合调查工作,如实供述监察机关还未掌握的违法犯罪行为的;

(三)积极退赃,减少损失的;

(四)具有重大立功表现或者案件涉及国家重大利益等情形的。

【理解与适用】

本条是关于监察机关对涉嫌职务犯罪的被调查人提出从宽处罚建议的规定。

我国正式的认罪认罚从宽制度形成于党的十八届四中全会所通过的《中共中央关于全面推进依法治国若干重大问题的决定》,即"完善刑事诉讼中认罪认罚从宽制度",以作为"优化司法职权配置"的重要举措。[1] 此后,以该《决定》为指导思想,在部分地区开展刑事案件认罪认罚从宽制度试点。2018年《监察法》出台时,基于试点成效,将提出从宽建议的内容纳入其中。2018年10月,《刑事诉讼法》修改时,将刑事认罪认罚从宽制度从立法层面予以正

---

[1] 施鹏鹏:《认罪认罚从宽的类型化与制度体系的再梳理》,《比较法研究》2021年第5期。

式确认。《监察法》中关于提出从宽处罚建议的规定,是对刑事诉讼中认罪认罚从宽制度的衔接与呼应,蕴含着运用法治思维和法治方式反腐败的内在机理。监察机关按照《监察法》对涉罪职务犯罪被调查人提出从宽处罚建议的,检察机关要按照《刑事诉讼法》中的认罪认罚从宽制度相关规定予以审查,这是监检衔接、法法衔接的具体体现。

《监察法》第一条开宗明义规定本法的立法目的是深入开展反腐败工作,推进国家治理体系和治理能力现代化。① 对涉嫌职务犯罪的被调查人提出从宽处罚建议,鼓励被调查人主动认罪认罚,深入开展反腐败工作,是纪检监察体制改革的应有之义,符合《监察法》的立法初衷。比如,被调查人自动投案、积极配合调查工作、如实供述监察机关还未掌握的违法犯罪行为,有利于监察机关全面彻底查清腐败问题;被调查人积极退赃、减少损失的,有利于监察机关维护国家经济利益;被调查人积极揭发检举他人重大职务犯罪行为,有利于监察机关尽早发现并惩处隐藏的职务犯罪问题。习近平总书记在中国共产党第二十届中央纪律检查委员会第三次全体会议上强调,经过新时代十年坚持不懈的强力反腐,反腐败斗争取得压倒性胜利并全面巩固,但形势依然严峻复杂②。监察机关反腐败任务依然艰巨,鼓励引导被调查人主动认罪认罚,可以为监察机关顺利查清案件提供有利条件,节省人力物力,提高反腐败工作效率。③

《监察法》第五条规定了国家监察工作要遵循的基本原则,④“惩戒与教

---

①　《中华人民共和国监察法》第一条规定:“为了深入开展反腐败工作,加强对所有行使公权力的公职人员的监督,实现国家监察全面覆盖,持续深化国家监察体制改革,推进国家治理体系和治理能力现代化,根据宪法,制定本法。”

②　《习近平在二十届中央纪委三次全会上发表重要讲话强调　深入推进党的自我革命　坚决打赢反腐败斗争攻坚战持久战》,《中国纪检监察》2024 年第 2 期。

③　中共中央纪律检查委员会、中华人民共和国国家监察委员会法规室编:《〈中华人民共和国监察法〉释义》,中国方正出版社 2018 年版,第 160 页。

④　《中华人民共和国监察法》第五条规定:“国家监察工作严格遵照宪法和法律,以事实为根据,以法律为准绳;权责对等,严格监督;遵守法定程序,公正履行职责;尊重和保障人权,在适用法律上一律平等,保障监察对象及相关人员的合法权益;惩戒与教育相结合,宽严相济。”

育相结合,宽严相济"是其中一项重要内容,本条中的认罪认罚从宽制度是对该原则的具体体现。对涉嫌职务犯罪的被调查人,要严格依据法律法规予以严惩,同时要有所区分。在全面考虑涉嫌犯罪的事实、性质、情节、后果和对社会危害程度的基础上,结合被调查人一贯表现、主观恶性、认罪悔罪态度等因素综合考虑,做到该宽则宽、当严则严,罪责相当、罚当其罪。对主动认罪认罚又有法定从宽情节的被调查人,提出从宽处罚的建议,可以起到教育示范的作用,鼓励被调查人犯罪后改过自新、将功折罪,积极配合监察机关的调查工作。

理解与适用被调查人移送可以从宽条款,可从适用前提、适用程序、适用情形、从宽类型、适用方式等五个方面予以把握。

(一)适用前提

被调查人主动认罪认罚是监察机关对其提出从宽处罚建议的前提条件。其中,"主动"主要表现为自愿,对于经过组织教育后认罪认罚的,只要是出于自愿,且认罪认罚态度好、供述稳定的,可认定为"主动"。"认罪"是指被调查人自愿如实供述自己的罪行,对调查认定的犯罪事实没有异议。被调查人承认调查认定的主要犯罪事实,仅对个别事实情节提出异议,或者虽然对行为性质提出辩解但表示接受调查认定意见的,不影响对其"认罪"的认定。"认罚"是指被调查人真诚悔罪,愿意接受处罚。

(二)适用程序

本条规定"监察机关经领导人员集体研究,并报上一级监察机关批准,可以在移送人民检察院时提出从宽处罚的建议",这是适用从宽处罚建议的程序要求,是为了确保程序公开公正,防止随意性。关于上一级监察机关如何审批,《监察法》本条款中未予体现。《监察法实施条例》第二百一十三条对此作出明确规定:"上级监察机关相关监督检查部门负责审查工作,重点审核拟认定的从宽处罚情形、提出的从宽处罚建议,经审批在十五个工作日以内作出批复。"

（三）适用情形

本条以列举的方式,规定了提出从宽建议的四种具体情形。当然,并不要求同时具备该四种情形,至少符合其中一项即可。《监察法实施条例》第二百一十四条至第二百一十七条分别以列举的方式,对该四项情形予以细化,有利于各级监察机关在实践中正确适用《监察法》,精准提出从宽处罚建议。

1. 自动投案,真诚悔罪悔过的。"自动投案"是指涉嫌职务犯罪的被调查人在拥有行动自由的前提下,自愿将自己交给监察机关等国家机关处理的行为,强调投案行为的主动性。关于投案行为的具体表现形式,《监察法实施条例》第二百一十四条列举了十种自动投案的具体情形,与《最高人民法院关于处理自首和立功具体应用法律若干问题的解释》第一条中对"自动投案"的解释基本一致,都在一定程度上做了扩大解释,从政策上鼓励和支持自动投案行为。①"真诚悔罪悔过"是指如实交代自己的主要犯罪事实,并对自己的所做所为感到后悔,强调投案行为的真实性。被调查人自动投案后不能如实交代自己的主要犯罪事实,或者自动投案并如实供述自己的罪行后又翻供的,则不符合该从宽情形。

2. 积极配合调查工作,如实供述监察机关还未掌握的违法犯罪行为的。该项内容是贯彻落实"惩前毖后、治病救人"方针和"坦白从宽"政策的具体表现,有利于促使被调查人积极配合监察机关的调查工作。与上一项情形相比,

---

① 《最高人民法院关于处理自首和立功具体应用法律若干问题的解释》第一条关于自动投案的规定:"自动投案,是指犯罪事实或者犯罪嫌疑人未被司法机关发觉,或者虽被发觉,但犯罪嫌疑人尚未受到讯问、未被采取强制措施时,主动、直接向公安机关、人民检察院或者人民法院投案。犯罪嫌疑人向其所在单位、城乡基层组织或者其他有关负责人员投案的;犯罪嫌疑人因病、伤或者为了减轻犯罪后果,委托他人先代为投案,或者先以信电投案的;罪行未被司法机关发觉,仅因形迹可疑被有关组织或者司法机关盘问、教育后,主动交代自己的罪行的;犯罪后逃跑,在被通缉、追捕过程中,主动投案的;经查实确已准备去投案,或者正在投案途中,被公安机关捕获的,应当视为自动投案。并非出于犯罪嫌疑人主动,而是经亲友规劝、陪同投案的;公安机关通知犯罪嫌疑人的亲友,或者亲友主动报案后,将犯罪嫌疑人送去投案的,也应当视为自动投案。"

该项内容可适用于被动到案的被调查人。被调查人在被立案讯问或者被采取留置措施之后,已然失去了"自动投案"条件。但如果被调查人能够做到积极配合调查工作,如实供述监察机关还未掌握的违法犯罪行为,仍然具有获得"从宽处罚"的可能。"如实供述监察机关还未掌握的违法犯罪行为",既包括如实供述监察机关已掌握的同种罪行,又包括如实供述不同种罪行,还包括监察机关掌握的证据不充分,被调查人如实交代有助于收集定案证据的情形。

3. 积极退赃,减少损失的。职务犯罪的危害性主要体现在侵犯公职人员职务廉洁性,同时又体现在侵犯国家、集体和公民的合法财产。本项内容鼓励被调查人主动退赃挽损,减少国家、集体和公民财产的损失。《监察法实施条例》第二百一十六条列举了三种符合本项内容的具体情形:全额退赃的;退赃能力不足,但被调查人及其亲友在监察机关追缴赃款赃物过程中积极配合,且大部分已追缴到位的;犯罪后主动采取措施避免损失发生,或者积极采取有效措施减少、挽回大部分损失的。

4. 具有重大立功表现或者案件涉及国家重大利益等情形的。根据《监察法实施条例》第二百一十七条规定,"重大立功表现"包括被调查人检举揭发他人重大犯罪行为且经查证属实;提供其他重大案件的重要线索且经查证属实;阻止他人重大犯罪活动的;协助抓捕其他重大职务犯罪案件被调查人、重大犯罪嫌疑人(包括同案犯)的;为国家挽回重大损失等对国家和社会有其他重大贡献等。"案件涉及国家重大利益"是指案件涉及国家主权和领土完整、国家安全、外交、社会稳定、经济发展等情形。

(四)从宽类型

监察机关所提出从宽处罚的建议,具体包括从轻处罚、减轻处罚、免除处罚。"从轻处罚"是指在法定刑的限度以内判处刑罚,即在法律规定的量刑幅度内选择相对较轻的刑种或较短的刑期。"减轻处罚"是指在法定刑以下判处刑罚。"免除处罚"是指行为已构成犯罪应受刑罚处罚,但由于某些原因不判处刑罚。对于经批准可以提出从宽处罚建议的案件,监察机关在移送人民检察院时,一般应提出明确的从轻、减轻或者免除处罚的从宽处罚建议。在实践中,结合个案情况,监察机关经综合考虑,认为不宜明确从宽处罚建议的具体类型时,可以概括表述为"建议从宽处罚"。①

（五）适用方式

监察机关经批准提出从宽处罚建议的,一般应当在移送审查起诉时作为《起诉意见书》内容一并提出。对于案件移送后、人民检察院提起公诉前需要提出从宽处罚建议的,监察机关应当单独形成从宽处罚建议书移送人民检察院。为配合司法机关的审查工作,对于从宽处罚建议所依据的证据材料,应当一并移送。② 根据《监察法实施条例》第二百一十二条的规定,与人民检察院审查起诉的衔接工作具体由监察机关案件审理部门负责。③

第三十五条　【涉案人员移送可以从宽的情形】

职务违法犯罪的涉案人员揭发有关被调查人职务违法犯罪行为,查证属实的,或者提供重要线索,有助于调查其他案件的,监察机关经领导人员集体研究,并报上一级监察机关批准,可以在移送人民检察院时提出从宽处罚的建议。

【理解与适用】

本条是关于监察机关对职务违法犯罪的涉案人员提出从宽处罚建议的规定。

---

① 中共中央纪律检查委员会、中华人民共和国国家监察委员会法规室编:《〈中华人民共和国监察法实施条例〉释义》,中国方正出版社2022年版,第352页。
② 中共中央纪律检查委员会、中华人民共和国国家监察委员会法规室编:《〈中华人民共和国监察法实施条例〉释义》,中国方正出版社2022年版,第367页。
③ 《中华人民共和国监察法实施条例》第二百一十二条第二款规定:"监察机关案件审理部门负责与人民检察院审查起诉的衔接工作,调查、案件监督管理等部门应当予以协助。"

党的十八大以来,以习近平同志为核心的党中央从制定执行中央八项规定切入整饬作风,以雷霆万钧之势推进反腐败斗争,激荡清风正气、凝聚党心民心,为党和国家各项事业发展提供了坚强保障。2024 年 1 月,习近平总书记在二十届中央纪委三次全会上强调,经过新时代十年坚持不懈的强力反腐,反腐败斗争取得压倒性胜利并全面巩固,但形势依然严峻复杂。这是党中央在深刻认识和分析反腐败斗争规律的基础上作出的科学论断,为新时代新征程深入推进全面从严治党、党风廉政建设和反腐败斗争指明了方向。新时代十年,中国反腐事业取得伟大进展,世界为之瞩目。但以习近平同志为核心的党中央保持高度清醒,深刻指出当前反腐败斗争形势依然严峻复杂,并强调对反腐败斗争的新情况新动向要有清醒认识,对腐败问题产生的土壤和条件要有清醒认识。监察机关作为行使监察职权的专责机关,是反腐败事业的主力军,要深刻领会党中央对当前反腐败形势的科学判断和决策部署,面对依然严峻复杂的形势,要持续保持惩治腐败高压态势。面对腐败存量尚未彻底清除,腐败增量仍在发生,腐败问题表现形形色色的现状,监察机关既要有使命在肩的责任感,又要善于把握腐败问题的规律性。从职务违法犯罪的特性来看,其往往隐匿于错综复杂的权力运作与经济往来中,许多关键线索和证据仅掌握在被调查人与涉案人员手中。由于他们之间存在盘根错节的利益关联,监察机关在深入调查此类案件时,不得不面临重重阻碍,并需要投入大量的时间与精力。

本条对涉案人员从宽处理的规定正是破解这一难题的关键一招。一方面,其贯彻了我党"惩前毖后、治病救人"的方针以及我国宽严相济的刑事政策。通过给予涉案人员将功折罪、改过自新的机会,引导他们正视自己的错误,彰显对个体的教育与改造,不仅有助于涉案人员重新融入社会,也有助于修复被破坏的社会关系和公序良俗。另一方面,作为一种激励性的策略安排,本条规定有助于"鼓励职务违法犯罪的涉案人员积极配合监察机关的调查工作,将功折罪争取宽大处理",进而"为监察机关顺利查清案件提供有利条件,节省人力物力,提高反腐败工作的效率"。① 在反腐败斗争的紧迫形势下,时间的宝贵性不言而喻。每一个职务犯罪案件的及时发现与调查,都能对潜在的职务违法犯罪人员起到强大的震慑作用。涉案人员的积极配合,可以促使监察机关更迅速、准确地获取关键信息和证据,避免了监察资源在僵持案件中过度消耗,实现资源的优化配置。

在此背景下,深入探讨《监察法》的这一规定显得尤为重要。具体而言,本条与《监察法》第三十四条均为监察机关向人民检察院移送案件时,提出从宽处罚建议的法定情形,两个条文共同构成监察机关提出从宽处罚建议的整体框架。在理解与适用本条规定时,需通过其与第三十四条的对比来进行把握。

（一）适用对象

与前一条的适用对象"涉嫌职务犯罪的被调查人"不同,本条适用于"职务违法犯罪的涉案人员"。值得注意的是,《监察法》及《监察法实施条例》中曾多次使用"涉案人员"这一概念,然而法条中却并未对其内涵进行明确界定,这在一定程度上增加了理解的难度。事实上,"从广义上讲,所有与案件相关的人都可以称之为涉案人员,既包括被审查调查人、行贿人等,也包括协助、参与实施违纪、职务违法犯罪行为的其他人员,受害人、证人等。"②但就本条与前一条文的内容设置以及《监察法实施条例》的相关规定来看,本条的涉案人员应指"与监察机关所管辖的主案存在关联,涉嫌行贿犯罪、介绍贿赂犯罪或共同职务犯罪的人员",且"从逻辑上来讲,被调查人成立在先,涉案人员出现在后"。③

---

① 中共中央纪律检查委员会、中华人民共和国国家监察委员会法规室编写:《〈中华人民共和国监察法〉释义》,中国方正出版社2018年版,第165页。

② 《涉案人员处理需注意哪些方面》,中央纪委国家监委网站:https://www.ccdi.gov.cn/hdjln/nwwd/202111/t20211125_150519.html,2024年12月12日最后访问。

③ 秦前红、李世豪:《论〈监察法〉中的涉案人员及其权利保护》,《吉首大学学报(社会科学版)》2023年第4期。

（二）适用情形

就适用情形而言，本条的范围也远少于前一条，并且侧重于涉案人员的立功行为，主要包括以下两大类。

1."揭发有关被调查人职务犯罪行为，查证属实的"。可从以下几个方面进行理解：（1）应当揭发所涉案件以外的被调查人职务犯罪行为。也就是说该揭发应指向一个新的职务犯罪行为，若揭发的是自己所涉案件的被调查人职务犯罪行为，那么就只能被认定为坦白行为，而非本条规定的立功表现，不能依据本条提出从宽处罚的建议。（2）揭发内容的真实性需经过查证。只有经过查证属实后，该揭发行为才能被视为有效的立功表现，进而成为提出从宽处罚建议的正当理由。这一规定旨在确保揭发的真实性，鼓励涉案人员提供真实、有效的立功信息，以助力监察机关更加高效地查清案件事实。

2."提供重要线索，有助于调查其他案件的"。相较于前一种情形，此情形更侧重于强调线索在促进其他案件调查方面的实际成效。《监察法实施条例》将其进一步区分为以下两类情况：其一，提供物证、证人等方面的重要线索，并且该线索可以指向其他具体的职务犯罪事实，对监察机关调查其他案件起到实质性推动作用的。此项情形需满足三个条件。（1）所提供的线索需为重要线索。所谓"重要"，是指该线索在案件调查中具有不可或缺的作用，能够直接或间接地揭示案件的关键信息，为监察机关的调查工作提供有力支持。（2）线索需指向其他具体的职务犯罪事实。这意味着所提供的线索不仅需指向本案以外的职务犯罪事实，而且这一事实是具体明确的。这类线索通常能够锁定特定的犯罪嫌疑人、揭示特定的犯罪手段、关联特定的犯罪时间与地点等。（3）所提供的线索需对监察机关调查其他案件起到实质性推动作用。这是对线索有效性的要求，一般是指涉案人员提供的线索对监察机关突破或者查证主要犯罪事实具有直接帮助作用。[1] 其二，涉案人员提供的重要线索虽

---

[1] 中共中央纪律检查委员会、中华人民共和国国家监察委员会法规室编：《〈中华人民共和国监察法实施条例〉释义》，中国方正出版社 2022 年版，第 365 页。

然不能指向具体的职务犯罪事实,但是有助于加快其他案件的办理进度,或者对其他案件固定关键证据、挽回损失、追逃追赃等起到积极作用的。这一情形可从以下四个方面进行理解。(1)有助于加快其他案件的办理进度。在案件的调查过程中,时间往往成为制约调查效率的关键因素。若涉案人员提供的重要线索能够协助监察机关加快案件办理进度,缩短案件调查周期,便应被视为立功表现。具体而言,如提供案件关键信息,使监察机关能够迅速锁定调查方向等。(2)对其他案件固定关键证据起积极作用的。例如提供物证、书证的存放地点或获取途径,提供证人的线索以协助监察机关及时收集证人证言等。(3)对挽回其他案件的经济损失起积极作用的。如揭示案件中财产的来源与去向,协助监察机关查封、扣押、冻结涉案财产等。(4)对其他案件的追逃追赃起积极作用的。如协助监察机关反腐败国际追逃追赃等涉外案件办理工作,作出突出贡献,起到重要积极作用。

（三）适用程序

本条在从宽处罚建议的适用程序上,与《监察法》第三十四条的规定一致,需经过以下三个主要程序。(1)监察机关提出从宽处罚建议并报上级批准。对于符合本条规定的案件,监察机关需综合考虑涉案人员在案发前的一贯表现、违法犯罪行为的情节、造成的后果及其社会影响等多方因素,进行综合研判和集体审议。讨论后,需报请上一级监察机关批准。(2)上级监察机关的审查与批准。上级监察机关应进行实质性的审查,并着重审核拟认定的从宽处罚情形、提出的从宽处罚建议,并及时作出批复。(3)移送人民检察院时提出从宽处罚的建议。具体而言,除特殊情况外,监察机关应当在起草的《起诉建议书》中载明从轻、减轻或者免除处罚等情节,并将所依据的证据材料一并移送人民检察院。

整体而言,相较于《监察法》第三十四条关于被调查人认罪认罚的从宽处理,本条款聚焦于涉案人员的立功从宽制度。这种制度的设计,旨在通过激励机制,调动涉案人员的积极性,使其从被动接受调查转变为主动配合调查。此举不仅有助于监察机关拓宽案件线索的来源渠道,使得监察活动能够触及更多隐蔽的角落,而且能够显著提升监察机关的调查效率与效果,为精准打击职务违法犯罪提供强有力的支持。

第三十六条　【监察机关调查过程中证据适用规则】

监察机关依照本法规定收集的物证、书证、证人证言、被调查人供述和辩解、视听资料、电子数据等证据材料,在刑事诉讼中可以作为证据使用。

监察机关在收集、固定、审查、运用证据时,应当与刑事审判关于证据的要求和标准相一致。

以非法方法收集的证据应当依法予以排除,不得作为案件处置的依据。

【理解与适用】

本条是关于监察机关调查过程中证据适用规则的规定。

本条第一款是关于监察证据在刑事诉讼中的转化适用,即监察机关收集的物证、书证、证人证言、被调查人供述和辩解、视听资料、电子数据等证据材料,可以作为刑事诉讼法中的证据加以使用。

由于监察证据与刑事审判证据的获取方式存在一定区别,这种差异限制了监察证据在刑事诉讼阶段的直接使用。《监察法》为调查职责的运行配置了 15 项一般调查措施以及技术调查措施,这些措施有部分属于纪检调查措施,所处理的是公职人员违纪事项。这样可能产生的问题是,当某公职人员涉嫌职务犯罪时,通过纪检调查措施如谈话、询问等措施获取的证据,需要进行转化。这是因为,谈话、询问主要针对公职人员违纪行为,这些措施不属于《刑事诉讼法》上的证据获取措施,加之"纪严于法"的客观情况,涉嫌违纪违法的事实移送至检察机关后,检察机关还需要对违纪部分进行审查,而审查的对象就是证据,确保对职务违法犯罪行为定性的准确性。

本条第二款是关于监察机关收集、固定、审查、运用证据标准问题，即要与刑事审判关于证据的要求和标准相一致。这一方面是基于反腐法治化的要求，刑事审判本身就是法治反腐的最优范本，参照刑事审判标准有助于将法治落实于反腐全流程。另一方面，这也涉及监察证据与刑事审判证据的衔接问题，在一开始就对监察证据提出较高标准，有助于消除检察机关与审判机关等的衔接障碍。

从该款规定可以看出：一是《监察法》有关证据收集、固定、审查、运用的规则目前还较为粗糙；二是对监察证据的收集、固定、审查、运用，不能与刑事审判的证据要求和标准相违背。监察机关具有独立性，这当然意味着监察机关的证据规则也具备独立性，不能直接援引《刑事诉讼法》关于刑事审判的证据要求和规定。排除直接适用《刑事诉讼法》，并不意味着监察机关可以随意收集、使用证据，而应当以刑事审判的证据标准为参照，监察机关收集、固定、审查、运用证据时既要符合刑事证据法理的要求，也要与刑事审判的证据规则基本吻合，即为了使监察证据能够顺利转化为刑事诉讼证据，监察机关收集各项证据时，应当参照刑事审判证据的要求和标准。

当然，《刑事诉讼法》的证据规定不能完全替代《监察法》的证据规则。如果将《刑事诉讼法》中的证据规则引入监察阶段，势必会在客观上架空《监察法》的适用。因为相比较而言，《刑事诉讼法》对调查活动的要求更加严格，而《监察法》对其的要求较为宽松，在两者同时有规定的情况下，按照前述观点往往会得出证据审查适用的是《刑事诉讼法》而非《监察法》的结论。因此，此处的"与刑事审判相一致"可以理解为监察证据的标准不能与刑事审判的证据标准相违背。这意味着在某些情形下，对监察证据的收集、固定、审查、运用会达不到刑事审判所要求的程度时，证据能力可能存在瑕疵，需要通过其他证据予以补强。

本条第三款是关于监察机关非法证据排除规则的规定。"证据在诉讼中永远是稀缺的，必须通过证据制度的安排将尽可能多的有效事实材料纳入诉讼的范围"①。非法证据排除规则主要排除的是通过违法程序或者不符合法定程序收集的证据,因此,非法证据排除规则所否定的并非证据的真实性,而是证据的能力,即由于证据搜集方法的不合法而使其丧失成为证据的资格。

例如,《监察法》规定:"严禁以暴力、威胁、引诱、欺骗及其他非法方式收集证据,严禁侮辱、打骂、虐待、体罚或者变相体罚被调查人和涉案人员。"该规定与非法证据排除规则能够形成照应关系。根据上述规定,"以暴力、威胁、引诱、欺骗及其他非法方式收集证据"应当依法予以排除,这里的"其他非法方式"当然包括暴力性方式。从根本上看,非法证据排除规则是通过否定证据能力或资格的方式排除那些可能存在证明力问题的证据,即其最终目的是否定证据的真实性。监察阶段所获取的证据不能简单以程序违法为理由而加以排除,对于以违法手段获取的证据,要综合考虑违法程度、违法行为与有罪供述的关系、是否可以通过程序修复或间接证据加以佐证等,才能够作出妥当的认定。

第三十七条 【线索移送制度与管辖】

人民法院、人民检察院、公安机关、审计机关等国家机关在工作中发现公职人员涉嫌贪污贿赂、失职渎职等职务违法或者职务犯罪的问题线索,应当移送监察机关,由监察机关依法调查处置。

被调查人既涉嫌严重职务违法或者职务犯罪,又涉嫌其他违法犯罪的,一般应当由监察机关为主调查,其他机关予以协助。

【理解与适用】

本条是关于职务违法犯罪问题线索移送与互涉案件管辖的规定。

---

① 张栋:《中国刑事证据制度体系的优化》,《中国社会科学》2015 年第 7 期。

《宪法》第一百二十七条第二款规定:"监察机关办理职务违法和职务犯罪案件,应当与审判机关、检察机关、执法部门互相配合,互相制约。"这是监察机关与其他机关配合制约机制的宪法依据。一方面,国家监察体制改革的重大成果是确立监察机关为反腐败专责机关,因此在程序上,人民法院、人民检察院、公安机关、审计机关等发现公职人员存在职务违法或者职务犯罪的,依法应由监察机关调查处置。另一方面,从管辖角度而言,当行为人既涉嫌职务违法犯罪,又涉嫌其他违法犯罪时,确立了应当由监察机关为主调查,其他机关予以协助,更有助于反腐的高效性。

本条第一款规定监察机关负责依法对涉嫌贪污贿赂、失职渎职等职务违法或者职务犯罪进行调查处置,其他机关发现此类问题线索的,应当移送给监察机关处理。该条体现了监察机关与其他机关的线索移送衔接机制,其具有实体和程序双重规范意义。

从实体衔接角度而言,人民法院、人民检察院、公安机关、审计机关等国家机关在工作中只要发现公职人员涉嫌职务违法或者职务犯罪,就应当将问题线索移送给监察机关。"涉嫌"是一种初步判断,公职人员是否构成职务违法或者职务犯罪,应当交由监察机关来具体甄别和处理。之所以如此规定,一方面是出于尊重监察独立性的考量,另一方面是由于其他国家机关特别是行政机关对行政违法的判断标准,与职务违法或者职务犯罪并不完全一致,出于法治反腐的考量,必须由监察机关作出准确、妥当定性处理。"应当"表明除了法律有特别规定的以外,原则上必须移送。

从程序衔接角度而言,该条初步确立了其他机关向监察机关移送职务违法与职务犯罪问题线索的程序依据。监察机关是反腐败专责机关,也是职务违法与职务犯罪调查的第一个主管部门。因此,在程序上必须先经过监察机关处理,才能确定案件性质,并由监察机关决定是否将案件移送给检察机关审查起诉。

在办案实践中,其他机关向监察机关移送问题线索,主要分为两种情形:

一是受案机关发现案件仅涉嫌职务违法犯罪,则案件不属于本部门管辖,应当移送给主管部门即监察机关调查处置。二是受案机关发现案件既涉嫌职务违法犯罪,又涉嫌非职务违法犯罪,则案件有部分属于本部门管辖,对于不属于本部门管辖的职务违法犯罪案件,依法应当移送给主管部门即监察机关管辖。

本条第二款规定互涉案件的管辖规则,需要结合《监察法实施条例》规定进行一体化理解。《监察法实施条例》第五十一条规定:"公职人员既涉嫌贪污贿赂、失职渎职等严重职务违法和职务犯罪,又涉嫌公安机关、人民检察院等机关管辖的犯罪,依法由监察机关为主调查的,应当由监察机关和其他机关分别依职权立案,监察机关承担组织协调职责,协调调查和侦查工作进度、重要调查和侦查措施使用等重要事项。"据此可知,对于职务违法犯罪与其他违法犯罪互涉的案件,以监察机关为主调查,并不等于由监察机关对所有事实合并调查、全盘调查,仍然需要由监察机关和其他机关分别依职权立案、调查(侦查),监察机关负责对调查(侦查)的统筹协调。

互涉案件在监察实践中有两种情形:一种是主体同一型互涉案件,即某一主体既涉嫌职务犯罪又涉嫌非职务犯罪,对此类案件合并管辖主要基于效率考量;另一种是事实关联型互涉案件,即职务犯罪主体与非职务犯罪主体实施的犯罪存在关联。对于主体同一型互涉案件,不应进行合并管辖,这种情形下采取合并管辖违背了程序正义原则,也与《监察法实施条例》第五十一条的规定相抵触。在主体同一型互涉案件中,对职务犯罪与非职务犯罪应当由监察机关和其他机关分别依职权立案,监察机关承担组织协调职责。对于事实关联型互涉案件,根据《监察法实施条例》第四十六条第四款之规定,"监察机关调查公职人员涉嫌职务犯罪案件,可以依法对涉嫌行贿犯罪、介绍贿赂犯罪或者共同职务犯罪的涉案人员中的非公职人员合并管辖"。即在公职人员与非公职人员共同实施职务犯罪的场合,非公职人员也要受到监察机关合并管辖、调查,这符合共同犯罪的法理及规定。例如,2003 年 11 月 13 日最高人民法院《全国法院审理经济犯罪案件工作座谈会纪要》中指出,非国家工作人员与国家工作人员通谋,利用国家工作人员职务上便利收受财物的,构成受贿罪共犯。因此,对于事实关联型互涉案件,在双方共同实施职务犯罪的场合,监察机关可以合并管辖。

根本理由在于,监察权与其他公权力一样都具有独立性,监察权的独立性也要尊重其他公权力的独立性。倘若监察机关以涉嫌职务违法犯罪为理由,对非职务犯罪进行合并调查,势必损害其他公权力的独立性,缺乏正当性。从《宪法》第一百二十七条第二款规定来看,监察机关负责职务违法犯罪事实的立案与调查,公安机关等负责非职务违法犯罪的立案与侦查,更具合法性。

法治反腐的核心要义在于确立高阶而独立的监察权及其监察机关,监察机关与其他机关的配合制约关系,已经由宪法确认。在监察实践中,监察机关作为调查处置职务违法犯罪的专责机关,需要人民法院、人民检察院、公安机关、审计机关等国家机关的有效配合;与此同时,监察机关在受案后发现行为人涉嫌非职务犯罪的,也要履行配合其他国家机关的职责,这是监察法治化的题中应有之义。

第五章　监察程序

第三十八条　【报案、举报的处理】

监察机关对于报案或者举报,应当接受并按照有关规定处理。对于不属于本机关管辖的,应当移送主管机关处理。

【理解与适用】

本条是关于监察机关对报案和举报的受理及移送的规定。

报案和举报是反腐败的重要线索来源,对于及时发现腐败和有效惩治腐败分子起到重要作用。在我国监察实践中,群众监督是反腐败的重要力量,这首先是由党全心全意为人民服务的宗旨所决定的。党的十九大报告指出:"全面从严治党永远在路上。一个政党,一个政权,其前途命运取决于人心向背。人民群众反对什么、痛恨什么,我们就要坚决防范和纠正什么。"这充分说明依靠群众、为了群众进行反腐败的必要性。其次,我国《宪法》第四十一条第一款规定:"中华人民共和国公民对于任何国家机关和国家工作人员,有提出批评和建议的权利;对于任何国家机关和国家工作人员的违法失职行为,有向有关国家机关提出申诉、控告或者检举的权利,但是不得捏造或者歪曲事实进行诬告陷害。"因此,报案和举报是公民行使基本权利的体现,具有深厚的宪法基础。最后,从我国监察实践来看,人民群众是最广泛的监督主体,在提供腐败线索、防治腐败以及推进廉政建设方面,都具有其他监督方式难以替代的重要功能。

本条规定包括两个方面：

一是监察机关有接受并处理报案或举报的义务。其中，"报案"是指有关单位和个人向监察机关报告其知道的公职人员涉嫌职务违法犯罪事实或者线索的行为；"举报"是指有关单位和个人向监察机关检举、揭发公职人员涉嫌的职务违法犯罪事实或者线索的行为。《宪法》第四十一条第二款规定："对于公民的申诉、控告或者检举，有关国家机关必须查清事实，负责处理。任何人不得压制和打击报复。"监察机关作为反腐败专责机关，在公民提出报案或举报时，有义务接受报案和举报材料，并且对报案和举报作出处理。

特别值得注意的是，宪法规定任何人不得对报案人或举报人进行打击报复。为了落实该规定，监察机关应当保护报案人或举报人的人身安全，对举报内容和举报人的信息进行严格保密，避免其遭受打击报复。

二是规定监察机关案件移送制度。由于报案和举报的范围较为广泛，而监察机关受案范围主要限于公职人员的职务违法和职务犯罪行为，因此，当监察机关接受的报案或举报材料，不涉及职务违法犯罪的，也不能置之不理，而应当移送给主管机关。这是由于：一方面，《宪法》第一百二十七条第二款规定监察机关应当与其他机关互相配合，案件移送正是互相配合的具体体现；另一方面，建立畅通的案件移送制度，有利于更好实现群众利益，符合"以人民为中心"的党的根本执政理念。据此，如果公民报案或举报的事项，涉及违纪问题，则应当交由执纪部门处理；如果涉及职务违法犯罪以外的其他违法犯罪事项，则应根据情况分别移送对应的行政机关、司法机关处理。当然，移送的结果应当及时通知报案人或举报人。

第三十九条　【建立协调、制约机制和加强监督管理】

监察机关应当严格按照程序开展工作，建立问题线索处置、调查、审理各部门相互协调、相互制约的工作机制。

监察机关应当加强对调查、处置工作全过程的监督管理,设立相应的工作部门履行线索管理、监督检查、督促办理、统计分析等管理协调职能。

【理解与适用】

本条是关于监察机关严格按照程序开展工作和加强全过程监督管理的规定。

一、监察机关必须严格遵循程序正义

建立集中统一、权威高效的反腐败体系是监察体制改革的核心目标之一,伴随着《监察法》的颁布、配套规范的调整以及国家和地方各级监察委员会的相继建立,这项改革目标已经初步完成,改革也顺利进入全面深化新阶段。通过制定《监察法》并建立作为反腐败专职专责机关的监察委员会,确实有效地整合了反腐资源,提升了反腐效能。进一步深化国家监察体制改革,关键问题之一在于监察机关能否保障自身严格遵守程序正义,这不仅关乎监察体制改革成效,更关乎监察法治化的实现。

基于此,本条第一款前半段明确规定,监察机关必须严格按照程序开展工作,这可以从两个层面进行理解。

一是程序正义具有防御功能,有助于规范监察权的运行。在现代合法化的形式进路中,人们愈来愈强调程序的重要性,程序被用来确定"人民的集体意志",用来确认和检验国家机关活动的正当性与有效性。程序正义的实质要义在于,通过一系列程序性规范来约束国家权力,确保国家机关能够切实依照法律规定办事。不论是反腐权力配置,还是反腐机构整合,抑或是监察立法内容的设定,都为了实现建立"集中统一、权威高效"的监察体制的目标,这一目标设定是基于我国当前腐败形势所作出的正确判断,但是高度集中的监察权也存在被滥用的风险,监察机关在掌握"重权"的同时,也要受到正当程序的制约。

二是将程序正义置于核心地位,有助于保障被调查人合法权益。《监察法》强调监察证据收集既然"与刑事审判关于证据的要求和标准相一致",那么理当强调被调查人的主体地位,换言之,为了实现高效反腐的目的,《监察法》在不断赋予监察机关权力的同时,也要同步保障被调查人的合法权益。国家监察体制改革后,在监察机关主导证据收集、判断以及使用的现实背景下,只有吸收基于符合程序正义要求的证据规则,才能够有效地防止由于双方地位不平衡所带来的法治隐患,最大限度地保障被调查人的合法权益。

二、建立监察机关各部门相互协调、相互制约的工作机制

建立权责明晰、运转高效的组织制度和工作机制,也是强化对监察权的内部制约,促进监察机关依法履行职责的有效方式。在以往的纪检监察体制下,存在部门权力过于集中的现象。例如,过去的纪检监察室"既有对领导干部的日常监督权,还有发现问题线索后的立案审查权、立案后的调查取证权",集多种权力于一身,容易使纪检监察室干部成为利益集团"围猎"的对象,进而滋生腐败问题。故党的十八大以来,党中央高度重视对纪检监察机关内部组织结构的创新及调整。在推进纪检和监察体制改革的同时,探索内部机构改革,创新组织制度,调整内设机构,成为纪检监察体制、机制改革的一个重要方面。

将纪检监察机关各部门的职责分开,建立监督、审查、案件审理等各环节相互协调、相互制约的工作机制,是改革的基本思路。建立这一工作机制的目的在于解决权力过于集中的问题,通过将监督权分散于不同部门,形成彼此间既分工、配合又相互制约的关系,有助于强化对各部门的内部监督及控制,防止出现私存线索、串通包庇、跑风漏气、以案谋私等"灯下黑"的现象。为此,本条也明确规定,监察机关应当建立问题线索处置、调查、审理各部门相互协调、相互制约的工作机制。

对于这一规定的理解,可以从以下两个方面进行解读。

第一，监察机关各部门应当各司其职，相互配合。例如，信访部门负责统一受理人民群众有关职务违法或犯罪的举报或报案，接收下一级监察机关和派驻机构报送的信访线索及信息，分类摘要后移送案件监督管理部门；案件监督管理部门负责对问题线索进行集中管理，按程序移送案件承办部门，并开展综合协调与监督管理工作；案件承办部门主要负责对问题线索进行初步核实和立案调查；案件审理部门在全面审查承办部门移送的案卷材料的基础上，提出最终的审查处置意见。由此，监察机关各部门形成了内部分工明确、彼此相互配合的工作机制，共同推进监察机关各项工作任务的落实。

第二，监察工作的各个环节由不同部门负责，各部门间又具有相互制约的关系。例如，案件承办部门具有立案调查的权力，但不直接负责问题线索的接收，这样一来也无须固定联系某一地区或部门，能够避免长期接触产生利益瓜葛；案件审理部门对于承办部门移送的材料要进行全面审查，如发现事实不清、证据不足或需要补充完善证据的情况，可以将案件退回承办部门，要求其进行重新调查或补证。此外，案件监督管理部门还负责对监察工作的全过程进行监管，对相关工作进行认真审核和监督。

目前，各地在落实国家监察体制改革工作任务的过程中，纷纷通过明确部门工作职责、细化履职方式等手段，建立监察机关各部门间相互协调、相互制约的工作机制，取得了良好效果。

三、案件监督管理部门的设立及其职能

为了进一步加强对监察机关各部门的监督，本条第二款还明确规定，要设立专门的案件监督管理部门，负责对调查、处置工作的全过程进行监管。结合本条规定，实践中，案件监督管理部门主要承担以下几方面的协调、管理职能：

一是履行线索管理的职能。案件监督管理部门负责对问题线索实行集中管理、动态更新和全程监控，线索来源包括信访部门移交的报案或举报信息、领导批示或交办的案件线索以及其他职能部门按照规定移送的案件线索等。案件监督管理部门要履行好此项职能，关键是要忠诚、勤勉履职，严格依照规定的权限和程序开展线索管理工作。

二是履行监督检查的职能。随着监察对象的全覆盖,必然带来监察工作量的增加,同时也对监察工作的质量提出了更高要求。为规范监察机关的调查、处置工作,案件监督管理部门应当对其他部门履行法定职责、遵守办案程序、处理涉案财物和保障监察对象合法权益的情况进行监督。特别是要加强对案件承办部门线索处置和调查措施实施情况的监督检查,对相关工作进行严格把关,在综合研判的基础上提出意见、建议,防止出现查不彻底、久查不结等一系列问题。目前,各地监察机关都十分重视发挥案件监督管理部门在提高案件处置效率、强化机关内部监督等方面的作用。

三是履行督促办理的职能。监察机关的案件监督管理部门对于上级监察机关交办的案件、领导批示交办的与案件有关的事项、根据批示需要转交下级监察机关或派驻(出)机构办理的案件,以及其他需要督办的事项,可以通过电话、发函、现场指示、约谈通报等方式,督促有关机关和部门严格按照规定的时限及要求办结相关案件和事项。

四是履行统计分析的职能。该职能主要是对案件及有关专项工作的情况进行统计分析,如对查办案件的数量、内容、形式、特点等进行分析;该项工作由案件监督管理部门归口管理、统一负责,分级汇总、逐级报送。

此外,除了上述四项主要职能外,监察机关的案件监督管理部门还具有其他职能,如有权对下级监察机关和派驻(出)机构的案件监督管理工作进行业务指导。

第四十条　【问题线索的处置】

监察机关对监察对象的问题线索,应当按照有关规定提出处置意见,履行审批手续,进行分类办理。线索处置情况应当定期汇总、通报,定期检查、抽查。

【理解与适用】

本条是关于监察机关对问题线索处置的规定。

问题线索是反映公职人员有关问题或情况的材料,是监察机关开展工作的源头和基础。监察机关对问题线索的处置,关系到能否及时发现职务违法犯罪行为,关乎反腐败治理的成效,是反腐败工作持续推进的前提保障。

本条规定的问题线索处置,可以从三个方面理解:

一是问题线索处置的基本要求。《监察法实施条例》第一百六十八条规定:"监察机关应当对问题线索归口受理、集中管理、分类处置、定期清理。"因此,问题线索处置的基本要求包括四个方面,即(1)归口受理:根据问题线索涉及的管理权限,确定由哪一级、哪一部门来管理;(2)集中管理:监察机关设立专门的部门对案件线索进行统一管理;(3)分类处置:监察机关对问题线索进行分类,并且依法提出相应的处理意见。有控告人或举报人的,应当及时告知;(4)定期清理:监察机关根据工作需要,定期清理重复、已经妥善处理或者不存在反映的问题等问题线索,并对涉及重点事项的问题线索进行深入研判,提出相应的处置要求。

二是监察机关依法应当对问题线索处置情况进行定期汇总、通报、检查和抽查,确保问题线索"件件有着落",及时作出处置。对于已经作出处置的问题线索,监察机关可以建立台账,并对已处置的问题线索进行抽查、检查。

三是对于执法机关、司法机关等移送的问题线索,应当分别根据情况作出处置:(1)本单位有管辖权或者有部分管辖权的,依法及时作出处置;(2)本单位没有管辖权的,经研判属于涉嫌职务违法犯罪案件的,应当及时转送有管辖权的监察机关处置;(3)本单位没有管辖权,经研判不属于职务违法犯罪案件的,及时退回移送机关,并做好协调工作。

第四十一条　【初步核实】

需要采取初步核实方式处置问题线索的,监察机关应当依法履行审批程序,成立核查组。初步核实工作结束后,核查组应当撰写初步核实情况报告,提出处理建议。承办部门应当提出分类处理意见。初步核实情况报告和分类处理意见报监察机关主要负责人审批。

【理解与适用】

本条是关于监察机关对问题线索初步核实的规定。

一、初步核实的含义与功能

初步核实是监察机关处置问题线索的重要环节及方式。所谓初步核实,是指监察机关对受理和发现的问题线索进行初步检验和查证的活动。监察机关想要了解问题线索的真实性,一个重要的方法就是进行初步核实。因而,这项工作在保证案件调查的准确性,以及为立案提供依据等方面都具有重要作用。只有将初步核实的工作做扎实,才能确保立案后的调查工作能够及时、有效地开展。

监察机关在初步核实阶段的主要任务是了解问题线索所反映的监察对象涉嫌职务违法或犯罪的事实是否存在,是否需要依照《监察法》第四十二条的规定对案件进行立案审查。从当前实践来看,群众报案或举报仍将是监察机关掌握问题线索的主渠道,但由于群众报案或举报的内容往往繁杂冗长,需要监察机关工作人员对材料内容进行认真分析,对线索所反映的主要问题进行梳理,进而确定需要进行初步核实的事项及问题。对此,参照现行纪检监察领域的有关规定,监察机关在工作中应着重对符合下列条件的问题线索展开初步核实工作。

第一,线索所反映的问题具有存在的可能性,且具有可调查性。监察机关在实践中受理的问题线索具有数量大、内容庞杂、信息零碎等特点：从反映问题的内容来看，有检举揭发、申诉、控告和批评、建议等；从线索的性质来看，则包括主张诉求、据实举报、道听途说、主观推断等形式。因而，需要监察机关对问题线索进行科学研判，结合线索的具体来源、提供线索人员与被反映人之间是否存在利害关系，以及提供线索的主要动机等因素，排查出指向性明确、具备存在可能性与可调查性的案件线索。例如，对于匿名或冒名举报的线索，监察机关应作更为严格的筛查；对于以主张自身诉求为主的问题线索，应注意甄别其中是否存在对问题的过度包装；对于为争取检举立功、从宽处理的问题线索应当高度重视，因为这类线索所反映的问题通常具有较大的可能性。

第二，线索所反映的问题可能构成职务违法或职务犯罪，需要追究相关公职人员的法律责任。职务违法是公职人员在履行公共事务管理职责的过程中，利用其所掌握的权力为自己或他人谋取私利，情节严重，应受到除刑法外其他法律、法规惩处的行为；职务犯罪则包括公职人员所实施的触犯刑法有关规定、应当追究刑事责任的贪污贿赂、滥用职权、玩忽职守和浪费国家资财等行为。由于初步核实是要为立案工作提供依据，为确保监察机关"调查职务违法和职务犯罪"的职责能够有效落实，在初步核实阶段就应严格把关，保证相关线索具备"涉嫌职务违法或犯罪"的特征，对于单纯的违纪行为，则应当移交监督执纪部门予以处理。

第三，掌握的问题线索应当属于本监察机关的管辖范围。根据《监察法》第三十八条的规定，人民群众可以向任何层级的监察机关报案或举报。因而，监察机关对于接到的问题线索应当根据自身的职责权限进行甄别，对于不属于本机关管辖的案件线索应当依法移送。

二、初步核实的审批程序

履行审批程序，是监察机关做好初步核实工作的重要保障，也是坚持集中统一领导的基本要求。根据本条规定，监察机关采取初步核实方式处置问题线索，应当按照下列程序履行审批手续。

首先,监察机关的案件承办部门应当按照《监察法》第四十条的规定,将需要对问题线索进行初步核实的处置意见依程序报监察机关相关负责人批准。

其次,经批准后,案件承办部门在对问题线索进行初步核实之前,应当根据实际需要制定初步核实的工作方案。通过对线索所反映的主要问题、涉及人员以及相关法律、法规进行认真分析和研究,明确初步核实工作的计划及安排。此外,从内容及构成来看,初步核实方案通常应当包含如下几方面要素:一是开展初步核实工作的依据,包括相关法律法规、领导批示、会议决定和其他部门的配合协助申请等;二是需要初步核实的问题线索的基本情况,包括线索来源、相关人员的基本信息等;三是需要初步核实的具体内容,应当将需要检验和查证的主要问题在工作方案中逐条列明;四是初步核实的方法及步骤,包括初步核实拟采用的手段、工具以及时间安排,核查组成员和具体分工等。此外,工作方案中还应注明相关注意事项,如保密规定、办案要求、后勤保障等。

再次,案件承办部门应当成立核查组,专门负责初步核实工作的实施。核查组成员主要由监察机关案件承办部门的工作人员组成,必要时也可以根据初步核实工作的需要从相关部门抽调。为了保证初步核实工作的效率和公正性,核查组成员应不少于两人,根据核查范围和案件的复杂程度,还可以适当增加人数。此外,在人员组成方面,案件承办部门应当综合考虑人员的年龄、执法经验、专业水平等因素,保证核查组成员分工、搭配的合理性。

最后,初步核实的工作方案也应报监察机关相关负责人审批。工作方案获得批准后,再由核查组具体实施。

三、初步核实的方法

如前所述,初步核实是检验和查证线索所反映问题是否存在的过程。要查清相应事实,必须依靠证据说话。因而,在初步核实的过程中,核查组可以在经批准的情况下采取必要措施收集相关证据。参照《中国共产党纪律检查机关监督执纪工作规则(试行)》等有关规定,核查组既可以采用与被核查人谈话、要求相关组织作出说明等直接收集证据、核实情况的方式,也可以采用调取有关事项报告,查复制文件、档案,以及查核账户、房产、证券、保险等资产信息的方式间接核实、取证。至于需要采用窃听、秘密录像拍照等技术调查手段的,则应当根据《监察法》第三十一条和《刑事诉讼法》第一百五十条的规定,在经过严格的批准程序后,可以交由公安机关等有关部门协助执行。

当然,鉴于初步核实只是为立案提供依据的手段,不同于立案后对案件展开的全面调查,因而,在初步核实阶段,核查组对证据的收集调取要有所侧重,抓住主要问题,收集关键证据。例如,贪腐案件可能涉及多名涉案人员,但相关人员在实施违法犯罪行为的过程中,每一个环节都会有一些核心人物和证据。初步核实对线索所反映的问题无须面面俱到,只要把握其中的关键环节和人物,提取相应证据,注重书证物证间的相互印证,往往就能"顺藤摸瓜",厘清贪腐案件的事实脉络,此外,初步核实是立案前的查证环节,直接关系问题线索的后续走向。为避免出现"跑风漏气""打草惊蛇"等现象,初步核实工作必须在严格保密的前提下依照法定程序开展。

四、初步核实结果的处理

根据本条规定,对于问题线索所反映的主要问题,案件承办部门在经过初步核实,了解相关情况后,最终的处理结果需要通过撰写初步核实情况报告、提出分类处理意见并报请审批的程序予以呈现。具体而言,须符合如下程序规则:

第一,在初步核实工作结束后,由核查组据实撰写初步核实情况报告,提出处理建议。这就对报告的撰写工作提出了两个方面的要求:一是报告撰写应当在初步核实工作结束后启动,切忌在事实尚未了解清楚、查证工作尚未结束的情况下就草率撰写报告;二是明确了初核情况报告的完成主体是核查组,不包括案件承办部门的其他工作人员,报告是核查组集体研究的产物,应当由核查组全体人员签名备查。此外,初核情况报告在体例上应至少包含被核查人的基本情况、主要问题、办理依据和初核结果、存在的疑点以及处理建议等五个方面的内容。

第二，案件承办部门在综合分析、研究初步核实情况的基础上，提出分类处理意见。这里的分类处理意见是在综合分析、研判的基础上作出的，代表整个案件承办部门对问题线索的处理意见，而非"简单地以核查组的处理建议代替"。案件承办部门应当根据实际情况，提出拟立案调查、予以了结、谈话提醒、暂存待查或移送有关机关的分类处理意见。其中，立案调查主要针对确有职务违法或职务犯罪事实存在、需要追究法律责任的案件；对于违法情节轻微，不需要追究法律责任的案件，可以提出谈话提醒的处理意见；对于反映问题失实、暂时不具备调查条件或不属于本机关管辖的问题线索，则应当通过予以了结、暂存待查或移送有关机关的方式予以处置。

第三，初步核实情况报告和分类处理意见都应当报监察机关主要负责人批准，必要时向同级党委（党组）主要负责人报告。这既是从制度层面强化对初步核实工作的监督制约的一个有效手段，同时也是坚持集中统一领导、细化"信任不能代替监督"理念的一个具体表现。监察机关主要负责人对报告和处理意见进行审核后，可以根据不同情况作出决定。如对符合立案条件的，应当决定启动立案程序；对反映问题失实的，除决定予以结案外，必要时监察机关还应向被核查人及相关组织说明情况，或在一定范围内予以澄清。

第四十二条 【立案】

经过初步核实，对监察对象涉嫌职务违法犯罪，需要追究法律责任的，监察机关应当按照规定的权限和程序办理立案手续。

监察机关主要负责人依法批准立案后，应当主持召开专题会议，研究确定调查方案，决定需要采取的调查措施。

立案调查决定应当向被调查人宣布，并通报相关组织。涉嫌严重职务违法或者职务犯罪的,应当通知被调查人家属,并向社会公开发布。

【理解与适用】

本条是关于监察机关立案条件及程序的规定。

立案是监察机关在经过初步核实后,决定对涉嫌职务违法犯罪的公职人员展开调查,以判明是否存在违法犯罪事实以及应否追究相应法律责任的活动。作为案件调查的开端,立案是监察机关依法行使监督和反腐败职能的前提,是监察机关查办职务违法犯罪案件的必经阶段和程序。在立案环节上能否实现合法、合理、高效、公平、公正、公开,不仅决定了监察机关是否能够准确、及时地启动案件调查程序,揭露、证实和处置贪腐人员,同时也直接影响腐败治理的效果和监察活动在人民群众心目中的公信力。因此,本条的规定旨在规范监察机关的立案工作:一方面,确保监察机关能够按照法定权限和程序及时、有效地处理涉嫌职务违法犯罪的案件,充分发挥监督和反腐败的职能;另一方面,加强对立案结果的公开,充分保障被调查人及其亲属和社会公众的知情权。

根据本条规定,监察机关在对问题线索进行初步核实后,可以对符合以下条件的案件,作出予以立案审查的决定:

第一,存在涉嫌职务违法或犯罪的事实。公职人员有违反法律规定的贪污受贿、失职渎职等行为发生,且监察机关已经初步掌握了与之相关的事实和证据,是决定立案并启动调查程序的首要条件。需要说明的是,立案所要求的"存在职务违法或犯罪事实"仅指能够初步确认某种违反法律规定、危害国家和社会秩序的职务违法或犯罪行为发生,并不需要弄清实施违法或犯罪行为的全过程和详细情节,清楚、完全的案件事实可以通过立案后的调查活动予以查明,涉嫌职务犯罪的还需要经过司法机关审理后才能认定。

第二,需要追究法律责任。此处的"法律责任"是指监察对象因违反法定义务或违法、怠于行使权力所承担的不利后果,既包括普通违法所导致的政务处分或问责,也包括触犯刑法所应承担的刑事法律责任。由于立案的最终目的是打击和惩戒腐败分子,因而,只有法律规定应当承担相应法律责任的违法或犯罪事实才有立案查处的必要。反之,对于一些情节显著轻微或符合法定条件无须追究法律责任的案件,监察机关则不应当予以立案。

同时,本条还规定,监察机关办理立案手续,必须依照"规定的权限和程序"进行。具体而言,对于符合上述立案条件的案件,监察机关负责承办职务违法犯罪案件的部门应当起草立案审查呈批报告,报监察机关主要负责人和同级党委(党组)主要负责人批准。有关负责人应当对呈批报告进行严格审核,发现不符合立案条件的,应当不予批准或退回承办部门作进一步的了解、核实。对立案工作采取监察机关主要负责人与同级党委(党组)双重审批的制度,一方面是为了确保监察这样一项政治性极强的工作能够始终坚持在党的集中统一领导下开展;另一方面,增加审批环节,有助于规范立案审查的权力行使,防止草率立案。

此外,在监察机关主要负责人依法批准立案后,监察机关还应当按照下列程序启动对涉嫌职务违法犯罪案件的调查。

首先,监察机关主要负责人应当根据监察对象的情况、案件性质和复杂程度,通过召开专题会议的形式研究制定调查方案。调查方案的内容应当包括调查目标(即需要查明的事项和问题)、调查对象、需要采取的调查措施、调查方法及步骤、调查的时间安排以及调查人员的组成和具体分工等。调查人员应当严格按照调查方案所确定的对象、范围和方法有计划地开展调查工作,收集案件证据。

其次,监察机关在作出立案调查决定后,应当向被调查人宣布,并通报被调查人所在单位等有关组织。在立案调查决定后、调查活动开始前,将有关信息告知被调查人,既是正当程序的基本要求,同时也有助于保障被调查人的知情权。而将有关信息通报给被调查人所在单位等组织,则有助于其及时了解情况,以便配合监察机关的工作。

最后，监察机关对于涉嫌严重职务违法或犯罪的案件，应当通知被调查人家属，并向社会公布。"开门搞监督，去除神秘化"，及时发布工作信息，公开工作流程，是监察机关开展调查工作应当遵守的一项基本原则。特别是对于涉嫌严重职务违法或犯罪的案件，很有可能会对被调查人采用留置等比较严厉的调查措施，因而，必须将有关信息告知被调查人家属。至于向社会公开发布有关信息，既是监察机关接受社会监督的一种方式，同时也是提升反腐败工作威慑力的有效手段。

第四十三条 【收集证据规则】

监察机关对职务违法和职务犯罪案件，应当进行调查，收集被调查人有无违法犯罪以及情节轻重的证据，查明违法犯罪事实，形成相互印证、完整稳定的证据链。

调查人员应当依法文明规范开展调查工作。严禁以暴力、威胁、引诱、欺骗及其他非法方式收集证据，严禁侮辱、打骂、虐待、体罚或者变相体罚被调查人和涉案人员。

监察机关及其工作人员在履行职责过程中应当依法保护企业产权和自主经营权，严禁利用职权非法干扰企业生产经营。需要企业经营者协助调查的，应当保障其人身权利、财产权利和其他合法权益，避免或者尽量减少对企业正常生产经营活动的影响。

【理解与适用】

本条是关于监察机关在职务违法犯罪案件调查中应当依法、全面收集证据的规定。

在职务违法犯罪案件的调查过程中，收集证据是了解案件真相、查明违法犯罪事实的基础，是监察机关分析研判案情、认定被调查人是否违法犯罪的先决条件。只有把收集证据的工作做好、做扎实,才能够为后续的调查、处置工作提供强有力的事实依据,确保监察工作符合法治反腐的基本要求,"每一起案件都经得起历史和人民的检验"。

本条规定旨在规范监察机关的调查取证行为,明确全面客观、细致深入、环环相扣的证据收集标准,增强监察机关在证据收集环节的守法观念及意识,保证证据收集工作的合法、有序开展。依照本条规定,监察机关查办职务违法犯罪案件,可以采用调查措施发现、收集和保全与被调查人违法犯罪与否及情节轻重有关的各类证据材料,但必须符合以下三个方面的要求:

一是要注重证据收集的全面性、客观性,确保收集到的证据能够相互印证,形成完整稳定、协调一致的证据体系。首先,调查人员应对涉案证据进行全面收集。既要收集能够证明被调查人违法犯罪或情节严重的证据,又要收集能够证明被调查人无罪或罪轻的证据;既要听取证人证言,又要听取被调查人的辩解,不能只认定片面的口供、证词,也不能只收集某一方面的证据。其次,调查人员必须秉持客观、公正的态度,对收集到的证据进行认真分析及研判,鉴别真伪,找出证据与案件事实之间的内在联系,自觉排除来自个人主观主义和经验主义的干扰。最后,调查人员要善于对案件证据进行综合研究及考察,对证据效力进行仔细推敲,排除案内矛盾,厘清不同证据间的关联性,通过证据的相互印证,形成对案件事实认定的可靠结论。

二是严禁以非法方式收集证据。我国《刑事诉讼法》第五十六条明确规定了非法证据排除规则,要求司法机关必须将违法取得的言词证据以及不符合取证程序、可能严重影响司法公正且无法补正或作出合理解释的书证、物证予以排除,"不得作为起诉意见、起诉决定和判决的依据"。非法证据排除原则的确立,"不仅有利于保障人权,而且有利于保证有罪判决的准确性",防止和减少冤假错案。因而,为促进监察工作与公诉、审判活动的有效衔接,确保调查取证的真实、可靠,监察机关在证据收集过程中也应当遵循上述原则,严禁以暴力、威胁、引诱、欺骗及其他非法方式收集证据。特别是禁止监察机关采用侮辱、打骂、体罚或者变相体罚等可能对人的身体和精神产生剧烈痛苦的方法,迫使被调查人员违背意愿供述,同时也禁止采用冻、饿、长时间不让睡眠等虐待方式向被调查人和涉案人员逼取口供。

三是依法保护企业产权和自主经营权,保障企业经营者的人身权利、财产权利和其他合法权益。本条主要针对民营企业。2016 年 11 月 4 日中共中央国务院《关于完善产权保护制度依法保护产权的意见》指出,要审慎把握处理产权和经济纠纷的司法政策,严格区分经济纠纷与经济犯罪的界限,准确把握经济违法行为入刑标准,准确认定经济纠纷和经济犯罪的性质,防范刑事执法介入经济纠纷,防止选择性司法。以此为契机,本次修改注重对民营企业产权保护,特别强调要保护企业产权和自主经营权,更好地保护民营企业家的人身权利、财产权利和其他合法权益。

第四十四条 【采取调查措施的程序性规定】

调查人员采取讯问、询问、强制到案、责令候查、管护、留置、搜查、调取、查封、扣押、勘验检查等调查措施,均应当依照规定出示证件,出具书面通知,由二人以上进行,形成笔录、报告等书面材料,并由相关人员签名、盖章。

调查人员进行讯问以及搜查、查封、扣押等重要取证工作,应当对全过程进行录音录像,留存备查。

【理解与适用】

监察机关是行使国家监察职能的专责机关,在廉政建设和反腐败工作中居于核心、中坚地位。故在反腐职能的定位引导下,监察机关开展案件调查工作,无疑需要借助一定的调查手段和强制措施。《监察法》第二十条至三十条也明确规定了监察机关在调查职务违法犯罪案件时,可以采用讯问、询问、查询、冻结、留置、搜查、调取、查封、扣押、勘验检查、鉴定等一系列措施,以保证调查取证工作的顺利进行。

虽然监察机关的调查权不同于刑事侦查权,监察机关的调查手段也不包括拘传、监视居住等《刑事诉讼法》所规定的强制措施,但监察机关的调查不仅针对普通职务违法行为,也针对职务犯罪。因而,如讯问、搜查等部分调查措施也具有较高程度的强制性,必须为其设置严格的内部控制程序,以保证调查措施的正确适用,维护并保障被调查人的合法权益。监察机关作为行使国家监督权的主体,也应成为遵纪守法的标杆,特别是在调查措施的使用上,必须树立法治思维和权利保障意识,在法定的程序框架内规范、有序适用。

一、监察机关采取调查措施的普通程序

根据本条第一款的规定,监察机关的调查人员在采取讯问、询问、强制到案、责令候查、管护、留置、搜查、调取、查封、扣押、勘验检查等调查措施时,都应当遵循以下几项程序规则:

第一,出示证件,表明身份。由于调查取证工作本质上是监察机关代表国家行使监督权的活动,作为直接掌握并使用公权力的主体,调查人员不仅应当具备法定资格及身份,同时还应当将这种身份向监察对象公示,其调查行为才有可能产生《监察法》所规定的效力。因而,调查人员在采取调查措施时主动出示有效证件,表明其法定身份,既是确保调查行为合法、有效的前提,也有助于获得相关单位和个人的信任与配合,同时还能促进被调查人员对调查活动的监督,形成督促调查人员依法履职的倒逼机制。

第二,出具书面通知。监察机关决定采取调查措施,以书面形式告知被调查人调查决定及有关事项,是程序正当的基本要求。调查人员在实施调查取证的过程中应当向相关单位及个人出示书面通知,以证明其行为的合法性与正当性。同时,根据所采取的调查措施的不同,书面通知的形式也是多样化的。例如,监察机关如需要对涉嫌贪污贿赂、失职渎职等职务犯罪的被调查人实施讯问,应当出具传唤或提讯证明文件;监察机关在查封、扣押与案件相关的财物或文件时,应当制作并出示查封、扣押决定书;而监察机关如需要对被调查人及其住所或其他相关地方进行搜查,则应当向被搜查的单位或个人出具搜查证明文件。对于不出具书面通知或相关证明文件即采取的调查措施,由于存在严重瑕疵,不产生相应的法律效果和拘束力,因而相关单位或个人有权拒绝配合。

第三,由两人以上进行。在监察机关采取调查措施的过程中,要求调查人员不得少于两人,主要是为了保证调查取证工作的真实性和客观性。一方面,由多名调查人员共同收集证据,有利于彼此间的相互配合,既能够避免因缺乏"第三人"在场而使调查成为"孤证"或被调查人诬告调查人员的现象发生,也能够更有效地应对调查过程中出现的各类突发事件;另一方面,由多名调查人员共同采取措施,还有助于形成彼此相互监督、制约的机制,从而确保调查取证工作能够在一个相对公开、透明的环境中进行,在一定程度上防止徇私舞弊、逼供、诱供等非法调查行为的发生。

第四,形成笔录、报告等书面材料,并由相关人员签名、盖章。在监察机关查办职务违法或犯罪案件的过程中,由调查人员制作的笔录、报告是重要的证据材料。调查人员在依法采取相关调查措施后,应当遵循下列规则,认真制作笔录、报告,确保相关书面材料的真实性、合法性。笔录、报告等书面材料应当能够客观、全面、准确地记录相关信息或反映实际情况。

此外,本条规定只明确列举了由监察机关直接负责实施或执行的各类调查措施,并未穷尽《监察法》第四章所规定的监察机关可以采用的各种调查手段(如还包括冻结、鉴定等手段)。因而,对于本条第一款"等"字的理解直接关系到上述程序性规定的适用范围。从规范监察机关调查取证工作、加强监督制约的角度看,包括查询、冻结、鉴定在内的各类措施都应当遵循严格的程序。本条规定中有关表明身份、制作并送达文书等规定同样适用于其他未被列举的调查行为,如查询、冻结被调查人的存款、汇款,监察机关也应向金融机构出具相应的协助查询、冻结财产通知书。

当然,除了依照普通程序外,由监察机关委托相关单位或个人实施的部分调查措施还应遵循特殊的程序规则。如监察机关对调查过程中所涉及的专门性问题,可以指派、聘请有专门知识的人进行鉴定。鉴定人按照鉴定规则,运用科学方法独立进行鉴定后,出具鉴定意见并签名;对于鉴定意见,监察机关调查人员主要承担事后审查的职责。

二、对重要取证工作的全程录音录像制度

《监察法》要求监察机关在调查过程中应当采取全程录音录像,《监察法实施条例》第五十六条第一款规定:"开展讯问、搜查、查封、扣押以及重要的谈话、询问等调查取证工作,应当全程同步录音录像,并保持录音录像资料的完整性。"监察调查阶段的全程录音录像制度,较之《刑事诉讼法》第一百二十三条规定的侦查阶段录音录像制度更为全面,适用范围也更加广泛,全程录音录像能够最大程度还原调查过程。

与讯问笔录等文字记录相比,全程录音录像对调查过程的还原更加充分,也更为客观真实。因此,2017年2月17日最高人民法院发布的《关于全面推进以审判为中心的刑事诉讼制度改革的实施意见》中强调,"法庭对证据收集的合法性进行调查的,应当重视对讯问过程录音录像的审查。讯问笔录记载的内容与讯问录音录像存在实质性差异的,以讯问录音录像为准",这体现了录音录像较之讯问笔录等文字记录具有更强证明力。一般而言,普通刑事案件侦查中的全程讯问录音录像,人民检察院、人民法院应当依职权审查其内容,在有些案件中可以作为证据加以使用,监察调查阶段的全程录音录像覆盖范围更广,涵盖"讯问、搜查、查封、扣押以及重要的谈话、询问"等各个程序,通过"留存备查",可以在他人对调查过程产生质疑时更好加以反映。

值得注意的是,当录音录像存在删、修、改、灭失或者未录音录像时,应当予以补正。虽然《监察法》与《监察法实施条例》对录音录像存在删、修、改、灭失或者未录音录像等问题并未作出规定,但是全程录音录像作为案件过程中真实反映,其存在删、修、改、灭失时可能不影响刑事诉讼的进行。根据2017年2月17日最高人民法院《关于全面推进以审判为中心的刑事诉讼制度改革的实施意见》第二十四条第二款规定:"对于法律规定应当对讯问过程录音录

像的案件,公诉人没有提供讯问录音录像,或者讯问录音录像存在选择性录制、剪接、删改等情形,现有证据不能排除以非法方法收集证据情形的,对有关供述应当予以排除。"参照以上规定,监察机关应当依职权主动审查录音录像,发现存在选择性录制、剪接、删改等情形,存在非法收集证据可能的,正确的做法应当是对有关供述直接排除,即使被告人没有提出异议。

从事实层面分析,全程录音录像具有证据属性,可以记录调查过程并在笔录证据等存在争议时作为参考依据。因此,为了保障调查过程合法合规,监察机关办理职务违法犯罪案件的过程中也应当参酌公安机关侦查中的录音录像制度,要求检察机关与审判机关依职权审查其内容。

第四十五条 【调查方案的执行与请示报告制度】

调查人员应当严格执行调查方案,不得随意扩大调查范围、变更调查对象和事项。

对调查过程中的重要事项,应当集体研究后按程序请示报告。

【理解与适用】

本条是关于监察机关调查活动中必须严格执行调查方案与请示报告的规定。

调查是监察机关的重要职责,调查是发现腐败的实质过程。然而,调查既是监察机关查办案件、依法履行监督和反腐败职能的重要手段,也是实践中比较容易出现风险的环节之一。对调查环节管理不到位,不但会影响监察工作的质量,还容易滋生以案谋私,泄露案情,办人情案、关系案,选择性办案等违纪违法现象。为此,习近平总书记在审议国家监察体制改革方案时曾指出,调查手段要宽、调查决策要严,必须有非常严格的审批程序,要坚持宽打窄用,严格规范监督程序。故本条规定的目的即在于督促调查人员严格遵守调查程序,不断增强大局观念和规则意识,严格执行集体研究和请示报告制度,保证案件调查的公正、有序开展。

根据本条规定,监察机关组织、开展案件调查工作,必须遵循以下两项规则。

第一,调查工作必须严格按照调查方案执行。调查方案是有关调查任务、目标以及具体实施方式的整体部署及安排,是调查人员采取调查措施、收集证据、查明事实的行动指南和依据。监察机关在开展调查工作前,应当制定具有可操作性的调查方案,明确调查对象、范围、方法及程序,加强统一领导,减少调查环节的随意性。调查方案应当由监察机关主要负责人通过召开专题会议的形式研究确定;对于调查方案所确定的调查范围、对象和事项,调查人员在开展工作时必须严格执行,不得随意扩大或变更。但随着案件调查工作的不断推进,为适应调查的实际需要或应对调查过程中的突发状况,经调查人员请示,监察机关也可以对调查方案进行适当调整;如遇到紧急情况,不及时处理将会造成严重后果,调查人员还可以经集体研究后临机作出处置,事后再依照程序向监察机关领导人员请示报告。

第二,对调查过程中的重要事项实行请示报告制度。请示报告制度是民主集中制原则在调查环节的集中体现,是严明调查工作纪律、提高统一领导水平的重要制度。鉴于反腐败工作的敏感程度较高,调查人员开展案件调查必须要有组织观念、程序观念,在涉及重大问题、重要事项时(如重要信息查询、采取留置措施等),应当在集体研究后按照程序请示报告,充分了解报告形成的过程及其结论,保障请示报告发挥实质功能。

第四十六条　【强制到案、责令候查与管护的适用程序和期限】

采取强制到案、责令候查或者管护措施,应当按照规定的权限和程序,经监察机关主要负责人批准。

强制到案持续的时间不得超过十二小时;需要采取管护或者留置措施的,强制到案持续的时间不得超过二十四小时。不得以连续强制到案的方式变相拘禁被调查人。

责令候查最长不得超过十二个月。

监察机关采取管护措施的,应当在七日以内依法作出留置或者解除管护的决定,特殊情况下可以延长一日至三日。

【理解与适用】

本条是关于监察机关适用强制到案、责令候查与管护措施的程序和期限的规定。

一、强制到案、责令候查与管护的审批程序

本条第一款是关于监察机关适用强制到案、责令候查与管护措施的审批程序的规定。强制到案、责令候查与管护是 2024 年通过的《监察法》修正案新增加的内容。这三种监察强制措施是较之留置更为轻缓的强制措施,对被调查人的人身自由的限制更少。但是,基于程序公正和人权保障的要求,《监察法》仍然对这三种措施的适用规定了严格的审批程序。

根据该条第一款的规定,监察机关采取强制到案、责令候查或者管护措施,应当按照规定的权限和程序,经监察机关主要负责人批准。"按照规定的权限和程序"包含两个方面的要求:一是指应当按照干部管理权限来报批,不应超越同级党委的干部管理权限对不具有管辖权的监察对象适用上述措施。二是指应当遵循报批的相关程序规定。除了需要遵守《监察法》等法律规定的程序以外,还要遵循《监察法实施条例》等监察法规以及国家监委出台的其他规范性文件规定的程序。"经监察机关主要负责人批准"是指虽然办案人员可以提出采取强制到案、责令候查或者管护措施的意见并报批,但是否批准由监察机关主要负责人根据办案需要和被调查人的具体情况作出决定。

上述审批程序的规定体现了加强监察机关内部制约的要求,同时有助于防止强制到案、责令候查与管护等强制措施的滥用,有利于充分保障被调查人的合法权益。值得注意的是,上述三种强制措施的审批程序比留置措施的审批程序要求更为宽松。根据《监察法》第四十七条的规定,监察机关采取留置措施,应当由监察机关领导人员集体研究决定。并且,对于省级以下监察机关采取留置措施还分别规定了报上一级监察机关批准或者报国家监察委员会备案的程序要求。其主要原因在于,强制到案、责令候查与管护等强制措施较之留置措施而言对被调查人的权益影响更小,属于临时性或者宽松式的强制措施,比留置措施的适用更为机动灵活。

本次修法新增的强制到案、责令候查与管护三种强制措施改变了以往监察强制措施单一化的弊端,不仅进一步丰富了监察调查的手段,还有助于避免对涉嫌职务违法犯罪情节较轻的被调查人"一刀切"地适用留置措施,从而能够体现监察强制措施适用的谦抑性。在实践中,监察机关应当视案件和被调查人的具体情况,根据比例原则,选择适用最为适宜的强制措施。

二、强制到案的期限要求

本条第二款是关于监察机关适用强制到案措施的期限要求的规定。《监察法》上的"强制到案"措施的确立参考了我国《刑事诉讼法》关于"拘传"的规定,二者具有类似之处。《刑事诉讼法》第一百一十九条规定,传唤、拘传持续的时间不得超过十二小时;案情特别重大、复杂,需要采取拘留、逮捕措施的,传唤、拘传持续的时间不得超过二十四小时。不得以连续传唤、拘传的形式变相拘禁犯罪嫌疑人。不难看出,本条第二款所规定的强制到案的期限要求与拘传的期限要求几乎完全相同。这主要是由二者在功能上的相似之处决定的。

强制到案措施的适用目的是强制涉嫌严重职务违法或者职务犯罪的被调查人到案接受调查。首先,强制到案只适用于未被采取管护、留置措施的被调查人。对于已经采取管护、留置措施的被调查人,可以直接开展调查,无须再采取强制到案措施。其次,这里所谓的"调查",主要是指对被调查人展开谈话或者讯问,而不是像其他强制措施一样开展较长时期的调查。强制到案与拘传在功能上相似,而《刑事诉讼法》明确指出拘传的目的是"进行讯问"。《刑事诉讼法》第一百一十九条第一款规定,"对不需要逮捕、拘留的犯罪嫌疑人,可以传唤到犯罪嫌疑人所在市、县内的指定地点或者到他的住处进行讯问"。与此相比,《监察法》关于强制到案措施的适用地点规定得不够明确具体。

为了防止监察机关及其工作人员滥用强制到案措施,有必要严格限制其适用的期限。从历史上来看,在监察体制改革之前,纪律检查机关曾经长期在监督执纪活动中适用"双规"措施。该措施出自《中国共产党纪律检查机关案件检查工作条例》的规定,即"要求有关人员在规定的时间、地点就案件所涉及的问题作出说明"。结果,这一"要求有关人员作出说明"的规定后来演变为较长时间的人身拘束,从而引发各界的诟病。直到 2018 年《监察法》出台后,"双规"措施才被留置所取代,最终退出历史舞台。为了避免重蹈覆辙,防止强制到案措施在实践中的异化,本条第二款明确规定,强制到案持续的时间不得超过十二小时;需要采取管护或者留置措施的,强制到案持续的时间不得超过二十四小时。

根据这一规定,强制到案措施的适用期限是以小时计算的。通常情况下强制到案应当限制在十二小时之内。这一时间从被调查人到案时开始计算。对于需要采取管护或者留置措施的被调查人,强制到案持续的时间不得超过二十四小时。这就是说,经过谈话或者讯问,办案人员认为需要对被调查人采取管护或者留置措施,则可以适当延长强制到案的期限,但最多再延长十二小时。需要注意的是,延长期限的前提是"需要采取管护或者留置措施",这不仅要求办案人员针对案件和被调查人的具体情况作出判断,还必须具备《监察法》上关于管护或者留置措施的适用条件。并且,办案人员在符合上述条件的情况下应当抓紧履行管护或者留置措施的报批程序,并确保在延长的十二小时之内采取管护或者留置措施,以免强制到案措施持续的时间超过二十四小时。

本条第二款还规定,不得以连续强制到案的方式变相拘禁被调查人。这一规定是为了防止办案人员滥用强制到案措施,采取连续强制到案的方式将被调查人进行长时间的人身控制。因此,在采取过强制到案措施后,监察机关仍然可以再次采取强制到案措施,但必须有合理的时间间隔,间隔时间一般不得少于二十四小时,否则会被认定为以连续强制到案的方式变相拘禁被调查人。

此外,强制到案的目的是强制被调查人到案接受谈话或者讯问,以便开展调查。因此,被调查人到案后应当立即对其展开谈话或者讯问。经过谈话或者讯问,完成调查任务的,应当及时将被调查人放回,或者变更为其他强制措施。本条规定的是强制到案的最长期限,办案人员应当根据调查工作的需要在尽可能短的时间内结束强制到案,以充分保障被调查人的合法权益。

三、责令候查的期限要求

本条第三款是关于监察机关适用责令候查措施的期限要求的规定。《监察法》上的"责令候查"措施的确立参考了我国《刑事诉讼法》关于"取保候审"的规定,二者具有类似之处。《刑事诉讼法》第七十九条规定,人民法院、人民检察院和公安机关对犯罪嫌疑人、被告人取保候审最长不得超过十二个月。可见,本条第三款所规定的责令候查的期限要求与取保候审的期限要求完全相同。这主要是由二者在功能上的相似之处决定的。

责令候查是一种限制人身自由的措施,是限制被调查人的活动空间,保障其在接到通知的时候及时到案接受调查,防止其逃避和妨碍调查的一种强制措施。由于这一措施对人身自由的限制较之管护和留置措施宽松得多,被调查人只要遵守责令候查的相关规定便可以在所居住的市、县范围内自由活动,因而,法律对其适用期限的要求也更为宽松,最长不超过十二个月即可。责令候查措施主要适用于不符合留置条件的被调查人,或者虽然符合留置条件,但由于患病、怀孕等原因或者某些特殊情况不宜采取留置措施的被调查人。对此类被调查人适用"不得超过十二个月"的责令候查措施,既有助于保障监察机关对案件的调查和处理,也体现了对被调查人人权的保障。

四、管护的期限要求

本条第四款是关于监察机关适用管护措施的期限要求的规定。《监察法》上的"管护"措施的确立参考了我国《刑事诉讼法》关于"拘留"的规定,二者具有类似之处。《刑事诉讼法》第九十一条规定,公安机关对被拘留的人,认为需要逮捕的,应当在拘留后的三日以内,提请人民检察院审查批准。在特殊情况下,提请审查批准的时间可以延长一日至四日。不难看出,本条第四款所规定的管护的期限要求与刑事拘留的期限要求是类似的。这是因为,与刑事拘留一样,管护也是在紧急情况下采取的临时剥夺人身自由的一种强制措施。相比之下,管护的期限比刑事拘留更长一些,这是因为二者适用的情形有所不同。刑事拘留适用于现行犯或者被指认实施犯罪或被发现有犯罪证据的重大嫌疑分子,其所涉犯罪事实相对清晰明了,比较容易满足逮捕所需的证据要求。而管护的适用对象是自动投案人员或者主动交代职务违法犯罪问题的人员,还需要办案人员通过进一步调查取证才能满足留置的条件。

鉴于管护是在法定的紧急情况下采取的临时剥夺人身自由的强制措施,因而,监察机关应当尽快查明事实,并作出相应的处理,其适用的时限应当从严要求。根据本条第四款的规定,监察机关采取管护措施的,应当在七日以内依法作出留置或者解除管护的决定,特殊情况下可以延长一日至三日。这里的"七日"是从被调查人到案之日起计算的。在特殊情况下可以延长一日至三日,也就是说,管护的最长时间是十日。在此期限内,监察机关应当尽快作出留置或者解除管护的决定。

第四十七条 【留置措施的适用程序】

监察机关采取留置措施,应当由监察机关领导人员集体研究决定。设区的市级以下监察机关采取留置措施,应当报上一级监察机关批准。省级监察机关采取留置措施,应当报国家监察委员会备案。

【理解与适用】

本条是关于留置措施适用程序的规定。

一、留置措施的决定主体

留置措施是从"双规"措施演变而来。在监察体制改革之前,纪委长期采取的"双规"措施曾备受诟病。在监察体制改革之后,"双规"被留置所取代,真正被纳入法治轨道,这是一个历史性的进步。2018年,时任全国人大常委会副委员长李建国在《关于〈中华人民共和国监察法(草案)〉的说明》中指出,用留置取代"双规"措施,并规定严格的程序,有利于解决长期困扰我们的法治难题,彰显全面依法治国的决心和自信。[①] 与强制到案、责令候查和管护等措施相比,留置是在较长时间内剥夺被调查人的人身自由的强制措施。按照监察法治原则的要求,其适用程序规定得必须更为严格。这一点从留置措施的决定主体上就可以看出来。

根据本条的规定,监察机关采取留置措施,应当由监察机关领导人员集体研究决定。可见,留置措施的决定主体与强制到案、责令候查或者管护措施的决定主体有着显著的不同。根据《监察法》第四十六条的规定,采取强制到案、责令候查或者管护措施只需经监察机关主要负责人批准。显然,法律要求监察机关对留置措施的采取更为谨慎的态度。

《监察法》对于留置措施的适用条件规定得较为严格,包括监察机关已经掌握其部分违法犯罪事实及证据,仍有重要问题需要进一步调查,并且具有涉及案情重大或者复杂、可能逃跑或者自杀、可能有妨碍调查的行为等情形之一。对于特定案件是否符合上述条件,不同的人可能会有不同的判断,

---

① 中共中央纪律检查委员会、中华人民共和国国家监察委员会法规室编:《〈中华人民共和国监察法〉释义》,中国方正出版社2018年版,第33页。

而监察机关领导人员集体研究决定就可以避免个体决策可能出现的认知偏差,有力地确保决定的正确性。因此,在留置措施的决定方面,监察机关的任何领导干部都不能以个人意志代替集体决策、以少数人意见代替多数人意见。

二、留置措施的批准和备案程序

本条规定了设区的市级以下监察机关采取留置措施的批准程序,即设区的市级以下监察机关采取留置措施,应当报上一级监察机关批准。所谓"设区的市"是指直辖市以外的设立市辖区的城市。《宪法》将直辖市以外的城市分为"设区的市"和"不设区的市"。从行政级别来说,设区的市都是地级市,但并非所有的地级市都属于"设区的市",因为也有部分地级市没有设立市辖区。由于法律上的"以上"和"以下"都包括本数在内,所以,这里的"设区的市级以下监察机关"就包括了地级市的监察机关和区县级的监察机关在内。对于这两类层级较低的监察机关,要求其采取监察措施不仅要经本机关领导人员集体研究决定,还要报该机关的上一级监察机关批准,充分体现了严把留置"关口",防范监察权被滥用的程序要求。

本条规定了省级监察机关采取留置措施的备案程序,即省级监察机关采取留置措施,应当报国家监察委员会备案。据此,虽然省级监察机关采取留置措施无须报上一级监察机关批准,但通过备案的方式可以让上一级监察机关知悉其采取留置措施的基本情况,以便于开展监督。国家监察委员会在必要的时候可以对省级监察机关采取留置措施的情况进行监督检查,并对留置措施的错误适用给予纠正。

第四十八条 【留置期限及其延长和重新计算】

留置时间不得超过三个月。在特殊情况下,可以延长一次,延长时间不得超过三个月。省级以下监察机关采取留置措施的,延长留置时间应当报上一级监察机关批准。监察机关发现采取留置措施不当或者不需要继续采取留置措施的,应当及时解除或者变更为责令候查措施。

对涉嫌职务犯罪的被调查人可能判处十年有期徒刑以上刑罚,监察机关依照前款规定延长期限届满,仍不能调查终结的,经国家监察委员会批准或者决定,可以再延长二个月。

省级以上监察机关在调查期间,发现涉嫌职务犯罪的被调查人另有与留置时的罪行不同种的重大职务犯罪或者同种的影响罪名认定、量刑档次的重大职务犯罪,经国家监察委员会批准或者决定,自发现之日起依照第一款的规定重新计算留置时间。留置时间重新计算以一次为限。

【理解与适用】

本条是关于留置期限及其延长和重新计算的规定。

一、留置期限的一般规定

本条第一款是关于留置期限的一般规定。留置是一种对被调查人的人身自由予以剥夺的强制措施,在适用期限上应当严格掌握。但是,由于实践中严重职务违法犯罪往往面临着调查取证等方面的困难,所以,留置期限过短则难以保障调查工作的深入开展。因此,本条第一款规定,在通常情况下,留置时间不得超过三个月。

本条第一款还对留置期限在特殊情况下的延长作了规定。首先,本条第一款明确规定在特殊情况下,可以延长一次,延长时间不得超过三个月。对于这里的"特殊情况",法律并未作出明确的规定,由监察机关根据调查工作的需要从严掌握。在延长次数上,明确规定即使存在特殊情况,也只能延长一次。在延长的时间上,明确规定不得超过三个月。这就意味着,在遇有特殊情况的情形下,监察机关采取留置措施的最长期限是六个月。其次,本条第一款还明确规定了在特殊情况下延长留置期限的批准程序,即省级以下监察机关采取留置措施的,延长留置时间应当报上一级监察机关批准。这里的"省级以下监察机关"涵盖了省级、地市级和区县级监察机关。这就意味着,地方各级监察机关遇有特殊情况需要延长留置期限的,除了经本机关领导人员集体研究决定以外,还需要报请该机关的上一级监察机关批准。这种对延长留置期限的程序制约体现了立法者对调查工作需要和被调查人权利保护的平衡,有助于防止地方各级监察机关滥用延长留置期限的权力,充分保障被调查人的合法权益。

此外,本条第一款还对留置期限的解除和变更作了规定,即监察机关发现采取留置措施不当或者不需要继续采取留置措施的,应当及时解除或者变更为责令候查措施。

一方面,监察机关发现采取留置措施不当的,应当及时解除或者变更为责令候查措施。这里的"监察机关"包括本机关和上级机关。无论是作出留置决定的监察机关,还是其上级监察机关,一旦发现不应当采取留置措施而采取的情况,就应当及时加以纠正,这体现了监察机关的内部纠错机制和上级监察机关对下级监察机关的监督机制。纠正的方式包括两种,即解除留置措施或者变更为责令候查措施。对于不需要对被调查人采取强制措施的案件,可以直接解除留置措施;对于仍然需要对被调查人采取强制措施的案件,可以将留置措施变更为责令候查措施。

另一方面,监察机关发现不需要继续采取留置措施的,应当及时解除或者变更为责令候查措施。这是针对监察机关采取留置措施并无不当,但随着调查工作的深入,缺乏继续留置必要的情形所作的规定。这是本次修法新增的内容,借鉴了《刑事诉讼法》上"羁押必要性审查"的规定。《刑事诉讼法》第九十五条规定:"犯罪嫌疑人、被告人被逮捕后,人民检察院仍应当对羁押的必要性进行审查。对不需要继续羁押的,应当建议予以释放或者变更强制措施。"据此,我们可以认为,本次《监察法》修改确立了"留置必要性审查"制度。也就是说,监察机关在采取留置措施后,不能对被调查人"一关了之",而应当随着调查的深入和情况的变化而适时调整留置措施,以最大限度地减少调查工作给被调查人的人身自由带来的影响。

二、重罪案件留置期限延长的特别规定

本条第二款是关于重罪案件留置期限延长的特别规定。一般认为,可能判处十年有期徒刑以上刑罚的犯罪属于重罪。实践中,有些被调查人涉嫌严重的职务犯罪,可能判处十年有期徒刑以上刑罚,然而,由于留置期限的限制,缺乏足够充分的时间展开深入细致的调查工作。在此情况下,某些案件可能因证据不足无法移送检察机关审查起诉,不利于惩治严重的腐败犯罪。在2018年《监察法》实施以来的六年内,很多地方监察机关及其工作人员反映留置期限不够用,难以保证查办案件的质量。本次修法本着从实际出发、坚持实事求是的精神,对重罪案件增设了留置期限延长的特别规定。由此可以减少和避免留置期限届满而案件尚未办结的尴尬局面。

根据本条第二款的规定,对涉嫌职务犯罪的被调查人可能判处十年有期徒刑以上刑罚,监察机关依照前款规定延长期限届满,仍不能调查终结的,经国家监察委员会批准或者决定,可以再延长二个月。首先,这一规定明确了其适用条件。具体包括两个方面:一是对涉嫌职务犯罪的被调查人可能判处十年有期徒刑以上刑罚。这需要办案人员根据被调查人涉嫌的罪名以及涉嫌犯罪的数额等情节,对照刑法分则的规定来作出判断。二是监察机关依照前款规定延长期限届满,仍不能调查终结的。也就是说,监察机关已经按照留置期限的一般规定延长了留置期限,然而,在长达六个月的留置期限内仍然无法完成调查工作,确有依据本条第二款的规定再次延长留置期限的必要。其次,这一规定明确了其适用程序和延长的期限。就适用程序来说,要想适用重罪案件留置期限延长的特别规定,必须经国家监察委员会批准或者决定。换言之,国家监察委员会对于自身办理的符合条件的案件可以依法决定适用;地方各级监察委员会对于其所办理的符合条件的案件,应当逐级上报,由国家监察委员会批准。这一严格的程序要求有助于防止地方各级监察机关随意扩大适用这一条款。

三、留置期限重新计算的特别规定

本条第三款是关于留置期限重新计算的特别规定。在实践中,有时会出现监察机关在采取留置措施后,经过一段时间的调查,又发现了此前尚未掌握的重大职务犯罪线索的情况。在此情况下,剩余的留置期限已经不足以确保监察机关对新发现的重大职务犯罪展开深入调查。为了解决这一问题,本次《监察法》修改借鉴了《刑事诉讼法》上关于侦查羁押期限重新计算的规定,确立了留置期限重新计算的特别规定。

根据这一规定,省级以上监察机关在调查期间,发现涉嫌职务犯罪的被调查人另有与留置时的罪行不同种的重大职务犯罪或者同种的影响罪名认定、量刑档次的重大职务犯罪,经国家监察委员会批准或者决定,自发现之日起依照第一款的规定重新计算留置时间。留置时间重新计算以一次为限。对于该规定,我们可以从以下几个方面来加以理解:(1)适用主体仅限于省级以上监察机关。只有国家监察委员会和省级监察委员会才能适用这一条款,设区的市级以下监察机关不得适用。(2)被调查人涉嫌职务犯罪并且已被采取留置措施。如果被调查人并未因涉嫌职务犯罪被采取留置措施,那么也就不存在重新计算留置期限的问题了。(3)监察机关在调查期间发现了留置时尚未掌握的重大犯罪。这里需要把握三个要点:一是新发现的罪行必须是在留置时尚未掌握的罪行。如果监察人员在留置时已经掌握了相关犯罪线索,就不得利用这一规定来重新计算留置期限,否则会构成程序违法。二是新发现的罪行必须是重大犯罪。根据《监察法实施条例》第二百一十七条第二款的规定,"重大犯罪"一般是指依法可能被判处无期徒刑以上刑罚的犯罪行为。三是这里所说的"重大犯罪"包括两种情况,即新发现的重大职务犯罪与留置时的罪行属于不同种的罪行;新发现的重大职务犯罪与留置时的罪行属于同种罪行,但其足以影响罪名认定或者量刑档次。(4)重新计算留置期限需要由国家监察委员会批准或者决定。这表明法律为留置期限的重新计算设置了非常严格的程序制约机制。(5)自发现之日起依照第一款的规定重新计算留置时间。这里需要把握三个要点：一是重新计算意味着此前的留置期限全部归零，不再计入留置期限；二是留置期限从发现新的重大职务犯罪之日起重新计算，而不是从国家监察委员会批准或者决定之日起重新计算；三是重新计算后的留置期限仍然可以适用本条第一款的延长规定和本条第二款针对重罪案件留置期限延长的特别规定。（6）留置时间重新计算以一次为限。这就意味着，在重新计算留置期限后，即使监察机关在调查期间再次发现新的重大职务犯罪，也不得再次重新计算留置期限。

第四十九条　【公安机关对监察强制措施的配合义务】

监察机关采取强制到案、责令候查、管护、留置措施，可以根据工作需要提请公安机关配合。公安机关应当依法予以协助。省级以下监察机关留置场所的看护勤务由公安机关负责，国家监察委员会留置场所的看护勤务由国家另行规定。留置看护队伍的管理依照国家有关规定执行。

【理解与适用】

本条是关于公安机关对监察强制措施的配合义务的规定。

一、监察机关提请公安机关配合的一般规定

本条明确规定，监察机关采取强制到案、责令候查、管护、留置措施，可以根据工作需要提请公安机关配合。公安机关应当依法予以协助。监察机关没有配备类似于法院、检察院的"法警"队伍，而公安机关在这方面拥有独特优势。公安机关作为国家的治安保卫机关，承担着维护社会治安、打击违法犯罪等重要职责，其执法队伍在抓捕犯罪嫌疑人、羁押场所管理以及应急处置等方面都具备丰富的经验和专业的技能。因此，监察机关在采取强制到案、责令候查、管护、留置措施时，难免需要提请公安机关配合和协助。

监察机关提请公安机关配合具有充分的法律依据。《宪法》第一百二十七条第二款规定："监察机关办理职务违法和职务犯罪案件,应当与审判机关、检察机关、执法部门互相配合,互相制约。"《监察法》第四条第二款也规定："监察机关办理职务违法和职务犯罪案件,应当与审判机关、检察机关、执法部门互相配合,互相制约。"并且,该条第三款还进一步规定："监察机关在工作中需要协助的,有关机关和单位应当根据监察机关的要求依法予以协助。"因此,在监察机关提请公安机关配合的情况下,公安机关应当依法予以协助。

公安机关在监察机关采取强制到案、责令候查、管护、留置措施时能够提供的协助主要包括两个方面:一是协助监察机关对被调查人的人身实施控制,防止其逃跑、自杀或者实施其他抗拒行为。比如,公安机关将被强制到案的被调查人带至监察机关的指定场所,将被管护或留置的被调查人带至留置场所,等等。二是协助监察机关在法定期限内具体落实强制措施。比如,公安机关在责令候查期限内,对被责令候查人员的行踪和遵守其他规定的情况开展监督;对被管护人员或者被留置人员进行看护,以保障其人身安全;等等。

党的二十届三中全会《决定》提出:"健全监察机关、公安机关、检察机关、审判机关、司法行政机关各司其职,监察权、侦查权、检察权、审判权、执行权相互配合、相互制约的体制机制,确保执法司法各环节全过程在有效制约监督下运行。"在这一背景下,实务部门应当努力探索监察机关与公安机关之间相互配合的体制机制,更好地保障公安机关协助监察机关采取强制到案、责令候查、管护、留置措施。

二、留置场所的看护勤务

本条明确规定,省级以下监察机关留置场所的看护勤务由公安机关负责,国家监察委员会留置场所的看护勤务由国家另行规定。这就在法律上明确了地方各级监察机关的被留置人员均由公安机关负责看管和保护。这不仅有助于保障监察机关及其工作人员集中精力履行监督、调查、处置职责,还能够发挥公安机关的专业优势,更好地保障被留置人员的安全。目前,在刑事司法领域,看守所的监管职责是由公安机关负责的。在监察体制改革的背景下,不少地方监察机关都将留置场所设在了看守所内,即在看守所内开辟留置专区。这种实践做法取得了较好的效果,本次《监察法》修改将地方各级监察机关留置场所的看护勤务交由公安机关负责,就是对部分地区在实践中的成功经验予以吸纳。

本条还规定,国家监察委员会留置场所的看护勤务由国家另行规定。这是考虑到国家监察委员会所管辖的案件和监察对象均具有特殊性,需要对其留置场所的看护勤务作出有针对性的安排,因而将由国家另行规定。

三、留置看护队伍的管理

根据本条的规定,留置看护队伍的管理依照国家有关规定执行。这意味着公安机关需要组建专门化的留置看护队伍,并建立和完善相应的管理制度。目前,普通刑事案件的犯罪嫌疑人在侦查阶段由公安机关下属的看守所负责看管。《中华人民共和国看守所条例》明确了看守所的任务是依据国家法律对被羁押的人犯实行武装警戒看守,保障安全,进行教育,管理人犯的生活和卫生,以及保障侦查、起诉和审判工作的顺利进行。然而,留置场所与看守所有着显著的区别。被留置人员通常是公职人员,其中包括相当多的领导干部,其往往具有较强的反调查能力,现行法律不允许律师介入监察调查阶段,也就不存在律师会见的问题,与外界的隔绝程度要求更高。同时,不少领导干部在被调查后出现较大的心理落差,因而自杀的风险比普通案件的犯罪嫌疑人更高。从"看护"这一提法就不难看出,对被留置人员的人身保护是留置场所的重要职责,其在这方面比看守所的要求要高得多。《监察法实施条例》第一百零三条第一款规定,留置场所应当建立健全保密、消防、医疗、餐饮及安保等安全工作责任制,制定紧急突发事件处置预案,采取安全防范措施。因此,对被留置人员的看护有必要组建专门化的看护队伍,同时,在人员选拔、培训、日常管理等方面都需要有章可循,以确保看护队伍能够专业、高效地履行看护职责,为监察留置工作的开展提供有力的保障。

第五十条 【管护和留置期间的工作要求】

采取管护或者留置措施后,应当在二十四小时以内,通知被管护人员、被留置人员所在单位和家属,但有可能伪造、隐匿、毁灭证据,干扰证人作证或者串供等有碍调查情形的除外。有碍调查的情形消失后,应当立即通知被管护人员、被留置人员所在单位和家属。解除管护或者留置的,应当及时通知被管护人员、被留置人员所在单位或者家属。

被管护人员、被留置人员及其近亲属有权申请变更管护、留置措施。监察机关收到申请后,应当在三日以内作出决定;不同意变更措施的,应当告知申请人,并说明不同意的理由。

监察机关应当保障被强制到案人员、被管护人员以及被留置人员的饮食、休息和安全,提供医疗服务。对其谈话、讯问的,应当合理安排时间和时长,谈话笔录、讯问笔录由被谈话人、被讯问人阅看后签名。

被管护人员、被留置人员涉嫌犯罪移送司法机关后,被依法判处管制、拘役或者有期徒刑的,管护、留置一日折抵管制二日,折抵拘役、有期徒刑一日。

【理解与适用】

本条是关于管护和留置期间的工作要求的规定。

一、通知被管护或留置人员所在单位和家属

本条第一款是关于通知被管护或留置人员所在单位和家属的规定。对于这一规定,需要从以下几个方面来加以把握:(1)采取管护或者留置措施应当保障所在单位和家属的知情权。管护和留置措施分别是临时和较长时期剥夺被调查人人身自由的强制措施。被管护或留置人员在被带走之后,如果不及时通知家属,可能会带来家属关于被管护或留置人员死亡或者失踪的猜测、担忧和恐慌。《刑事诉讼法》第八十五条第二款和第九十三条第二款分别规定,

办案机关在采取拘留、逮捕措施后原则上应当在二十四小时以内通知被拘留人、被逮捕人的家属。可见,《监察法》的上述规定与《刑事诉讼法》的这些规定在原理上是相通的。不过,与《刑事诉讼法》不同的是,监察机关除了应当通知家属,还应当通知被管护或留置人员的所在单位。这主要是由于被调查人通常是公职人员,甚至担任重要的领导职务。如果所在单位对被调查人采取管护或者留置措施毫不知情,难免会导致公权力运行的停滞或者混乱,从而使国家和人民利益遭受损害。(2)通知所在单位和家属要及时。本条第一款规定,除了法定的例外情况外,应当在二十四小时以内,通知被管护人员、被留置人员所在单位和家属。(3)以通知为原则,以不通知为例外。本条第一款规定了不予通知的例外情形,即有可能伪造、隐匿、毁灭证据,干扰证人作证或者串供等有碍调查情形。如果存在上述的情形,通知所在单位和家属将导致同案犯望风而逃,串供、干扰证人作证,以及伪造、隐匿、毁灭证据等后果,从而使调查工作陷入被动局面,因而监察机关可以不予通知。(4)例外情形消失后应立即通知。监察机关随着调查工作的开展,发现上述有碍调查的情形已经不复存在,比如同案犯均已归案、重要证据已被收集和固定,就应当毫不迟延地通知被管护人员、被留置人员所在单位和家属。(5)解除管护或者留置后也需要通知被管护或留置人员所在单位或者家属。监察机关在解除管护或者留置后,也应当保障所在单位和家属的知情权,以便所在单位对相关工作作出安排,同时使被管护人员、被留置人员及时回归家庭,防止出现自杀、失踪等意外情况。

二、申请变更管护、留置措施的程序

本条第二款是关于申请变更管护、留置措施的程序规定。本次《监察法》修改新增了三种强制措施,从而改变了过去强制措施单一化的弊端,有助于监察机关在采取强制措施时贯彻比例原则。根据比例原则的要求,监察机关所采取的强制措施对人身自由的侵害程度应当与其涉嫌职务违法犯罪的性质和妨碍调查的风险大小相匹配。换言之,如果不是必须采取管护、留置措施的,监察机关就应当尽量采取责令候查等更为轻缓的强制措施。同时,《监察法》对于管护、留置措施的采取规定了相应的适用条件和严格的适用程序,监察机关应当严格依照管护、留置措施的适用条件和程序来采取相应的措施。如果被管护人员、被留置人员及其近亲属认为监察机关采取管护或者留置措施不合法或者不必要,就可以向监察机关提出变更管护、留置措施的申请。这是法律赋予被管护人员、被留置人员及其近亲属的救济权利,也是《监察法》第五条关于"保障监察对象及相关人员的合法权益"的具体体现。

在被管护人员、被留置人员及其近亲属提出变更管护、留置措施的申请后,监察机关应当认真进行审查,并在三日以内作出决定。如果发现采取管护、留置措施不合法或者不必要,应当决定予以变更;反之,则可以决定不予变更。监察机关决定不予变更的,应当向申请人说明不同意变更的理由。这里的说明理由不仅有助于实现监察信息公开,增强监察工作的公信力,还有助于防止监察机关及其工作人员滥用权力,充分保障被管护人员、被留置人员及其近亲属的救济权利。

三、被调查人的饮食、休息和安全保障

本条第三款是关于被调查人的饮食、休息和安全保障的规定。监察机关在采取强制到案、管护、留置措施后,被调查人的人身便完全处于监察机关的控制之下。在此情况下,监察机关当然负有保障被调查人的饮食、休息和安全的职责,并应当在被调查人出现健康状况时为其提供必要的医疗服务。保障被调查人的饮食、休息和安全,是监察机关依法文明规范开展调查工作的必然要求,有助于保障被调查人的合法权益。同时,保障被调查人的安全和健康也是顺利开展调查工作的必要条件。

本条第三款还对被调查人在被采取强制到案、管护、留置措施后的谈话或者讯问程序作出了明确的规定。首先,对被调查人谈话、讯问的,应当合理安排时间和时长。一般情况下,谈话、讯问应当安排在白天或者晚上十二点以前进行,否则不仅会影响被调查人的休息,还可能因被调查人的精神状

态不佳而影响谈话或者讯问的效果。其次,谈话、讯问持续的时间不宜过长,否则就会有"疲劳审讯"之嫌。最后,谈话、讯问应当制作笔录,并交由被谈话人、被讯问人阅看,在其确认无误后,令其在笔录上签名。这一程序规定不仅有助于固定和保全证据,还有助于防止出现差错和遗漏,确保笔录的真实性和完整性。值得注意的是,监察机关在调查工作中应当秉持客观公正的立场。《监察法实施条例》第六十条第一款明确规定,监察机关认定案件事实应当以证据为根据,全面、客观地收集、固定被调查人有无违法犯罪以及情节轻重的各种证据,形成相互印证、完整稳定的证据链。因此,在制作和核对笔录的过程中,一旦被调查人提出笔录中存在错误,办案人员就应当给予更正,尤其是对于笔录中遗漏的被调查人辩解,办案人员应当给予补充。

四、管护、留置的刑期折抵

本条第四款是关于管护、留置的刑期折抵的规定。管护、留置都是监察机关为了保障调查工作的顺利进行而采取的强制措施,但作为剥夺人身自由的强制措施,其结果是使得被调查人在监察程序中处于被拘禁的状态。因此,在被调查人经依法审判被定罪并交付执行后,其被采取管护或者留置措施的时间应当被允许折抵刑期。由于无期徒刑和死刑不存在刑期折抵的问题,因此,管护和留置仅限于用来折抵管制、拘役和有期徒刑。

《监察法》关于刑期折抵的规定参考了《刑法》中的相关规定。根据《刑法》第四十一条、第四十四条、第四十七条的规定,判决执行以前先行羁押的,羁押一日折抵管制的刑期二日;羁押一日折抵拘役、有期徒刑的刑期一日。鉴于管护、留置在对人身自由的拘束程度上与刑事诉讼中的羁押相当,因而,本条第四款规定,被管护人员、被留置人员涉嫌犯罪移送司法机关后,被依法判处管制、拘役或者有期徒刑的,管护、留置一日折抵管制二日,折抵拘役、有期徒刑一日。

第五十一条 【监察机关的案件审理程序】

监察机关在调查工作结束后,应当依法对案件事实证据、性质认定、程序手续、涉案财物等进行全面审理,形成审理报告,提请集体审议。

【理解与适用】

本条是关于监察机关的案件审理程序的规定。

习近平总书记在二十届中央纪委三次全会上深刻指出:"纪检监察机关是推进全面从严治党的重要力量……要增强法治意识、程序意识、证据意识,不断提高纪检监察工作规范化、法治化、正规化水平。"[1]案件审理是监察程序的重要环节,在保障和提高案件质量中发挥着关键作用。2018 年《监察法》第五章监察程序呈现出突出的调查中心主义倾向,即主要围绕监察调查进行程序建构,缺乏对监察机关案件审理程序的相关规定。2021 年《监察法实施条例》第五章以专章专节对案件审理程序的形式、方式、期限等具体事项作出了补充规定。本条内容系从法律层面确立监察机关的案件审理程序的一般性规定,既体现了监察法律程序的完善,也是监察实践经验的立法映照。

本条规定确立了监察机关案件审理的两项工作原则。一是依法审理原则。一方面,案件审理部门在查清事实和事实认定时,必须以事实为依据,以法律为准绳。另一方面,案件审理部门在审查过程中要符合法定的程序规则。本条所指向的法律法规主要包括:《监察法》《公职人员政务处分法》《刑法》《刑事诉讼法》,以及有权机关对《刑法》《刑事诉讼法》所作的修改补充规定、修正案、解释,以及审理过程中涉及的其他法律法规。二是全面审理原则。实际上,该项原则已具有较丰富的规范基础。例如,《监察法实施条例》第一百

---

① 本书编写组:《永远吹冲锋号:将全面从严治党进行到底》,新华出版社 2023 年版,第9 页。

九十二条第二款规定:"案件审理部门对于受理的案件,应当以监察法、政务处分法、刑法、《中华人民共和国刑事诉讼法》等法律法规为准绳,对案件事实证据、性质认定、程序手续、涉案财物等进行全面审理。"《中国共产党纪律检查机关监督执纪工作规则》第五十五条第三项规定:"案件审理部门受理案件后,应当成立由两人以上组成的审理组,全面审理案卷材料,提出审理意见。"《监察机关监督执法工作规定》第五十二条规定:"案件审理部门受理后,应当以监察法、刑法、刑事诉讼法等法律法规为准绳,对涉嫌违法、犯罪案件的事实证据、定性、程序手续、涉案财物等进行全面审理,依法提出意见。"本条新增规定是对以上规范内容的立法确认。所谓"全面审理",具体包括两个方面:一是形式上的全面。对于涉及案件事实证据、定性处理、程序手续等有关情况的全部案卷材料,不能遗漏,均应进行审查。同时,也存在一定例外,即对涉及案件背景等情况的问题线索、案件材料,如未作为定案证据,为提高工作效率,可不移送案件审理部门进行审理。二是实质上的全面。严格依照法律法规开展案件审理工作,既要审理事实和性质认定是否准确,也要审理支撑事实的每一份证据是否真实、合法、有证明力;既要审理实体性问题,也要审理程序性问题;既要审理被审查调查人、涉案人的处理等"人"的问题,也要审理对涉案财物是否提出处置意见、处置意见是否全面准确等"物"的问题,不能忽视任何可能影响案件质量的细节,要始终做到"事实清楚、证据确凿、定性准确、处理恰当、手续完备、程序合规"。

　　本条规定了案件审理的结果形式为审理报告。案件审理报告,是纪检监察机关案件审理部门对移送审理或呈报审批案件的事实、证据、定性、处理及办案程序等提出审理意见的书面报告。案件审理报告应当包括被审查调查人的基本情况、审查调查简况、主要违纪违法事实、涉案财物情况、被审查调查人的态度和认识、处理意见等内容,要充分体现审理工作的政治性、严肃性,突出党内审查特色,准确概括和评价违纪违法行为的本质和特点。其中,要对主动交代、积极配合审查调查、积极退赃、主动上交违纪所得、检讨悔过和拒不上交或者退赔违纪所得、拒不认错等从轻、减轻、从重、加重情节加以说明。对被审查调查人的处理意见，既包括给予其党纪政务处分意见，也包括需要给予其他组织处理、移送检察机关审查起诉等意见建议。

本条规定了案件审理最终要提请监察机关领导人员集体审议。我国《宪法》第三条规定："中华人民共和国的国家机构实行民主集中制的原则。"习近平总书记指出："民主集中制是我国国家组织形式和活动方式的基本原则，是我国国家制度的突出特点。"①"民主集中制是我们党的根本组织制度和领导制度。"②民主集中制体现在决策领域即表现为集体讨论。集体讨论制度作为一项决策领导体制，在我国公权力结构体系中得到广泛运用，如立法对法律案中重大问题或重大专门性问题的代表团集体讨论机制、司法中以审委会、法官会议为形式的法院内部案件集体讨论制度以及行政机关的重大行政决策集体讨论制度等。2021年《监察法实施条例》第六条规定："监察机关坚持民主集中制，对于线索处置、立案调查、案件审理、处置执行、复审复核中的重要事项应当集体研究，严格按照权限履行请示报告程序。"第一百九十三条规定："审理工作应当坚持民主集中制原则，经集体审议形成审理意见。"监察机关对案件进行集体审议是民主集中制在监察工作中的具体体现。这里的"集体"一般是指纪委常委会会议。《监察机关监督执法工作规定》第五十八条规定："审理报告应当报监委主要负责人审批，提请纪委常委会会议审议，并按有关规定报送同级党委审批。报送同级党委的请示、审理报告应当附被调查人的简历、违法事实材料、《起诉意见书》等。《起诉意见书》应当载明被调查人基本情况，调查简况，依法查明的犯罪事实和证据，被调查人从重、从轻、减轻等情节，涉案财物情况，涉嫌罪名和法律依据，以及其他需要说明的情况。"

① 习近平：《坚持、完善和发展中国特色社会主义国家制度与法律制度》，《求是》2020年第23期。
② 习近平：《贯彻落实新时代党的组织路线不断把党建设得更加坚强有力》，《求是》2020年第15期。

第五十二条　【监察机关的案件处置程序】

监察机关根据监督、调查结果,依法作出如下处置:

(一)对有职务违法行为但情节较轻的公职人员,按照管理权限,直接或者委托有关机关、人员,进行谈话提醒、批评教育、责令检查,或者予以诫勉;

(二)对违法的公职人员依照法定程序作出警告、记过、记大过、降级、撤职、开除等政务处分决定;

(三)对不履行或者不正确履行职责负有责任的领导人员,按照管理权限对其直接作出问责决定,或者向有权作出问责决定的机关提出问责建议;

(四)对涉嫌职务犯罪的,监察机关经调查认为犯罪事实清楚,证据确实、充分的,制作起诉意见书,连同案卷材料、证据一并移送人民检察院依法审查、提起公诉;

(五)对监察对象所在单位廉政建设和履行职责存在的问题等提出监察建议。

监察机关经调查,对没有证据证明被调查人存在违法犯罪行为的,应当撤销案件,并通知被调查人所在单位。

【理解与适用】

本条是关于监察机关的案件处置程序的规定。

二十届中央纪委三次全会明确提出:"完善问责制度及程序,健全重点领域重点问题问责提级审核、问责案件评查等制度,防止和纠正问责不力、问责泛化、'求快不求准'等问题。"①监察机关案件处置作为监察问责的重要环节,是实现反腐败目标的必要途径。本条通过对监察机关案件处置程序的设

---

① 李希:《深入学习贯彻习近平总书记关于党的自我革命的重要思想　纵深推进新征程纪检监察工作高质量发展》,《人民日报》2024年2月26日。

置,主要有两个方面的目的:一是规范和保障监察机关的处置工作,在防止监察机关滥用处置权限的同时,保证监察机关能够依法履行处置职责。二是通过梯度化的监察处置条款,推动行使公权力的公职人员依法履职,保障公职人员能动履职的积极性,从而实现精准问责。具体而言,监察机关依法作出处置的类型包括六个方面:

一是对轻微违法行为人进行提醒、批评教育和诫勉。这类处置决定适用于公职人员有职务违法行为但情节轻微,可以免予处分或承担其他法律责任的情形。对于这类人员的处置,由于主观恶性和客观情节较为轻微,为激发公职人员依法履职担当作为的积极性,应当精准应用监督执纪的"四种形态",以警示、教育为主,及时纠正相关人员的错误和不当行为。具体而言,"谈话提醒"是针对公职人员的苗头性、倾向性问题,通过谈话促使其警醒,从而防止问题进一步扩大的处理方式;"批评教育"是在严厉指出公职人员错误的基础上,对其提出建议、意见,并希望其能够吸取教训,积极改正;"责令检查"是要求公职人员主动反省自身错误并积极整改的处理方式;"诫勉"则是对公职人员进行谈话规诫、加强管理,并组织跟踪考核的一种处理方式。上述四种方式监察机关可以按照管理权限直接作出,也可以委托公职人员所在单位、上级主管部门或者上述单位负责人代为作出。对于如何具体适用上述四种方式,则由监察机关根据行为人的一贯表现、行为性质和具体情节进行综合判断。

二是对违法的公职人员进行政务处分。根据《监察法实施条例》第二十三条和第二十四条的规定,此处的"违法",是指虽然不构成犯罪,但应承担法律责任的情形。它既包括职务违法行为,也包括一般违法行为。2020年出台的《公职人员政务处分法》进一步细化了政务处分的相关规定,包括政务处分的种类、适用、程序、救济等。同时,《公职人员政务处分法》也规定了公职人员任免机关、单位应当按照管理权限,依法给予违法的公职人员处分。当监察机关发现上述机关单位应当给予处分而未给予,或者给予的处分违法、不当的,应当及时提出监察建议。总而言之,监察机关应按照《公职人员政务处分法》所规定的法定程序和适用要件,使公职人员所受的政务处分与其职务违法行为的性质、情节、危害程度相适应。

三是对负有责任的领导人员作出问责决定或向有权机关提出问责建议。党的十八大以来,中央高度重视健全及完善针对党政领导干部的监督问责机制。习近平总书记指出:"要让每名党员、干部行使应有权利、履行应尽责任,做到权责对等、失责必问,压力层层传导,责任环环相扣。"①因此,监察机关在开展廉政建设与反腐败工作中,要重点抓好领导干部这个"关键少数",落实全面从严治党、全面依法治国的监督责任。监察机关作出问责决定或提出问责建议,应当依照下列程序展开:首先,问责的对象是负有管理责任的领导人员,主要包括在各级党政机关担任各级领导职务的人员,以及具有公共事务管理职能单位的领导成员。其次,启动问责机制的原因是相关领导人员不履行或没有正确履行职责。再次,监察机关对领导人员实施问责,可以适用《公职人员政务处分法》《中国共产党纪律处分条例》所规定的问责措施,同时应当坚持权责一致、惩教结合、依法有序的原则。最后,问责的形式既包括监察机关依职权作出问责决定,也包括监察机关向有权作出决定的机关提出问责建议。

四是将涉嫌职务犯罪的人员移送检察机关依法审查、提起公诉。根据我国《刑事诉讼法》第一百六十九条的规定:"凡需要提起公诉的案件,一律由人民检察院审查决定。"因此,监察机关对涉嫌职务犯罪的人员依法调查取证后,认为需要起诉的,应当移送人民检察院处理。监察机关对于移送起诉的案件,应当符合"犯罪事实清楚,证据确实、充分"的起诉标准。同时,监察机关应当制作起诉意见书,连同案卷材料、证据一并移送有管辖权的人民检察院。

五是对监察对象所在单位廉政建设和履行职责存在的问题等提出监察建议。监察建议是指监察机关依法根据监督、调查结果,针对监察对象所在单位

---

① 习近平:《健全全面从严治党体系　推动新时代党的建设新的伟大工程向纵深发展》,《求是》2023 年第 12 期。

廉政建设和履行职责存在的问题等,向相关单位提出的具有一定法律效力的建议。监察建议依据监督、调查结果向有关单位提出,通过个体问题发现共性问题,通过监察建议促进共性问题的解决。同时,监察建议不同于一般的工作建议,具有法律效力。《监察法实施条例》第三十六条赋予了监察机关应当指导、督促有关单位限期整改,推动监察建议落实到位的权力。因此,相关单位在收到监察建议后,如无正当理由,应当依照监察建议提出的要求积极整改,加强本单位的制度约束,以预防腐败案件的再次发生。

六是监察机关关于撤销案件的条件和程序。对于没有证据证明实施了违法犯罪行为的被调查人,监察机关应当及时撤销案件,终止调查程序。案件撤销制度不仅有助于规范监察权的行使,还有助于保障监察对象及其相关人员的合法权益。根据本条第二款的规定,监察机关撤销案件,应当遵循以下程序:

第一,需要撤销的案件应当是无法证明被调查人存在相关违法犯罪事实的案件。包括经调查不存在构成职务违法或职务犯罪的事实,没有证据证明被调查人实施了违法犯罪行为,或者虽有违法犯罪事实,但并非被调查人所为等情况。

第二,为充分保障被调查人的合法权益,案件撤销应当及时、有效。监察机关在调查过程中,一旦发现被调查人不存在职务违法或职务犯罪行为,应当撤销案件,并撤销相应的监察措施。例如,对于已经被留置的人员,监察机关应当立即报告原批准机关,及时解除留置或变更为责令候查措施。

第三,监察机关撤销案件后,应当积极为被调查人消除影响。例如,应当将相关情况告知被调查人所在单位,使被调查人的情况得以澄清。

第五十三条 【监察机关涉案财物处置程序】

监察机关经调查,对违法取得的财物,依法予以没收、追缴或者责令退赔;

对涉嫌犯罪取得的财物,应当随案移送人民检察院。

【理解与适用】

本条是关于监察机关对涉案财物处置程序的规定。

习近平总书记指出,纪检监察机关要增强法治意识、程序意识、证据意识,不断提高纪检监察工作规范化、法治化、正规化水平。[①]二十届中央纪委三次全会明确提出:"完善监察执法与刑事司法衔接机制,促进监察机关与司法机关、执法部门在办理职务违法犯罪案件中互相配合、互相制约。"涉案财物作为监察调查程序的重要内容,如何对涉案财物进行处置是监察机关依法办案调查的必然要求。本条通过规定监察机关对涉案财物处置的程序要求,旨在防止职务违法的公职人员在经济上获得不正当利益,挽回职务违法犯罪行为给国家财产、集体财产和公民个人的合法财产造成的损失。具体而言,主要包括两个方面:

一是对于违法取得的财物。《公职人员政务处分法》第二十五条第一款规定,公职人员违法取得的财物和用于违法行为的本人财物,除依法应当由其他机关处置的,由监察机关处置。因此,《监察法》第五十三条的"违法取得"应与《公职人员政务处分法》第二十五条第一款相结合,作体系解释。"违法取得"实际上包括了两个方面,一方面是公职人员违法取得的财物,即被调查人实施尚未触犯刑法的普通违法行为,所取得的各类财物;另一方面是用于违法行为的本人财物。主要是指供被调查的公职人员进行违法活动而使用的本人财物,这些财物必须与违法行为具有紧密的直接联系,必须是直接用于实施违法行为之物,且该财物是被调查的公职人员主要或者通常用于故意违法行为的财物。[②]而对于上述涉案财物,监察机关可以根据实际情况,包括对象或

---

① 《习近平在二十届中央纪委二次全会上发表重要讲话强调　一刻不停推进全面从严治党　保障党的二十大决策部署贯彻落实》,《人民日报》2023年1月10日。

② 参见周岩编写:《公职人员政务处分重点难点解析》,中国方正出版社2021年版,第91页。

行为性质等方面的不同,分别作出没收、追缴或者责令退赔的决定。"没收"是指将违法取得的财物强制收归国有的行为,没收的财物一律上缴国库。"追缴"是将违法所得财物勒令缴回的行为,主要适用于贪污、挪用公款等非法侵吞、占用公共财物的行为。追缴回的财物一般退回原所有人或原持有人;依法不应退回的,则上缴国库。"责令退赔"则是指要求被调查人将其已经使用、挥霍或变现的违法所得退还、赔偿给国家或有关单位、个人的行为,无法退赔的,则上缴国库。

二是对于涉嫌犯罪取得的财物,监察机关应当在移送检察机关依法提起公诉时随案移送。人民检察院是国家的法律监督机关,行使国家的检察权,审查起诉是其法定职能之一。对于涉嫌犯罪的财物,应当在案件移送检察机关时一并移送,以保证检察机关顺利开展审查起诉工作。根据国家监委、最高人民法院、最高人民检察院、公安部联合印发的《关于加强和完善监察执法与刑事司法衔接机制的意见(试行)》(国监发〔2020〕3号)的规定,监察机关应当制作《涉案财物清单》以及作为证据使用的查封、扣押、冻结的被调查人财物及其孳息;对于实物不宜移送的,移送清单、照片和其他证明文件。并形成涉案财物追缴情况说明。同时,对于涉嫌贪污贿赂、失职渎职等职务犯罪的被调查人逃匿,在通缉一年后不能到案或者已经死亡,依法应当追缴其违法所得及其他涉案财物的,监察机关经集体审议后,可以出具《没收违法所得意见书》,连同相关证据材料,一并移送同级人民检察院依照法定程序提出没收违法所得的申请。

需要注意的是,在法院依法作出判决后,检察机关应将未认定的涉案财物退回监察机关,监察机关应当视情况作出相应处理,对违法取得的财物,可以依法予以没收、追缴或者责令退赔;对被调查人的合法财物,将原财物予以归还,原财物被消耗、毁损的,用与之价值相当的财物予以赔偿。[①]

[①] 中央纪委国家监委法规室编写:《〈中华人民共和国监察法〉释义》,中国方正出版社2018年版,第39页。

第五十四条　【检察机关对移送案件的处理】

对监察机关移送的案件,人民检察院依照《中华人民共和国刑事诉讼法》对被调查人采取强制措施。

人民检察院经审查,认为犯罪事实已经查清,证据确实、充分,依法应当追究刑事责任的,应当作出起诉决定。

人民检察院经审查,认为需要补充核实的,应当退回监察机关补充调查,必要时可以自行补充侦查。对于补充调查的案件,应当在一个月内补充调查完毕。补充调查以二次为限。

人民检察院对于有《中华人民共和国刑事诉讼法》规定的不起诉的情形的,经上一级人民检察院批准,依法作出不起诉的决定。监察机关认为不起诉的决定有错误的,可以向上一级人民检察院提请复议。

【理解与适用】

本条是关于检察机关依法处理监察机关移送案件的规定。

党的二十届三中全会通过的《中共中央关于进一步全面深化改革、推进中国式现代化的决定》提出:"健全监察机关、公安机关、检察机关、审判机关、司法行政机关各司其职,监察权、侦查权、检察权、审判权、执行权相互配合、相互制约的体制机制,确保执法司法各环节全过程在有效制约监督下运行。"① 我国《宪法》第一百二十七条明确规定,监察机关办理职务违法和职务犯罪案件,应当与审判机关、检察机关、执法部门互相配合,互相制约。《监察法》第四条规定:"监察机关办理职务违法和职务犯罪案件,应当与审判机关、检察机关、执法部门互相配合,互相制约。监察机关在工作中需要协助的,有关机

---

① 《中共中央关于进一步全面深化改革、推进中国式现代化的决定》,《人民日报》2024 年 7 月 22 日。

关和单位应当根据监察机关的要求依法予以协助。"在查处职务犯罪案件的过程中,监察机关主要承担调查取证的职能,而检察机关则主要负责对案件进行审查起诉。因而,监察机关与检察机关的配合、制约关系集中体现在调查程序与审查起诉程序的衔接上。根据《监察法》第五十二条的规定,对涉嫌职务犯罪的,监察机关经调查认为犯罪事实清楚,证据确实、充分的,制作起诉意见书,连同案卷材料、证据一并移送人民检察院依法审查、提起公诉,由此实现了调查程序与审查起诉程序的衔接。为保证检察机关及时、依法履行审查起诉职能,本条明确规定了检察机关在接收移送案件后应当依照《刑事诉讼法》采取的措施及程序,为规范审查起诉行为、确保监察程序与刑事诉讼程序的有序衔接提供了必要保障。

依照本条规定,人民检察院对于监察机关移送的案件,应当根据案件情况,结合《刑事诉讼法》的有关规定,作出以下处理:

一、依法采取强制措施

案件移送检察机关后,正式进入刑事诉讼程序。检察机关应当严格按照《刑事诉讼法》的规定对案件进行审查和处理。对于监察机关移送的被调查人,检察机关可以视情况采取拘留、逮捕、监视居住等刑事诉讼中的强制措施。其中,拘留是指人民检察院在紧急情况下,依法临时剥夺犯罪嫌疑人(即监察程序中的被调查人)人身自由的一种强制措施;逮捕是指人民检察院为防止犯罪嫌疑人逃避起诉,进行妨碍刑事诉讼的行为,或者存在社会危险性,而依法剥夺其人身自由、予以羁押的一种强制措施;而监视居住则是指人民检察院对犯罪嫌疑人采用的,命令其不得擅自离开住所(无固定住处不得离开指定居所),并对其活动进行监视和控制的一种强制措施。

人民检察院采用上述强制措施,必须严格遵循《刑事诉讼法》所规定的批准权限、适用对象、条件及程序。例如,对犯罪嫌疑人采取监视居住的强制措施,应当符合《刑事诉讼法》第七十四条到第七十九条关于监视居住的适用条件、执行机关、批准权限、通知义务、期限限制等规定。同时,人民检察院所采取的强制措施应当具备合比例性,具体表现为:人民检察院所采取的强制措施能够满足案件查办的目的;在众多强制措施中,人民检察院基于达成目的所采取的强制措施系对犯罪嫌疑人的侵害程度相对最小;人民检察院所采取的强制措施在事实查明、证据收集等方面所获得的收益大于采取强制措施所付出的成本。

此外,为保证调查程序与审查起诉程序的有效对接,必须处理好监察措施与刑事诉讼强制措施的衔接与转化。监察措施与刑事诉讼强制措施的衔接与转化主要包括对物强制措施的衔接转化与对人强制措施的衔接转化。所谓对物强制措施的衔接转化,是指对涉及被调查人财产权的查封、扣押、冻结等措施,"若涉嫌犯罪所得且随案移送至检察机关,在经过立案程序之后,应当认为查封、扣押、冻结措施由检察机关作出,具有刑事诉讼行为的意义,受刑事诉讼法规制";所谓对人强制措施的衔接转化,是指对涉及被调查人人身自由的留置措施,主要针对责令候查与留置等长期限制人身自由的强制措施。检察机关应当在案件移送前对强制措施的实施进行评估,并在移送之日作出决定。例如,对需要审查逮捕的案件,检察机关可以决定先行拘留,对不符合逮捕条件的案件,则可以作出监视居住等决定。上述评估、决定程序在《刑事诉讼法》修改以前,主要通过监察机关书面商请检察机关派员提前介入实现。检察机关在收到书面申请后,应当成立工作小组,提前介入留置案件审理阶段,对证据标准、事实认定、案件定性及法律适用等提出书面意见,对是否需要采取强制措施进行审查、评估。根据《刑事诉讼法》第九十五条,犯罪嫌疑人、被告人被逮捕后,人民检察院仍应当对羁押的必要性进行审查。对不需要继续羁押的,应当建议予以释放或者变更强制措施。

二、对符合起诉条件的案件作出起诉决定

根据本条第二款的规定,人民检察院对移送案件进行审查后,认为犯罪事实已经查清,证据确实、充分,依法应当追究职务犯罪嫌疑人的刑事责任,可以对上述起诉要件作如下理解。

第一,事实要件,即犯罪事实已经查清。所谓"犯罪事实已经查清",包括犯罪的时间、地点,犯罪的动机和目的,实施犯罪的手段、情节和结果等具体犯罪事实。对于属于单一罪行的案件,如果与定罪量刑有关的主要事实已经查清,或者查清的事实足以定罪量刑,一些个别细节无法查清或没有必要查清,且不影响定罪量刑的,应当视为犯罪事实已经查清;对于涉及数个罪行的案件,部分罪行已经查清且符合起诉条件的,即使其他罪行无法查清,也可以就已经查清的事实提起公诉。

第二,证据要件,即证据确实、充分。所谓"证据确实、充分",根据《刑事诉讼法》第五十五条的规定,是指案件证据具备以下三个条件:第一,定罪量刑的事实都有证据证明;第二,据以定案的证据均经法定程序查证属实;第三,综合全案证据,对所认定事实已排除合理怀疑。

第三,责任要件,即依法应当追究刑事责任。所谓"依法应当追究刑事责任",是指犯罪嫌疑人不具有能够排除刑事责任的阻却事由,如犯罪嫌疑人属于不能辨认或控制自身行为的精神病人而不具备刑事责任能力,或犯罪嫌疑人的行为属于《刑事诉讼法》第十六条规定的"不追究刑事责任"的情形,检察机关都不应对相应案件提起公诉。

三、对需要补充核实的案件决定退回补充调查或自行补充侦查

退回补充调查与自行补充侦查之间存在先后顺序,考虑到监察机关移送案件的政治性强、比较敏感,检察机关公诉部门审查后认为需要补充证据的,一般应先退回监察机关进行补充调查,必要时才由检察机关自行补充侦查。补充调查行使的仍是监察调查权,在法律适用上必然要适用《监察法》。检察机关可以自行补充侦查的情形,应当主要适用于只需要对部分次要事实、证据进行补充核实,或由检察机关查证更为便利、高效、更有利于查清案件事实的情况。

2019年通过的《人民检察院刑事诉讼规则》第三百四十三条第二款规定:"需要退回补充调查的案件,人民检察院应当出具补充调查决定书、补充调查提纲,写明补充调查的事项、理由、调查方向、需补充收集的证据及其证明作用等,连同案卷材料一并送交监察机关。"解决了人民检察院退回补充调查的案卷材料移送问题。同时,该条第三款就强制措施衔接问题作出规定:"人民检察院决定退回补充调查的案件,犯罪嫌疑人已被采取强制措施的,应当将退回补充调查情况书面通知强制措施执行机关。监察机关需要讯问的,人民检察院应当予以配合。"根据该款规定,犯罪嫌疑人已经移送检察机关采取强制措施的,监察机关应在检察机关配合下展开讯问,不再移送回监察机关;对于没有移送检察机关采取强制措施的,可暂缓移送。

在退回补充调查与自行补充侦查的时限上,退回监察机关补充调查、退回公安机关补充侦查的案件,均应当在一个月以内补充调查、补充侦查完毕。补充调查、补充侦查以二次为限。补充调查、补充侦查完毕移送起诉后,人民检察院重新计算审查起诉期限。

四、对符合《刑事诉讼法》规定情形的案件作出不起诉的决定

根据《刑事诉讼法》的规定,不起诉案件主要包括法定不起诉、酌定不起诉、附条件不起诉、存疑不起诉等四类,法定不起诉主要包括两种情形:一是犯罪嫌疑人没有犯罪事实,如犯罪行为并非犯罪嫌疑人所为。二是存在《刑事诉讼法》第十六条所规定的六种情形之一。酌定不起诉,是指检察机关对于犯罪情节轻微,依照《刑法》规定不需要判处刑罚或者免除刑罚的案件是否起诉具有自由裁量权,可以根据具体案情和犯罪嫌疑人的悔罪表现来决定是否提起公诉。附条件不起诉,是指人民检察院对应当负刑事责任的未成年人,认为可以不立即追究刑事责任时,给其设立一定考察期。如果在考察期内积极履行相关社会义务并完成与被害人及检察机关约定的相关义务,足以证实其悔罪表现的,检察机关将依法作出不起诉决定。存疑不起诉,是指经补充调查(侦查)后,人民检察院仍然认为证据不足,不符合起诉条件的,应作出不起诉决定。从适用对象来看,对于监察机关移送的案件,检察机关主要适用法定不起诉、酌定不起诉和存疑不起诉。

此外,鉴于反腐败案件的特殊性,检察机关对于监察机关移送的案件,如要作出不起诉决定,应当适用比普通刑事案件更加严格的审批程序,即必须经上一级人民检察院批准。同时,监察机关认为检察机关作出的不起诉决定确有错误的,还可以通过向上一级检察机关提请复议的方式,纠正错误决定。

第五十五条 【被调查人逃匿、死亡案件的继续调查和违法所得没收程序】

监察机关在调查贪污贿赂、失职渎职等职务犯罪案件过程中,被调查人逃匿或者死亡,有必要继续调查的,应当继续调查并作出结论。被调查人逃匿,在通缉一年后不能到案,或者死亡的,由监察机关提请人民检察院依照法定程序,向人民法院提出没收违法所得的申请。

【理解与适用】

本条是关于被调查人逃匿、死亡案件的继续调查和违法所得没收程序的规定。

党的二十大报告指出:"要深化反腐败国际合作,一体构建追逃防逃追赃机制。"①二十届中央纪委三次全会强调:"要推动用好缺席审判和违法所得没收程序。"②被调查人逃匿、死亡案件的继续调查程序是确保反腐败斗争有效开展的重要方式,对于震慑腐败分子、提高监察机关和司法机关的办案效率具有重要意义。在反腐败斗争已经进入深水区的背景下,腐败存在系统性、塌方式、家族式等特征,新型腐败和隐性腐败相互交织,政商勾连的腐败仍然存在。

---

① 习近平:《高举中国特色社会主义伟大旗帜 为全面建设社会主义现代化国家而团结奋斗——在中国共产党第二十次全国代表大会上的报告》,《求是》2022 年第 21 期。
② 李希:《深入学习贯彻习近平总书记关于党的自我革命的重要思想 纵深推进新征程纪检监察工作高质量发展》,《人民日报》2024 年 2 月 26 日。

通过被调查人逃匿、死亡案件的继续调查程序,既可以查清腐败案件的具体情况,对被调查人是否犯罪依法作出定性,也可以通过调查发现其他与该被调查人相关的职务违法或职务犯罪问题,在提高办案效率的同时还能够增强反腐败斗争的彻底性。被调查人逃匿、死亡案件的违法所得没收程序是避免国家资财流失、维护社会公平的重要方式,对于切断腐败分子的潜逃资金来源、遏制腐败现象蔓延势头具有重要意义。在强化反腐败高压态势的现实要求下,既要紧盯国内权力集中、资金密集、资源富集领域的腐败,也要统筹国际国内两个战场,加大追逃追赃力度,集中整治跨境腐败问题。通过被调查人逃匿、死亡案件的违法所得没收程序,既可以保障反腐败斗争的全方位、无死角开展,也有利于彰显国家对国际反腐败工作的重视,维护党和国家权威。

本条关于被调查人逃匿、死亡案件的继续调查程序的规定,主要包括三个方面的内容,即监察机关依法启动继续调查程序的三个条件。

一是案件类型条件,即涉嫌贪污贿赂、失职渎职等职务犯罪案件。"贪污贿赂犯罪"是指《中华人民共和国刑法》分则第八章第三百八十二条至三百九十六条规定的国家工作人员贪污犯罪和贿赂犯罪,贪污犯罪包括贪污罪、挪用公款罪、巨额财产来源不明罪、隐瞒境外存款罪、私分国有资产罪和私分罚没财产罪,贿赂犯罪包括受贿罪、单位受贿罪、利用影响力受贿罪、行贿罪、对单位行贿罪、介绍贿赂罪、单位行贿罪。"失职渎职犯罪"是指《中华人民共和国刑法》分则第九章第三百九十七条至四百一十九条规定的国家机关工作人员渎职犯罪,包括滥用职权罪、玩忽职守罪、徇私枉法罪等 37 项具体罪名。

二是被调查人的人身状态条件,即被调查人逃匿或者死亡。"逃匿"是指被调查人在实施贪污贿赂、失职渎职犯罪后,为逃避监察调查和刑事追究潜逃、隐匿,或在监察机关调查取证过程中脱逃的情形;被调查人因意外事故下落不明满二年,或者因意外事故下落不明,经有关机关证明其不可能生存的,也按照"逃匿"处理。

三是必要性条件,即有必要继续调查。对于是否有必要继续调查的判断,需要从问题线索、证据情况、案件性质和严重程度、社会影响程度等方面进行综合分析,确保继续调查具有在查明被调查人犯罪事实、发现其他职务违法或职务犯罪问题、增强反腐败斗争的彻底性等方面的价值和意义,确保监察机关调查工作的有效开展,避免监察调查资源的浪费。

本条在规定监察机关依法启动继续调查程序的三个条件的基础上,还对监察机关继续调查的工作要求进行规定,即监察机关应当继续调查并作出结论。"应当继续调查"是指在决定是否启动继续调查程序时,若案件满足前述三个条件,监察机关即应启动继续调查程序,没有自由裁量空间。监察机关开展继续调查工作,应当符合《监察法》第四十三条关于监察机关调查取证工作要求的规定,收集被调查人有无违法犯罪以及情节轻重的证据,查明违法犯罪事实,形成相互印证、完整稳定的证据链。"并作出结论"是指监察机关在完成继续调查工作后,应当根据调查情况,作出被调查人有无违法犯罪以及情节轻重相关的结论。

本条关于被调查人逃匿、死亡案件的违法所得没收程序的规定,主要包括三个方面内容,即监察机关提请司法机关依法启动违法所得没收程序的三个条件。

一是案件类型条件,即涉嫌贪污贿赂、失职渎职等职务犯罪案件。

二是被调查人的人身状态条件,即被调查人逃匿,在通缉一年后不能到案,或者死亡的。"通缉"是指经国家监察机关决定,由公安机关发布通缉令,将应当留置而在逃的被调查人追捕归案的调查措施。

三是程序性条件,即由监察机关提请人民检察院依照法定程序,向人民法院提出没收违法所得的申请。具体包括以下三个方面:一是以监察机关提请人民检察院为前提,监察机关应当经集体审议,出具《没收违法所得意见书》,连同案卷材料、证据等,一并移送人民检察院依法提出没收违法所得的申请;二是人民检察院为违法所得没收程序的申请主体,人民检察院提出没收违法所得的申请,应当符合《刑事诉讼法》第二百九十八条的规定,应当提供与犯罪事实、违法所得相关的证据材料,并列明财产的种类、数量、所在地及查封、扣押、冻结的情况;三是人民法院是违法所得没收程序的实施主体,人民法院没收违法所得,应当符合《刑法》第六十四条的规定,被调查人违法所得的一切财物,应当予以追缴或者责令退赔;对被害人的合法财产,应当及时返还;违禁品和供犯罪所用的本人财物,应当予以没收。没收的财物和罚金,一律上缴国库,不得挪用和自行处理。

需要注意的是,本条关于被调查人逃匿、死亡案件违法所得没收程序的规定与《刑事诉讼法》相关规定的衔接问题。为严厉打击贪污贿赂犯罪、恐怖活动犯罪等重大犯罪案件,《刑事诉讼法》第四章规定了"犯罪嫌疑人、被告人逃匿、死亡案件违法所得的没收程序",当出现涉嫌实施贪污贿赂、失职渎职等犯罪的被调查人逃匿,且在通缉一年后不能到案,或者被调查人死亡两种情形之一时,监察机关可以提请人民检察院依照《刑事诉讼法》第二百九十九条规定的程序,向犯罪地或被调查人居住地的中级人民法院提出没收违法所得的申请。人民法院受理没收违法所得的申请后,应当发出公告,公告期间为六个月。人民法院在公告期满后对没收违法所得的申请进行审理,人民法院经审理,对经查证属于违法所得及其他涉案财产,除依法返还被害人的以外,应当裁定予以没收;对不属于应当追缴的财产的,应当裁定驳回申请,解除查封、扣押、冻结措施。对于人民法院依照前款规定作出的裁定,被调查人的近亲属和其他利害关系人或者人民检察院可以提出上诉、抗诉。在审理过程中,在逃的被调查人自动投案或者被抓获的,人民法院应当终止审理。没收被调查人财产确有错误的,应当予以返还、赔偿。

第五十六条 【复审、复核】

监察对象对监察机关作出的涉及本人的处理决定不服的,可以在收到处理决定之日起一个月内,向作出决定的监察机关申请复审,复审机关应当在一个月内作出复审决定；监察对象对复审决定仍不服的，可以在收到复审决定之日起一个月内，向上一级监察机关申请复核，复核机关应当在二个月内作出复核决定。复审、复核期间，不停止原处理决定的执行。复核机关经审查，认定处理决定有错误的，原处理机关应当及时予以纠正。

【理解与适用】

本条是关于监察对象对监察处理决定不服提出复审、复核的规定。

二十届中央纪委三次全会的工作报告中强调："规范化、法治化、正规化是纪检监察工作高质量发展的内在要求和重要保障。"①复审、复核程序是防止监察权力滥用，强化对监察权的监督，及时化解监察争议的重要制度保障，对于提高监察工作规范化、法治化、正规化具有重要意义。复审、复核程序既是权利保障程序，也是防错纠错机制。一方面，监察对象提出复审、复核权，是《监察法》中一项极为重要的救济权。对监察对象对监察处理决定不服提出复审、复核进行规定，主要目的是明确监察对象对监察机关涉及本人的处理决定不服提出复审、复核的程序和时限，保障监察对象的合法权益。另一方面，复审、复核程序是促进监察机关依法履职、秉公用权，以及确保监察工作开展的精准性和科学性的重要制度设计。如果监察机关在事实认定、法律适用上出现偏差，对监察对象会造成极大的不公正，给其工作、生活造成严重影响，因此，监察程序中必须设置相应的防错纠错程序。

本条关于监察对象对监察处理决定不服提出复审、复核的规定，主要包括以下四个方面的内容：

一是监察对象提出复审、复核申请的程序。监察对象不服监察机关作出的涉及本人的处理决定，可以通过以下方式寻求救济：一是对原处理决定不服，可以申请复审。"复审"是指监察对象对监察机关作出的涉及本人的处理

---

① 李希：《深入学习贯彻习近平总书记关于党的自我革命的重要思想　纵深推进新征程纪检监察工作高质量发展》，《人民日报》2024年2月26日。

决定不服,自收到处理决定之日起一个月内,可以向作出决定的监察机关申请复审,作出决定的监察机关依法受理后,应当对原处理决定进行审查核实并作出复审决定。二是对监察机关的复审决定不服,可以申请复核。"复核"是指监察对象对复审决定不服,自收到复审决定之日起一个月内,可以向作出复审决定的监察机关的上一级监察机关申请复核,上一级监察机关依法受理后,对原复审决定进行审查核实并作出复核决定。监察对象申请复审、复核,应当遵循以下程序:首先,复审、复核申请必须在法定期限内提出,即在收到处理决定之日起一个月内或收到复审决定之日起一个月内提出,超过法定期限提出的申请不具备启动复审、复核的法律效力;其次,复审是复核的前置程序,未经复审的,不能提出复核申请;最后,申请复审、复核是监察对象不服监察机关作出的处理决定的最终救济途径,监察对象不能就相关争议向其他机关提出申诉或请求,与行政争议中的司法最终救济原则具有本质区别。

二是监察机关开展复审、复核工作的时限。本条对复审、复核机关的处理期间作了明确规定,即"复审机关应当在一个月内作出复审决定""复核机关应当在二个月内作出复核决定"。"一个月"应当自复审机关收到复审申请之日起计算,这是作出原处理决定的监察机关进行复审工作的期限。"二个月"应当自复核机关收到复核申请之日起计算,这是上一级监察机关进行复核工作的期限。此外,监察机关开展复审、复核工作,应当坚持复审、复核与调查、审理分离,原案调查、审理人员不得参与复审、复核。复审、复核机关承办部门应当成立工作组,调阅原案卷宗,必要时可以进行调查取证。承办部门应当集体研究,提出办理意见,经审批作出复审、复核决定。

三是复审、复核期间原处理决定的效力。在监察机关依法受理监察对象提出的申请,并对相关处理决定进行复审、复核期间,不停止原处理决定的执行。规定本条的主要目的是确保监察机关错误的处理决定依法得以纠正,正确的处理决定得到维持,保障监察机关处理决定的法律效力,维护法律的严肃性和公正性。监察机关作为国家专责监督机关,其依法作出的处理决定和复审决定具有法律效力,对监察对象和监察机关具有法律约束力,监察对象和监察机关应当严格执行,非经法定程序不得随意变更或撤销。复审、复核程序是经监察对象对处理决定不服提出申请而启动的,这只是监察对象对监察处理决定是否合法或合理的一种主观判断,不对原处理决定的效力产生实质影响,原处理决定最终是否合法或合理,还需进一步复审或复核。因此,在复审、复核期间,原处理决定仍处于生效状态,不停止其执行,既有利于保障监察机关代表国家作出的处理决定、复审决定的效力,也对于维护监察机关的权威性和监察工作的严肃性具有重要意义。

四是复审、复核机关审查决定的执行。复核机关经审查,认定处理决定有错误的,原处理机关应当及时予以纠正。具体而言,复审、复核机关经审查认定处理决定有错误或者不当的,应当依法撤销、变更原处理决定,或者责令原处理机关及时予以纠正。复审、复核机关经审查认定处理决定事实清楚、适用法律正确的,应当予以维持。复审、复核决定应当送达申请人,抄送相关单位,并在一定范围内宣布。复审、复核决定对监察机关、监察对象、监察对象所在单位均具有相应约束力。由于人认识事物本身存在的局限性,以及其他主客观原因的干扰或影响,监察机关及其工作人员在工作中难免发生错误或失误。通过复审、复核程序,依法对有错误或者不当的原处理决定进行撤销、变更,或者责令原处理机关及时予以纠正,能够以事后救济和纠错的方式及时挽回因错误或不当处理决定对监察对象造成的损失,为被作出错误或者不当处理的监察对象澄清正名。对于事实清楚、适用法律正确的原处理决定予以维持,既能够巩固监察机关处理决定的权威性和有效性,也能够通过做好释法说理工作,加深监察对象对原处理决定的理解和认识,避免日后再次出现违法行为,达到以案促改、以案促治的效果。

需要注意的问题有以下三个。

一是提出复审、复核申请的主体只能是监察对象,不包括监察对象的近亲属。监察机关作出的处理决定所指向的是监察对象本人的权利与义务,只有监察对象本人在认为监察机关作出的涉及其本人的处理决定不合法、不合理时提出的申请,作出处理决定的监察机关才会予以受理。

二是监察对象申请复审的对象,仅限监察机关针对其本人作出的原处理决定,申请复核的对象仅限复审机关针对本人作出的复审决定。从监察复审、复核的客体而言,针对的是监察机关作出的涉及其本人的处理决定。"涉及本人的处理决定",须为具有终局性的决定,而不包括过程性决定。监察机关作出的具有终局性的处理决定主要包括:谈话提醒、批评教育、责令检查,或者予以诫勉的处理决定;政务处分决定;问责决定或问责建议。

三是原案调查、审理人员不得参与复审、复核。监察机关在开展复审、复核工作时,必须由非原案调查、审理人员的其他监察机关工作人员进行。监察对象的复审申请,系向作出决定的监察机关提出,在受理机关上存在同一性,但在复审主体上必须体现差异性,坚持复审、复核与调查、审理分离的原则,既要避免出现复审、复核与调查、审理的同质化现象,也要避免导致复审、复核程序的空转和国家监察资源的浪费,充分发挥复审、复核程序的防错纠错功能。

第六章　反腐败国际合作

全球化是当今世界的重要特征和时代标签。随着交通与通信技术的迅猛发展以及金融全球化席卷全球,腐败分子的境外逃跑、涉案财产的境外转移、跨国公司实施的境外贿赂犯罪以及国际组织公职人员的腐败等问题日益凸显并加剧蔓延,腐败逐渐从国内法领域扩展到国际法领域,成为国际社会共同关注的重要话题。腐败不是某个国家或地区所存在的问题,而是所有国家或地区所面对的共同挑战,谁也无法关起门来搞反腐。因此,加强反腐败国际合作、构建反腐败执法司法合作的全球网络成为国际社会的迫切需要与共同愿望。各个国家或地区通过双边或多边的国际合作来加强腐败治理领域内的协调与应对,联合国等全球性国际组织和美洲国家组织等区域性国际组织也在加强反腐败的国际合作方面做了大量工作。

长期以来,大量腐败分子利用我国的制度漏洞和不同国家间的制度差异逃往海外,并将巨额赃款赃物也转移出去,追逃追赃和防逃成为我国党风廉政建设和反腐败斗争的重点、难点和盲点。党的十八大以来,全面从严治党成为"四个全面"战略布局的重要组成部分,包括国际合作在内的反腐败各项工作获得突破性进展,并取得历史性成就。党的十八大报告指出:"加强反腐败国际合作。"党的十八届四中全会通过的《中共中央关于全面推进依法治国若干重大问题的决定》提出:"深化司法领域国际合作,完善我国司法协助体制,扩大国际司法协助覆盖面。加强反腐败国际合作,加大海外追赃追逃、遣返引渡力度。"党的二十大报告强调:"深化反腐败国际合作,一体构建追逃防逃追赃机制。"党的二十届三中全会通过的《中共中央关于进一步全面深化改革、推进中国式现代化的决定》指出:"健全追逃防逃追赃机制。"党的十八大以来,我国相继启动"天网"行动、发布"百名红通人员",切断了腐败分子逍遥海外的后路,粉碎了腐败分子逃避法律制裁的幻想,瓦解了腐败分子的"避罪天堂",让已经潜逃的无处藏身,让企图外逃的丢掉幻想,为反腐败斗争压倒性态势的形成作出了巨大贡献。

作为我国的反腐败国家立法,《中华人民共和国监察法》(以下简称《监察法》)将反腐败国际合作的经验、做法与内容通过法律的形式加以确定,规定了统筹协调反腐败国际合作的主体、对象和内容,反腐败执法的国际合作,反腐败追逃防逃追赃的国际合作,有利于明确反腐败国际合作的分工与体制、职责与权限、方式与内容,有利于巩固国家监察体制改革的成果和反腐败斗争的胜利果实,有利于进一步健全和完善我国的反腐败国际合作法律制度。

第五十七条　【国家监察委员会的反腐败国际合作职责】

国家监察委员会统筹协调与其他国家、地区、国际组织开展的反腐败国际交流、合作,组织反腐败国际条约实施工作。

【理解与适用】

本条是关于国家监察委员会统筹协调反腐败国际合作职责的规定,明确了统筹协调反腐败国际合作的主体、对象和内容。

一、统筹协调反腐败国际合作的主体

在我国,反腐败国际合作的统筹协调主体是国家监察委员会,其包含着两个层面的意思:第一,反腐败国际合作的统筹协调主体是国家监察委员会,而不是地方各级监察委员会,这是纵向层面中央和地方权限关系的划分;第二,

反腐败国际合作的统筹协调主体是国家监察委员会,而不是其他中央国家机关,这是横向层面不同中央国家机关权限关系的划分。

（一）纵向关系的划分

反腐败会涉及不同层级的部门,其实质上是反腐败事项的中央和地方关系。根据《监察法》第七条规定,中华人民共和国国家监察委员会是最高监察机关,省、自治区、直辖市、自治州、县、自治县、市、市辖区设立监察委员会。即我国的监察机关包括两个部分,一是中央层面的国家监察委员会,二是地方层面的各级监察委员会（包括省、自治区、直辖市监察委员会,设区的市、自治州监察委员会,县、自治县、不设区的市、市辖区监察委员会）。《监察法》第八条规定,国家监察委员会由全国人民代表大会产生,负责全国监察工作,国家监察委员会对全国人民代表大会及其常务委员会负责,并接受其监督。

明确由国家监察委员会统筹协调反腐败国际合作的必要性在于,首先,反腐败国际合作属于外交领域,属于中央事权,除了一些特殊的地区以外①,各国一般都由中央层面的有关机关代表国家来统筹协调。地方层面的相关机关如果需要开展追逃追赃、执法国际合作、司法国际合作等活动的,需要逐级报请有权中央国家机关与其他国家、地区和国际组织进行协调。其次,反腐败国际合作涉及不同国家、地区的法律,涉及诸多专业性、技术性都很强的法律事务,统一由国家监察委员会统筹协调,也有利于避免地方国家机关在标准、尺度、要件等方面的不统一与冲突,提高反腐败国际合作的效率。最后,反腐败国际追逃追赃工作的政治性、政策性都很强,涉及国内国际方方面面,是一项系统工程。只有加强统一领导,由中央国家机关统筹协调,才能调动不同方面、不同区域、不同部门的资源,掌握主动,抓出成效,做到全国一盘棋。

国家监察委员会在开展反腐败国际追逃追赃、防逃工作中具有三类职责:

---

① 根据《香港特别行政区基本法》《澳门特别行政区基本法》规定,我国的香港特别行政区、澳门特别行政区受中央人民政府授权,可以以特区政府的名义参与一些国际事务,包括反腐败国际合作。

第一类是组织统筹,比如制订反腐败国际追逃追赃和防逃工作计划,组织协调反腐败国际追逃追赃等重大涉外案件办理工作,建立健全反腐败国际追逃追赃和防逃合作网络;第二类是督促指导,比如汇总和通报全国职务犯罪外逃案件信息和追逃追赃工作信息,指导地方各级监察机关依法开展涉外案件办理工作;第三类是案件承办,办理由国家监察委员会管辖的涉外案件,承担监察机关开展国际刑事司法协助的主管机关职责等。[①]

除了国家监委以外,各级监察机关在反腐败国际追逃追赃和防逃工作中均负有法定职责。地方各级监察机关、国家监察委员会派驻或者派出的监察机构、监察专员要在国家监委的领导下,依法全面承担起本地区、本部门与反腐败国际追逃追赃和防逃等工作相关的职责任务。这些职责具体来说包括五项:第一项是落实上级监察机关关于反腐败国际追逃追赃和防逃工作部署,制订工作计划;第二项是按照管辖权限或者上级监察机关指定管辖,办理涉外案件;第三项是按照上级监察机关要求,协助配合其他监察机关开展涉外案件办理工作;第四项是汇总和通报本地区职务犯罪外逃案件信息和追逃追赃工作信息;第五项是承担本地区其他与反腐败国际追逃追赃等涉外案件办理工作相关的职责。[②]

（二）横向关系的划分

反腐败也会涉及同一层级的不同部门,其实质上是反腐败事项的部门间横向关系。虽然在反腐败国际合作中,国内机关的协调会涉及监察、外交、公安、检察、审判、司法行政等不同机关的职责,但是,根据《监察法》第三条规定,各级监察委员会是行使国家监察职能的专责机关,依照本法对所有行使公权力的公职人员(以下称公职人员)进行监察,调查职务违法和职务犯罪,开

[①]　中共中央纪律检查委员会、中华人民共和国国家监察委员会法规室编:《〈中华人民共和国监察法实施条例〉释义》,中国方正出版社 2022 年版,第 396 页。

[②]　中共中央纪律检查委员会、中华人民共和国国家监察委员会法规室编:《〈中华人民共和国监察法实施条例〉释义》,中国方正出版社 2022 年版,第 398 页。

展廉政建设和反腐败工作,维护宪法和法律的尊严。因此,监察机关是开展廉政建设和反腐败工作的专责机关。廉政建设和反腐败工作也包含了反腐败的国际合作内容。①

明确由国家监察委员会统筹协调反腐败国际合作的必要性在于,符合国家监察委员会在我国反腐败权力架构中的地位,有利于加强党对反腐败工作的集中统一领导,有利于健全集中统一、高效顺畅的反腐败国际合作工作机制,加大追逃防逃指挥协调力度,改变过去"九龙治水"、责任不清、协调不力的局面,避免权力争夺和权力推诿,整合资源,形成合力,增强反腐败国际合作的效果。

二、统筹协调反腐败国际合作的对象

就实践而言,反腐败国际合作是指国家、地区和国际组织之间的合作,具体而言包括国家之间的合作、地区之间的合作、国际组织之间的合作、国家和地区之间的合作、国家和国际组织之间的合作、地区和国际组织之间的合作。于是,国家监察委员会统筹协调反腐败国际合作的对象也包括这三个方面:国家、地区和国际组织。国家是国际法上最重要的主体,一般包括固定的领土、定居的居民、政权组织、主权四个要素。国际组织是由国家或地区的政府、不同国家或地区的民间组织组成的组织,包括政府间国际组织和非政府间国际组织。政府间国际组织是由国家或地区的政府通过条约或协议建立的国际组织,比如联合国及其专门机构、国际刑警组织。非政府间国际组织不是由国家单独或通过国家之间的协议共同建立的、其组织成员不是国家或政府而是个人或民间组织的非营利组织,比如总部设在德国柏林的透明国际(Transparency International)。

---

① 2018年中共中央印发的《深化党和国家机构改革方案》也提出,为加强党对反腐败工作的集中统一领导,将监察部、国家预防腐败局的职责,最高人民检察院查处贪污贿赂、失职渎职以及预防职务犯罪等反腐败相关职责整合,组建国家监察委员会,同中央纪律检查委员会合署办公,履行纪检、监察两项职责,实行一套工作机构、两个机关名称。其主要职责也包含了负责组织协调党风廉政建设和反腐败宣传等。

三、统筹协调反腐败国际合作的内容

国家监察委员会统筹协调反腐败国际合作职责的具体内容包括两项,一是统筹协调与其他国家、地区、国际组织开展的反腐败国际交流、合作,二是组织反腐败国际条约实施工作。

反腐败国际交流、合作,可以分为双边交流合作和多边交流合作。"双边交流合作通常是指国家、地区间就腐败案件的调查、起诉、审判、执行等开展司法执法合作,以及与反腐败有关的国际交往活动,包括反腐败执法人员和信息交流、反腐败技术援助及培训、订立及实施反腐败条约等。多边交流合作主要是指在联合国等多边框架下开展的反腐败司法执法人员交往、信息资料互换、工作经验交流、技术援助培训以及国际规则制定等活动。"①反腐败国际交流合作涉及多个部门、多个领域、多个方面,具体包括最高人民法院、最高人民检察院、公安部、司法部、中国人民银行等。不同的部门对外进行国际合作,可能出现口径不一致、措施不协调、标准不统一等问题,为加强对反腐败国际合作的统一领导,《监察法》明确由国家监察委员会统筹协调反腐败国际合作。反腐败国际合作重大规划和政策的制定、重大追逃追赃案件的处理与协调、反腐败国际条约的签署与执行等,都应由国家监察委员会统筹协调,作出重要部署。但是国家监察委员会的统筹协调职责凸显的是统一筹划与协调②,并非包揽了一切事务,引渡、资产追缴、司法协助等具体的反腐败国际合作工作仍然需要由相关部门去落实与实施。

反腐败国际条约既是反腐败国际合作的重要内容,也是司法执法合作、司法协助等反腐败国际合作具体事项的根据。一些全球性国际组织,比如联合国通过了《联合国反腐败公约》《联合国大会第51/59号决议·反腐败的行

---

① 中共中央纪律检查委员会、中华人民共和国国家监察委员会法规室编:《〈中华人民共和国监察法实施条例〉释义》,中国方正出版社2022年版,第394页。

② 统筹是指统一筹划。参见中国社会科学院语言研究所词典编辑室编:《现代汉语词典》(第6版),商务印书馆2012年版,第1309页。

动》《联合国大会第 54/128 号决议·反贪污腐败行动》《联合国大会第 55/61 号决议·一项有效的反贪污国际法律文书》《联合国大会第 55/188 号决议·防止和打击贪污行为》等国际条约和法律性文件。此外,一些区域性国际组织也通过了《美洲国家组织反腐败公约》《欧洲理事会反腐败民法公约》《欧洲理事会反腐败刑法公约》等区域性国际条约。根据中纪委的权威数据统计,截至 2023 年 10 月,我国已经加入《联合国反腐败公约》《联合国打击跨国有组织犯罪公约》等国际条约,与 83 个国家缔结 171 项双边司法协助类条约,加入包含司法协助、引渡等内容的近 30 项国际公约,合作范围覆盖 130 多个国家。① 此外,我国还利用一些国际平台,主动设置反腐败国际合作议题,比如在 2016 年担任二十国集团反腐败工作组主席时,引导通过《二十国集团反腐败追逃追赃高级原则》《二十国集团 2017—2018 年反腐败行动计划》,在 2021 年联合国大会反腐败问题特别会议期间,鲜明提出"坚持公平正义、惩恶扬善,坚持尊重差异、平等互鉴,坚持合作共赢、共商共建,坚持信守承诺、行动优先"四项主张,在 2022 年金砖国家领导人第十四次会晤期间与各方一道通过《金砖国家拒绝腐败避风港倡议》。

这些反腐败国际条约的实施都需要在国家监察委员会的统筹协调下进行,具体包括三个方面内容:一是组织国内有关部门、有关专家研究我国加入反腐败国际条约的利弊分析及条款保留事项,我国法律体系与加入的反腐败国际条约之间的衔接与协调,反腐败国际条约在国内法中的转化与实施、反腐败国际条约履约机制的协调与完善等;二是组织反腐败国际条约的履约审议工作,主要内容是被评议国提交履约情况自评清单,并与审议国进行直接对话或者接受实地访问,最终形成履约情况审议报告;三是作为《联合国反腐败公约》司法协助中央机关,依据公约与缔约国开展刑事司法协

---

① 《最高法:中国已与 83 个国家缔结 171 项双边司法协助类条约》,人民网,http://society. people.com.cn/n1/2023/1027/c1008-40104642.html,2024 年 12 月 6 日最后访问。

助、引渡等工作。①

第五十八条 【反腐败执法等方面的国际合作】

国家监察委员会会同有关单位加强与有关国家、地区、国际组织在反腐败方面开展引渡、移管被判刑人、遣返、联合调查、调查取证、资产追缴和信息交流等执法司法合作和司法协助。

【理解与适用】

本条是关于国家监察委员会组织协调反腐败执法司法合作和司法协助的规定,赋予国家监察委员会会同国内有关单位加强与有关国家、地区、国际组织在具体领域进行合作的职责,明确了组织协调反腐败国际合作的主体、对象、机制与内容。

一、反腐败国际合作的主体与对象

组织协调反腐败国际合作的主体是国家监察委员会,对象是有关国家、地区、国际组织。实践中,在开展反腐败国际合作方面,我国公安机关、国家安全机关、审判机关、检察机关、司法行政机关等都有各自的对外合作部门和联系途径,但长期以来,由于国内有关部门在反腐败职权划分、程序衔接等问题上存在一些分歧,反腐败组织和资源分散,追逃追赃工作进展缓慢。2014 年 1 月中央纪委进行内部机构调整,将外事局与预防腐败室整合为国际合作局,2014 年 6 月中央反腐败协调小组国际追逃追赃工作办公室正式成立,国际追逃追赃办公室由多个成员单位组成,主要包括中央纪委、最高人民法院、最高人民检察院、外交部、公安部、国家安全部、司法部、中国人民银行。中央纪委

---

① 中共中央纪律检查委员会、中华人民共和国国家监察委员会法规室编:《〈中华人民共和国监察法实施条例〉释义》,中国方正出版社 2022 年版,第 396 页。

国际合作局作为办事机构,承担具体工作。通过中纪委的有效组织协调,我国反腐败国际合作取得了巨大进展。2018 年中共中央、国务院印发《深化党和国家机构改革方案》,组建国家监察委员会,同中央纪律检查委员会合署办公,履行纪检、监察两项职责,实行一套工作机构、两个机关名称。总结中央反腐败协调小组国际追逃追赃工作办公室的成功经验,《监察法》将反腐败国际合作的组织协调职责赋予国家监察委员会,由其组织并协调最高人民法院、最高人民检察院、外交部、公安部、国家安全部、司法部等国内有关部门与有关国家、地区、国际组织开展反腐败执法、引渡、司法协助、被判刑人的移管、资产追回和信息交流等领域的合作,整合国内资源,防止各自为政、"九龙治水"。

在实践中,除了原《监察法》第五十一条所规定的六大合作领域,非法移民遣返与联合调查也发挥了重要作用。为了与国际刑事司法协助法等法律相衔接,充实完善国家监委反腐败国际合作职责,立法机关充实反腐败国际合作相关规定①,将第五十一条改为第五十八条,具体内容修改为:"国家监察委员会会同有关单位加强与有关国家、地区、国际组织在反腐败方面开展引渡、移管被判刑人、遣返、联合调查、调查取证、资产追缴和信息交流等执法司法合作和司法协助。"

表面来看,反腐败执法司法的国际合作与统筹协调反腐败的国际合作存在相似之处,但实质上两者存在细微差别。统筹协调反腐败的国际合作突出的是国家监察委员会对反腐败国际合作宏观事项、整体领域的统筹与部署,是原则性规定;反腐败执法司法的国际合作凸显的是国家监察委员会对反腐败国际合作微观事项、具体领域的组织与协调,是具体性规定,属于对统筹协调反腐败国际合作的具体化。② 比如,统筹协调反腐败国际合作的对象是泛指

---

① 《推进监察工作规范化法治化正规化 监察法修正草案首次亮相》,中国人大网,http://www.npc.gov.cn/c2/c30834/202409/t20240911_439328.html,2024 年 12 月 9 日最后访问。

② 组织是指安排分散的人或事物使具有一定的系统性或整体性。参见中国社会科学院语言研究所词典编辑室编:《现代汉语词典》(第 7 版),商务印书馆 2016 年版,第 1750 页。

的"其他国家、地区、国际组织",内容是抽象意义的"反腐败国际交流、合作,组织反腐败国际条约实施工作";反腐败执法司法国际合作的组织协调对象是特指的"有关国家、地区、国际组织",合作机制是"执法司法合作和司法协助",合作内容是具体意义的"引渡、移管被判刑人、遣返、联合调查、调查取证、资产追缴和信息交流等"。

二、反腐败国际合作的机制

国家监察委员会会同国内有关单位与有关国家、地区、国际组织开展反腐败国际合作的机制,目前主要有两种:第一种是执法司法合作。反腐败执法司法合作是反腐败案件在执法机关间的国际合作,具体是指公安机关、司法行政机关、金融监管部门等执法机关与有关国家、地区、国际组织在反腐败案件的调查取证、通讯侦听、建立联合调查机构、抓捕外逃涉案人、反洗钱等方面的国际合作。比如公安机关协调国际刑警组织发布"红色通缉令"。根据《监察法实施条例》第二百四十五条规定,监察机关对依法应当留置或者已经决定留置的外逃人员,需要申请发布国际刑警组织红色通报的,应当逐级报送国家监察委员会审核。国家监察委员会审核后,依法通过公安部向国际刑警组织提出申请。需要延期、暂停、撤销红色通报的,申请发布红色通报的监察机关应当逐级报送国家监察委员会审核,由国家监察委员会依法通过公安部联系国际刑警组织办理。

《联合国反腐败公约》第四十八条第(一)项规定:"缔约国应当在符合本国法律制度和行政管理制度的情况下相互密切合作,以加强打击本公约所涵盖的犯罪的执法行动的有效性。缔约国尤其应当采取有效措施,以便:(一)加强并在必要时建立各国主管机关、机构和部门之间的联系渠道,以促进安全、迅速地交换有关本公约所涵盖的犯罪的各个方面的情报,在有关缔约国认为适当时还可以包括与其他犯罪活动的联系的有关情报。(二)同其他缔约国合作,就下列与本公约所涵盖的犯罪有关的事项进行调查:1. 这类犯罪嫌疑人的身份、行踪和活动,或者其他有关人员的所在地点;2. 来自这类犯罪的犯罪所得或者财产的去向。3. 用于或者企图用于实施这类犯罪的财产、设备或者其他工具的去向。（三）在适当情况下提供必要数目或者数量的物品以供分析或者侦查之用。（四）与其他缔约国酌情交换关于为实施本公约所涵盖的犯罪而采用的具体手段和方法的资料，包括利用虚假身份、经变造、伪造或者假冒的证件和其他旨在掩饰活动的手段的资料。（五）促进各缔约国主管机关、机构和部门之间的有效协调，并加强人员和其他专家的交流，包括根据有关缔约国之间的双边协定和安排派出联络官员。（六）交换情报并协调为尽早查明本公约所涵盖的犯罪而酌情采取的行政和其他措施。"反腐败司法执法的合作主体较为广泛，目的是预防、稽查或者侦破与腐败案件有关的犯罪或行政违法行为而开展，实践中，国际刑事司法协助和反腐败司法执法合作往往相互联系并且相互交织，比如查找辨认有关人员、调取书证材料、询问证人等既是国际刑事司法协助的内容，也是反腐败司法执法合作的范围。

第二种是司法协助。司法协助是指根据双边条约、多边条约或以互惠原则为基础，不同国家、地区间在刑事诉讼文书送达、调查取证、移送物证和书证、冻结和扣押财产等方面进行的合作。我国《刑事诉讼法》第十八条规定："根据中华人民共和国缔结或者参加的国际条约，或者按照互惠原则，我国司法机关和外国司法机关可以相互请求刑事司法协助。"规定了基于国际条约和互惠原则，相关机关可以请求刑事司法协助。我国《国际刑事司法协助法》第二条规定了司法协助的具体内容："本法所称国际刑事司法协助，是指中华人民共和国和外国在刑事案件调查、侦查、起诉、审判和执行等活动中相互提供协助，包括送达文书，调查取证，安排证人作证或者协助调查，查封、扣押、冻结涉案财物，没收、返还违法所得及其他涉案财物，移管被判刑人以及其他协助。"如前述及，由于主体多样、内容广泛，司法协助的一些内容与反腐败执法司法合作存在重合、交叉之处，查找辨认有关人员、调取书证材料、询问证人等手段兼有司法协助和反腐败执法司法合作的双重属性。

根据《监察法实施条例》第二百四十七条规定，地方各级监察机关通过刑事司法协助方式办理相关涉外案件的,应当按照国际刑事司法协助法、相关双边及多边国际条约等规定准备刑事司法协助请求书及相关材料,逐级报送国家监察委员会审核。由国家监察委员会依法直接或者通过对外联系机关等渠道,向外国提出刑事司法协助请求。国家监察委员会收到外国提出的刑事司法协助请求书及所附材料,经审查认为符合有关规定的,作出决定并交由省级监察机关执行,或者转交其他有关主管机关。省级监察机关应当立即执行,或者交由下级监察机关执行,并将执行结果或者妨碍执行的情形及时报送国家监察委员会。在执行过程中,需要依法采取查询、调取、查封、扣押、冻结等措施或者需要返还涉案财物的,根据我国法律规定和国家监察委员会的执行决定办理有关法律手续。

反腐败的执法司法合作与司法协助,既包括双边合作也包括多边合作。双边合作即我国与其他某个国家、地区、国家组织通过双边反腐败条约在引渡、移管被判刑人、遣返、联合调查、调查取证、资产追缴和信息交流等领域开展的合作,这是基于双边反腐败条约的国际合作,比如《中华人民共和国政府和法兰西共和国政府关于刑事司法协助的协定》《中华人民共和国和比利时王国引渡条约》《中国政府和加拿大政府关于分享和返还被追缴资产的协定》。多边合作即我国与两个或两个以上的国家、地区、国家组织通过多边反腐败条约在引渡、移管被判刑人、遣返、联合调查、调查取证、资产追缴和信息交流等领域开展的合作,这是基于多边反腐败条约的国际合作,比如《联合国反腐败公约》《联合国打击跨国有组织犯罪公约》《二十国集团反腐败追逃追赃高级原则》等国际条约。

三、反腐败国际合作的具体内容

反腐败国际合作的具体内容包括引渡、移管被判刑人、遣返、联合调查、调查取证、资产追缴和信息交流等领域。

第一,引渡。引渡是指根据双边条约、多边条约或以互惠原则为基础,一国请求将在本国境内发现的、在对方国家受到刑事追诉或者已被判处刑罚的人移交给请求国,以便对其提起刑事诉讼或者执行刑罚。简单而言,引渡就是一国请求另一个国家将罪犯或已经判刑的人,移交给自己进行追诉或处罚。引渡是真正意义上的国际刑事司法合作,是国家间相互移交逃犯最正式、最重要的合作形式,引渡的目的就是把犯罪嫌疑人、被告人或者被判刑人移交给请求国接受刑事审判或者执行刑罚。根据《监察法实施条例》第二百四十六条规定,地方各级监察机关通过引渡方式办理相关涉外案件的,应当按照引渡法、相关双边及多边国际条约等规定准备引渡请求书及相关材料,逐级报送国家监察委员会审核。由国家监察委员会依法通过外交等渠道向外国提出引渡请求。

第二,移管被判刑人。《联合国反腐败公约》第四十五条规定:"缔约国可以考虑缔结双边或多边协定或者安排,将因实施根据本公约确立的犯罪而被判监禁或者其他形式剥夺自由的人移交其本国服满刑期。"移管被判刑人也称移交被判刑人、转移被判刑人,是指一国将在本国受到审判的被判刑人移交给另一国服刑。将被判刑人移交给另一国的国家成为移交国,接收被判刑人并对其执行刑罚的国家是执行国。在国际法上,移管被判刑人一般需满足下列条件:被判刑人是执行国的国民,被判刑人在执行国也构成犯罪,被判刑人仍然须服一定期限的刑罚,在移交国不存在尚未完结的上诉或申诉程序。移管被判刑人制度有利于被判刑人在其熟悉的环境中服刑并容易获得亲友的帮助,符合人道主义精神,也是体现互助互利精神的司法合作形式,是反腐败国际合作的重要内容。

第三,遣返,又称移民法遣返,是指由我国向外逃人员所在地国家提供外逃人员违法犯罪线索和伪造护照等虚假身份情况,让所在地国家根据移民法规,剥夺其居留地位并强制遣返至我国或第三国。遣返的适用,不以两国之间有条约关系为前提,相比引渡,遣返程序要相对简单,一般情况下,只要证明犯罪嫌疑人不具备合法居留身份,说明其从所属国非法出境即可。

第四,联合调查、调查取证。监察机关办理外逃案件,不仅要注重追逃劝返,还应当依法全面收集外逃人员涉嫌职务违法和职务犯罪证据,这是以法治思维和法治方式开展反腐败国际追逃追赃工作的内在要求。在调查取证过程中,应当依法形成监察机关的法律文书,以便在对外履行法律程序中使用。在刑事司法协助中出现一种"国际调查协作"的新模式——联合调查,即通过接受国的司法警察机关的配合,请求国直接派员进入接受国进行调查的一种手段。目前这种手段正在逐步发展,并且日趋成熟。我国目前的联合调查以"专项行动"为主,即在某一特定的时期内,就某一专门的案件,我国主动请求向他国派遣专门的行动小组到对方当事国和该国的司法人员通力合作,组成专项小组。与刑事司法协助相比,通过执法合作方式获取信息相对简单、效率较高。[①] 地方各级监察机关通过执法合作方式办理相关涉外案件的,应当将合作事项及相关材料逐级报送国家监察委员会审核。由国家监察委员会依法直接或者协调有关单位,向有关国家(地区)相关机构提交并开展合作,如调取出入境、居留(签证)等信息,调取犯罪记录,调取公共信息等。

第五,资产追缴。反腐败国际合作中的资产追缴是指一国通过与其他国家、地区和国际组织合作,将本国出逃的贪污贿赂等腐败案件犯罪嫌疑人的赃款赃物予以追缴。在实践中,反腐败国际合作中的资产追缴主要包括两种情形:一是请求国向被请求国提供犯罪嫌疑人在被请求国的犯罪所得、财产、设备等证据,被请求国作出没收资产的判决,然后将没收的资产返还给请求国;二是请求国对犯罪嫌疑人在被请求国的犯罪所得、财产、设备等作出没收的判决,被请求国对没收判决予以承认和执行,然后将没收的资产返还给请求国。反腐败国际合作中的资产追缴往往都存在请求国与被请求国的资产分享,从而有利于推动资产追缴的实施。

第六,信息交流。信息是反腐败执法和司法的基础,信息交流也成为反腐败执法合作和司法合作的重要内容。反腐败国际合作中的信息交流是指一国

---

① 中共中央纪律检查委员会、中华人民共和国国家监察委员会法规室编:《〈中华人民共和国监察法实施条例〉释义》,中国方正出版社 2022 年版,第 418 页。

的执法部门、司法部门与其他国家、地区和国际组织的相关机构,就腐败与反腐败的相关信息、数据和资料进行交流与分享。《联合国反腐败公约》第六十一条规定:"一、各缔约国均应当考虑在同专家协商的情况下,分析其领域内腐败方面的趋势以及腐败犯罪实施的环境。二、缔约国应当考虑为尽可能拟订共同的定义、标准和方法而相互并通过国际和区域组织发展和共享统计数字、有关腐败的分析性专门知识和资料,以及有关预防和打击腐败的最佳做法的资料。三、各缔约国均应当考虑对其反腐败政策和措施进行监测,并评估其效力和效率。"这里提到的反腐败国际合作中的信息包括有关腐败及反腐败的统计数字、有关腐败的分析性专门知识和资料,以及有关预防和打击腐败的最佳做法的资料等。在信息化时代背景下,及时便捷高效的信息交流对于追逃追赃和防逃工作的顺利开展发挥着越来越重要的作用。

第五十九条 【反腐败追逃追赃和防逃的国际合作】

国家监察委员会加强对反腐败国际追逃追赃和防逃工作的组织协调,督促有关单位做好相关工作:

(一)对于重大贪污贿赂、失职渎职等职务犯罪案件,被调查人逃匿到国(境)外,掌握证据比较确凿的,通过开展境外追逃合作,追捕归案;

(二)向赃款赃物所在国请求查询、冻结、扣押、没收、追缴、返还涉案资产;

(三)查询、监控涉嫌职务犯罪的公职人员及其相关人员进出国(境)和跨境资金流动情况,在调查案件过程中设置防逃程序。

【理解与适用】

本条是关于反腐败追逃追赃和防逃工作国际合作的规定,明确了国家监察委员会组织协调反腐败追逃追赃和防逃工作国际合作,并督促有关单位做好反腐败追逃追赃和防逃工作的职责。

党的十八大以来，以习近平同志为核心的党中央对反腐败国际追逃追赃工作作出重大决策部署，使之成为全面从严治党和反腐败斗争的重要一环。中央反腐败协调小组坚决贯彻落实中央决策部署，统筹协调、周密安排，不断推进追逃追赃工作。党的十八大至二十大期间，"天网行动"共追回外逃人员10668 人，追回赃款 447.9 亿元，"百名红通人员"已有 61 人归案，新增外逃腐败分子数量大幅下降，从根本上扭转了腐败分子"贪了就跑、跑了就了"的状况。① 反腐败国际追逃追赃工作是遏制腐败蔓延的重要一环，是党风廉洁建设和反腐败斗争的重要组成部分，是全面从严治党的重要举措，也是巩固反腐败斗争伟大胜利果实的坚强保障。

我国外事工作坚持"统一领导、归口管理、分级负责、协调配合"的原则，中央统一领导外事工作，授权开展外事工作。国家监察委员会国际合作局归口管理监察机关反腐败国际追逃追赃等涉外案件办理工作。地方各级监察委员会明确专责部门，归口管理本地区涉外案件办理工作。"各地方、各层级不能越过国家监委直接对外开展工作，所有的涉外案件都应当通过国家监委国际合作局开展对外合作。"②

根据追逃防逃追赃一体化高质量发展的需要，《监察法实施条例》第二百三十七条要求监察机关应当建立追逃追赃和防逃工作内部联络机制。承办部门在调查过程中，发现被调查人或者重要涉案人员外逃、违法所得及其他涉案财产被转移到境外的，可以请追逃追赃部门提供工作协助。监察机关将案件移送人民检察院审查起诉后，仍有重要涉案人员外逃或者未追缴的违法所得及其他涉案财产的，应当由追逃追赃部门继续办理，或者由追逃追赃部门指定

---

① 中央纪委国家监委国际合作局：《在新征程上奋力谱写反腐败国际合作新篇章》，《中国纪检监察》2023 年第 5 期。

② 中共中央纪律检查委员会、中华人民共和国国家监察委员会法规室编：《〈中华人民共和国监察法实施条例〉释义》，中国方正出版社 2022 年版，第 399 页。

协调有关单位办理。

一、反腐败国际追逃

反腐败国际追逃是指对于重大贪污贿赂、失职渎职等职务犯罪案件,被调查人逃匿到国(境)外,掌握证据比较确凿的,通过开展境外追逃合作,追捕归案。根据本条规定,反腐败国际追逃有以下几个构成要件:第一,追逃对象是涉嫌重大贪污贿赂、失职渎职等职务犯罪案件的被调查人。一般而言,重大贪污贿赂、失职渎职等职务犯罪案件包括涉案金额巨大、涉案人员级别高、案件社会影响大等因素。第二,被调查人逃匿到国(境)外。如果被调查人在境内,就无所谓追逃的合作。第三,掌握证据比较确凿。办案机关对被调查人的犯罪证据应有一定的掌握,这意味着办案机关既不能无中生有,没有证据就去追逃,同时也不能要求办案机关掌握的证据已经达到证据确凿、排除合理怀疑的程度,不然就模糊了执法的证明标准和刑事审判的证明标准。实践中,反腐败国际追逃的方式主要包括引渡、非法移民遣返、境外追诉和劝返。引渡是利用国际刑事司法协助开展境外追逃的正式渠道和理想方式,非法移民遣返、境外追诉和劝返是引渡之外的替代措施。

(一)引渡

引渡是指根据双边条约、多边条约或以互惠原则为基础,一国请求将在本国境内发现的、在对方国家受到刑事追诉或者已被判处刑罚的人移交给请求国,以便对其提起刑事诉讼或者执行刑罚。在国际法层面,引渡合作一般需遵循以下原则:一是政治犯不引渡原则。二是死刑犯不引渡原则。三是本国公民不引渡原则。四是双重犯罪原则,即引渡请求所指行为依据请求国和被请求国的法律都构成犯罪。五是条约前置主义或互惠原则,有的国家规定引渡合作需要以引渡条约为前提,比如美国;也有国家规定了互惠原则,不以引渡条约为前置,比如我国。[①]

---

① 《中华人民共和国引渡法》第三条规定:"中华人民共和国和外国在平等互惠的基础上进行引渡合作。"

（二）非法移民遣返

非法移民遣返，又称移民法遣返，是指请求国向外逃人员所在地国家提供其违法犯罪线索和伪造护照等虚假身份情况，被请求国根据其移民法律将不具有合法居留身份的外国人强制遣返至请求国或第三国的合作方式。这种追逃方式在客观上造成了与引渡相同的效果，在理论上也被称为事实引渡。在实践中，一国如果与有关国家不能进行引渡合作，则往往采取吊销外逃人员的护照或其他合法旅行证件，再向被请求国提供其不具有合法居留的材料、违法犯罪线索，证明外逃人员在被请求国不具有合法居留的身份，从而达到将其遣返回国或第三国的目的。

（三）境外追诉

境外追诉是指请求国在无法行使管辖权时，向被请求国提供自己掌握的证据材料，支持和协助被请求国依据其本国法律对外逃人员提起诉讼，使外逃人员被绳之以法。境外追诉是引渡的替代措施，也为有关国家在不能引渡的情况下开展其他形式的国际合作提供了另一种可能。在国际法中，刑事司法合作中有一项基本原则是"或引渡，或起诉"，即一国基于国际条约或互惠原则向另一国提出引渡的请求时，另一国或者将外逃人员引渡给请求国，或者在本国对外逃人员进行起诉。我国与有关国家缔结的引渡条约中一般也都规定了"或引渡，或起诉"原则。境外追诉需要中外执法司法部门高效配合、互通信息、协同行动。根据《监察法实施条例》第二百四十九条，地方各级监察机关通过境外追诉方式办理相关涉外案件的，应当提供外逃人员相关违法线索和证据，逐级报送国家监察委员会审核。由国家监察委员会依法直接或者协调有关单位向有关国家（地区）相关机构提交，请其依法对外逃人员调查、起诉和审判，并商有关国家（地区）遣返外逃人员。

（四）劝返

劝返是指追逃国办案人员在外逃人员发现国主管机关的配合或协助下，通过对外逃人员开展说服教育，使其主动回国，接受追诉、审判或执行刑罚。

引渡、非法移民遣返、境外追诉都是具有国家强制力的行为,劝返则是一项柔性的思想政治工作,是一种心理战术,通过对外逃人员进行说服教育,在没有直接使用国家强制力的前提下,综合运用政策感召、法律威慑和追逃压力,使其在心理层面的预期发生重大变化,从而自愿回国接受处理。"劝返工作是政治性、政策性很强的工作,应当把握正确的政策、策略。"①根据《监察法实施条例》第二百四十三条,开展反腐败国际追逃追赃等涉外案件办理工作,应当把思想教育贯穿始终,落实宽严相济刑事政策,依法适用认罪认罚从宽制度,促使外逃人员回国投案或者配合调查、主动退赃。比如 2015 年"百名红通人员"第 31 号杨立虎从加拿大回国归案,就是我国成功从西方国家劝返的第一人。

二、反腐败国际追赃

反腐败国际追赃是指贪污贿赂、失职渎职等职务犯罪案件的涉案人携带赃款赃物逃往境外,向赃款赃物所在国请求查询、冻结、扣押、没收、追缴、返还涉案资产,追回涉案资产的国际合作。一般而言,反腐败国际追赃的主要手段有查询、冻结、扣押、没收、追缴、返还涉案资产。查询是指一国相关部门在调查贪污、贿赂等腐败案件时,对案件涉嫌单位和涉嫌人员的存款情况,请求另一国进行查阅、询问、核对。冻结是指一国相关部门在调查贪污、贿赂等腐败案件时,请求另一国对涉案存款采取保全措施,在一定期限内停止案件涉嫌人员提取其在所在国银行或其他金融机构的存款。扣押是指一国相关部门在调查贪污、贿赂等腐败案件时,请求另一国对涉案财物采取保全措施,在一定期限内限制涉嫌人员使用和处分涉案财物。没收是指一国相关部门在调查贪污、贿赂等腐败案件时,请求另一国对涉案财物强制收归国有的行为。追缴是指一国请求另一国对外逃人员违反法律取得的财物予以追回、收缴,或者违法财物已被挥霍、消耗、毁损时,将与违反法律取得财物价值相当的财物予以追

---

① 中共中央纪律检查委员会、中华人民共和国国家监察委员会法规室编:《〈中华人民共和国监察法实施条例〉释义》,中国方正出版社 2022 年版,第 409 页。

回、收缴的行为。追缴的财物退回原所有人或原持有人,依法不应退回的,上缴国库。追缴的标的物只限于违法违纪财物,可以是原物、非原物,还可以是涉案财物已被挥霍、消耗、毁损时与涉案财物价值相当的财物。返还涉案资产是一国请求另一国返还外逃人员的涉案资产。

《联合国反腐败公约》推荐了五种资产追回的法律手段,即:在财产所在地提起民事诉讼;根据合法所有权证明申请返还;相互承认与执行罚没裁决;通过在被请求国的追诉活动进行追缴;不经定罪的没收。[①] 根据《监察法实施条例》第二百五十条,监察机关对依法应当追缴的境外违法所得及其他涉案财产,应当责令涉案人员以合法方式退赔。涉案人员拒不退赔的,可以依法通过下列方式追缴:(一)在开展引渡等追逃合作时,附随请求有关国家(地区)移交相关违法所得及其他涉案财产;(二)依法启动违法所得没收程序,由人民法院对相关违法所得及其他涉案财产作出冻结、没收裁定,请有关国家(地区)承认和执行,并予以返还;(三)请有关国家(地区)依法追缴相关违法所得及其他涉案财产,并予以返还;(四)通过其他合法方式追缴。根据《监察法实施条例》第二百四十四条,外逃人员归案、违法所得及其他涉案财产被追缴后,承办案件的监察机关应当将情况逐级报送国家监察委员会国际合作局。监察机关应当依法对涉案人员和违法所得及其他涉案财产作出处置,或者请有关单位依法处置。对不需要继续采取相关措施的,应当及时解除或者撤销。

三、防逃

防逃是指有关机关加强对公职人员的日常教育、监督和管理,查询、监控涉嫌职务犯罪的公职人员及其相关人员进出国(境)和跨境资金流动情况,在

---

① 《联合国反腐败公约》第五十三条规定了直接追回财产的措施:"各缔约国均应当根据本国法律:(一)采取必要的措施,允许另一缔约国在本国法院提起民事诉讼,以确立对通过实施根据本公约确立的犯罪而获得的财产的产权或者所有权;(二)采取必要的措施,允许本国法院命令实施了根据本公约确立的犯罪的人向受到这种犯罪损害的另一缔约国支付补偿或者损害赔偿;(三)采取必要的措施,允许本国法院或者主管机关在必须就没收作出决定时,承认另一缔约国对通过实施根据本公约确立的犯罪而获得的财产所主张的合法所有权。"第五十四条规定了通过没收事宜的国际合作追回资产的机制。

调查案件过程中设置防逃程序,防止涉嫌职务犯罪的公职人员逃往境外。严格而言,防逃是腐败治理的一种预防性措施,而且从内容上看,防逃主要是国内相关部门采取的措施,一般不涉及与有关国家、地区和国际组织的合作。

在实践中,防逃工作主要包括三个方面:首先要加强对公职人员的日常教育、监督和管理。根据《监察法实施条例》第二百三十八条,监察机关应当将防逃工作纳入日常监督内容,督促相关机关、单位健全防逃责任机制。监察机关在监督、调查工作中,应当根据情况制定对监察对象、重要涉案人员的防逃方案,防范人员外逃和资金外流风险。监察机关应当会同同级组织人事、外事、公安、移民管理等单位健全防逃预警机制,对存在外逃风险的监察对象早发现、早报告、早处置。要不断完善公职人员的廉政教育培训制度,创新廉政教育培训的方法和形式,提高廉政教育培训的质量和效果;所在单位和组织要严格落实全面从严治党主体责任,提高民主生活会质量,加强对公职人员的日常监督和管理,及时了解和掌握所在单位公职人员的思想、生活和工作状况,对苗头性、倾向性、纪律性问题及时处理。

其次,查询、监控涉嫌职务犯罪的公职人员及其相关人员进出国(境)和跨境资金流动情况。涉案人员的进出国(境)和跨境资金流动都可以成为判断其有无外逃可能的线索。比如,涉案人员拥有的身份证护照情况(是否伪造身份证、是否未经组织批准持有外国护照等)、出入境次数、家属亲人的境外定居状况、家庭财产出境等都会有征兆。要加强查询、监控涉嫌职务犯罪的公职人员及其相关人员进出国(境)和跨境资金流动情况的力度,掌握反腐败的主动权,严格执行党员干部护照管理、出入境审批报备制度,认真落实对配偶子女移居国外的国家工作人员相关管理规定,定期开展"裸官"清理,做好对党员领导干部个人有关事项报告情况的抽查核实。根据《监察法实施条例》第二百三十九条规定,监察机关应当加强与同级人民银行、公安等单位的沟通协作,推动预防、打击利用离岸公司和地下钱庄等向境外转移违法所得及其他涉案财产,限制现金交易规模,加强对大额资金往来的预警和监控,切断非法资金的外流渠道,对涉及职务违法和职务犯罪的行为依法进行调查。

最后,在调查案件过程中设置防逃程序。各级国家监察委员会要加强对防逃工作的领导,统一部署防逃工作,协调各部门联合作战,加强对重大贪污贿赂、失职渎职案件的分析和研判,发现干部有可能外逃的蛛丝马迹,及时启动防范程序,采取防范措施。加强对重点嫌疑对象的监控,让企图外逃分子没有外逃的可能。发现有严重职务违法犯罪情节的公职人员企图外逃的,要立即报告、迅速处置,该采取措施的就要采取措施,该立案调查的就要立案调查,增强反腐败法律制度的约束刚性和威慑效力,守住犯罪分子企图外逃的边境线。

根据《监察法实施条例》第二百四十条与第二百四十一条,监察机关追逃追赃部门统一接收巡视巡察机构、审计机关、行政执法部门、司法机关等单位移交的外逃信息。监察机关对涉嫌职务违法和职务犯罪的外逃人员,应当明确承办部门,建立案件档案。国家监察委员会派驻或者派出的监察机构、监察专员和地方各级监察委员会发现监察对象出逃、失踪、出走,或者违法所得及其他涉案财产被转移至境外的,应当在二十四小时以内将有关信息逐级报送至国家监察委员会国际合作局,并迅速开展相关工作。

第七章　对监察机关和监察人员的监督

　　"有权必有责，用权受监督"，如何有效监督监察机关、保障国家监察权规范行使是全社会普遍关注的问题。所以必须坚持"有权必有责，用权受监督"的理念，这一理念包含对监察权行使两个方面的要求，其一，监察机关作为国家监察机构，应当实现对所有行使公权力的公职人员的监察全覆盖，避免出现空白和盲区；其二，监察权作为负责监督其他公权力的权力，也是一种国家权力，自身更应受到有效监督，加强对监察机关和监察人员的监督正是基于这方面的考虑。

　　党的十八大以来，以习近平同志为核心的党中央高度重视纪检监察干部队伍建设，反复强调信任不代替监督，监督无禁区，任何权力都要受到监督，要求监督别人的人首先要监管好自己。党的二十大报告对坚决打赢反腐败斗争攻坚战持久战作出全面部署，明确不敢腐、不能腐、不想腐一体推进，同时发力、同向发力、综合发力。以零容忍态度反腐惩恶，更加有力遏制增量，更加有效清除存量。为坚定不移全面从严治党，深入推进新时代党的建设的新的伟大工程，完善党的自我革命制度规范体系，健全党统一领导、全面覆盖、权威高效的监督体系，完善权力监督制约机制，以党内监督为主导，促进各类监督贯通协调，让权力在阳光下运行。必须以更高的标准、更严的纪律强化自我监督，自觉接受监督。对违纪违法的坚决查处、失职失责的严肃问责。对监察机关和监察人员的监督主要有以下几种方式。

　　一是党的领导和监督。所有监督中第一位的是党的领导和监督。党的十九大报告强调,党政军民学,东西南北中,党是领导一切的,提出党的建设新的伟大工程在"四个伟大"中起"决定性作用"。加强对反腐败工作的集中统一领导是国家监察体制改革的重要目标之一,其实质就是加强党的领导。《监察法》总则第二条开宗明义,强调坚持中国共产党对国家监察工作的领导。在党的纪律检查机关与监察机关合署办公体制下,党的领导本身就包含对纪检监察工作人员的教育管理和对纪检监察工作的监督,加强党委对纪委监委的管理和监督,是构建党统一指挥、全面覆盖、权威高效的监督体制的内在要求。

二是接受人大监督。人大监督也被称为立法监督、国家权力机关的监督,在国家的权力体系中,人民代表大会在整个国家机构体系中居最高地位、发挥主导作用。与西方国家"三权分立"政体不同,我国的政体是人民代表大会制度。全国人民代表大会是最高国家权力机关,它的常设机关是全国人民代表大会常务委员会。全国人民代表大会和地方各级人民代表大会,都是由民主选举产生,对人民负责,受人民监督。人民有权选举代表,也有权罢免或撤换代表。国家行政机关、监察机关、审判机关、检察机关由人大产生,对其负责并受其监督。人大监督具有民主性、权威性、全局性等优势,是宪法和监督法赋予各级人大及其常委会的一项重要权力,也是人大经常行使的最能够发挥人大职能作用、体现人大权威的一项权力。

三是强化自我监督。在监察机关设立专门的自我监督部门实施监督,其监督内容程序与党的纪律检查机关监督执纪工作规则相统一、衔接。国家监察法制定中,将党内监督制度中有效做法借鉴转化吸收入国家监察法治中,规定了对打听案情、过问案件、说情干预的报告和登记备案制度,规定了监察人员实施回避制度,规定了对监察人员脱密期管理和辞职、退休后从业限制等自我监督的制度。这既体现对纪检监察合署工作机制的坚持,也体现了党内监督法规与国家监察法治的有机统一,这也是在反腐败制度体系建设中"依规治党与依法治国相统一"原则的实现。

四是建立健全了监察机关与审判机关、检察机关、执法部门互相配合、互相制约的机制。改革后,由监察机关承担职务犯罪调查权,由检察机关负责审查起诉,从根本上破解以往职务犯罪侦查、起诉中检察机关"既当运动员又当裁判员"的困局。检察机关履行对职务犯罪侦查的法律监督,法院负责司法审查,形成对监察机关调查行为的双重监督,不仅能彻底改变对检察机关职务犯罪自侦、自捕、自诉的不合理格局,也能发挥检察机关的侦查监督职能,从而整体增强司法反腐的公信力。本章规定了检察机关对监察机关的法律监督,对监察机关移送的案件,人民检察院有权退回补充侦查;经上一级人民检察院批准,可以依法作出不起诉的决定。另外,通过程序方面的规定规范监察机关的职务犯罪调查行为,如规定监察机关在收集、固定、审查、运用证据时,应当严格依据刑事证据程序和标准。

五是让监察权在阳光下运行。本章规定监察机关应当依法公开监察工作信息,为接受民主监督、社会监督、舆论监督等各渠道监督,进而形成科学有效的内部监督与外部监督有效结合的监察权规范运行的监督体系提供有利条件。

第六十条 【人大对监察机关的监督】

各级监察委员会应当接受本级人民代表大会及其常务委员会的监督。

各级人民代表大会常务委员会听取和审议本级监察委员会的专项工作报告,组织执法检查。

县级以上各级人民代表大会及其常务委员会举行会议时,人民代表大会代表或者常务委员会组成人员可以依照法律规定的程序,就监察工作中的有关问题提出询问或者质询。

【理解与适用】

本条是关于监察机关接受人大及其常委会监督的规定。本条分为三款,第一款规定了各级监察机关应当接受本级人大及其常委会的监督;第二款规定了人大常委会监督的两种方式,即听取和审议监察机关的专项工作报告、组织执法检查;第三款规定了人大代表或者人大常委会组成人员监督的两种方式,即提出询问、质询。

一、国家权力监督

国家权力监督,指通过具有国家权力的机关开展的监督,在我国主要有国家权力机关监督、行政机关监督和司法机关监督三类。我国宪法和有关法律规定了国家权力监督的权限和范围,这类监督的特点为依照一定的法定程序,以国家的名义进行,具有国家强制力和法的效力,在我国监督体系中居于主导地位。鉴于行政机关、司法机关与监察机关的宪法法律地位的平等性,本章国家权力监督中并未规定行政机关、司法机关对监察机关和监察人员的监督,主要规定了国家权力机关的监督,也称为人大监督。

二、人大监督

人大监督也称为国家权力机关的监督,是最重要的国家权力监督,是以人民代表大会为主体开展的监督,人民代表大会是我国的根本政治制度,是我国民主政治的核心内容。我国宪法规定,中华人民共和国的一切权力属于人民。人民行使国家权力的机关是全国人民代表大会和地方各级人民代表大会。根据我国《宪法》第三条第一款是关于国家机关组织需要遵循的民主集中制原则的规定,贯彻到国家权力机关和其他国家机关的关系方面,体现为其他国家机关要由民选的国家权力机关产生,对其负责、受其监督。因此,国家监察机关与人大的关系上,则相应体现为监察机关由人大产生,对人大负责,受人大监督。

我国《宪法》第三条规定了人大监督的主要内容和形式。为保障全国人民代表大会常务委员会和县级以上地方各级人民代表大会常务委员会依法行使监督职权,2007年1月1日起施行的《中华人民共和国各级人民代表大会常务委员会监督法》(以下简称《监督法》)在宪法的基础上进一步详细规定了人大监督的内容和主要方式。

按照宪法及人大监督法规定,人大监督主要方式有:听取和审议政府、国家机关的专项工作报告;审查和批准决算,听取和审议国民经济和社会发展计划、预算的执行情况报告,听取和审议审计工作报告;法律法规实施情况的检查;规范性文件的备案审查;询问和质询;特定问题调查;撤职案的审议和决定;等等。

本条关于监察机关接受人大监督内容和形式的设计,既照顾了监察机关工作和政治属性较强的特殊性,也考虑到增强对监察机关人大监督的实效性。本条规定,人大对监察机关实施监督的法定形式为专项工作报告、组织执法检查、行使询问、质询四项。此外,十三届全国人大一次会议通过的宪法修正案,规定人民代表大会对本级监委主任有罢免权。

三、专项工作报告

各级人民代表大会常务委员会听取和审议本级监察机关的专项工作报告。

各级人民代表大会常务委员会每年选择若干关系改革发展稳定大局和群众切身利益、社会普遍关注的重大问题,有计划地安排听取和审议本级监察机关的专项工作报告。同时,监察机关也可以向本级人大常委会主动报告专项工作。

常务委员会听取和审议专项工作报告前,委员长会议或者主任会议可以组织本级人民代表大会常务委员会组成人员和本级人民代表大会代表,对有关工作进行视察或者专题调查研究。常务委员会可以安排参加视察或者专题调查研究的代表列席常务委员会会议,听取专项工作报告,提出意见。常务委员会听取和审议专项工作报告前,其办事机构应当将各方面对该项工作的意见汇总,交由本级监察机关并在专项工作报告中作出回应。

形成审议意见后,常务委员会组成人员对专项工作报告的审议意见交由本级监察机关研究处理,专项工作报告由监察机关负责人向本级人民代表大会常务委员会报告。监察机关应当将研究处理情况由其办事机构送交本级人民代表大会有关专门委员会或者常务委员会有关工作机构征求意见后，向常务委员会提出书面报告。

常务委员会认为必要时，可以对专项工作报告作出决议。监察机关应当在决议规定的期限内，将执行决议的情况向常务委员会报告。

四、执法检查

执法检查也即法律法规实施情况的检查，是人大监督的重要内容。执法检查的主体为各级人民代表大会常务委员会。各级人民代表大会常务委员会对各级监察机关执法监察主要检查国家监察法及今后颁布的其他监察法律的执行情况。

各级人民代表大会常务委员会选择若干关系改革发展稳定大局和群众切身利益、社会普遍关注的重大问题，有计划地对有关法律、法规实施情况组织执法检查。

常务委员会根据执法检查计划，按照精干、效能的原则，从本级人民代表大会常务委员会组成人员以及本级人民代表大会有关专门委员会组成人员中组织执法检查组。检查组可邀请本级人民代表大会代表参加。全国人民代表大会常务委员会和省、自治区、直辖市的人民代表大会常务委员会根据需要，可以委托下一级人民代表大会常务委员会对有关法律、法规在本行政区域内的实施情况进行检查。受委托的人民代表大会常务委员会应当将检查情况书面报送上一级人民代表大会常务委员会。

执法检查结束后，执法检查组应当及时提出执法检查报告，由委员长会议或者主任会议决定提请常务委员会审议。执法检查报告包括：（1）对所检查的法律、法规实施情况进行评价；（2）提出执法中存在的问题和改进执法工作的建议；（3）对有关法律、法规提出修改完善的建议。

常务委员会组成人员对执法检查报告的审议意见连同执法检查报告，一并交由本级监察机关研究处理。监察机关将研究处理情况由其办事机构送交本级人民代表大会有关专门委员会或者常务委员会有关工作机构征求意见后,向常务委员会提出报告。

必要时,由委员长会议或者主任会议决定提请常务委员会审议,或者由常务委员会组织跟踪检查;常务委员会也可以委托本级人民代表大会有关专门委员会或者常务委员会有关工作机构组织跟踪检查。

五、询问和质询

人大代表或人大常委会组成人员有权提出询问、质询。值得注意的是,专项工作报告、执法检查主体是各级人民代表大会常务委员会,是组织对组织、机构对机构的监督,而询问、质询则是以人大代表或人大常委会组成人员个体联名形式开展的。

询问,指各级人大常委会会议审议议案和有关报告时,本级监察机关应当派有关负责人员到会,可以依照法律规定的程序听取意见,回答询问。

质询,指一定数量的县级以上人大常委会组成人员(全国人民代表大会常务委员会组成人员十人以上联名,省、自治区、直辖市、自治州、设区的市人民代表大会常务委员会组成人员五人以上联名,县级人民代表大会常务委员会组成人员三人以上)联名,可以向本级人大常务委员会书面提出对本级监察机关的质询案。质询案应当写明质询对象、质询的问题和内容。

质询案由委员长会议或者主任会议决定交由受质询的机关答复。委员长会议或者主任会议可以决定由受质询机关在常务委员会会议上或者有关专门委员会会议上口头答复,或者由受质询机关书面答复。在专门委员会会议上答复的,提质询案的常务委员会组成人员有权列席会议,发表意见。委员长会议或者主任会议认为必要时,可以将答复质询案的情况报告印发常务委员会会议。

提质询案的常务委员会组成人员的过半数对受质询机关的答复不满意的,可以提出要求,经委员长会议或者主任会议决定,由受质询机关再作答复。质询案以口头答复的,由受质询机关的负责人到会答复。质询案以书面答复的,由受质询机关的负责人签署。

值得注意的是,以上内容是按照现行监督法对司法机关、政府机关的监督进行阐释的,国家监察法通过后,《中华人民共和国各级人民代表大会常务委员会监督法》等相关法律将依据宪法作相应修改,增加对监察机关监督的内容。由于监察工作政治性、政策性较强,预计人大监督法规将按照对监察机关的监督作针对性的规定,具体制度细节也可能在今后制定的监察法规中进一步明确。如按现行人大监督法的规定,常务委员会听取的专项工作报告及审议意见,人民政府、人民法院或者人民检察院对审议意见研究处理情况或者执行决议情况的报告应向本级人民代表大会代表通报并向社会公布。而鉴于监察工作的特点,对监察机关专项工作报告的审议意见研究处理情况或者执行决议情况的报告是否需要向社会公布,以何种范围、何种形式公布则可作出更有针对性的立法设计。

第六十一条　【对监察机关的各类社会监督】

监察机关应当依法公开监察工作信息,接受民主监督、社会监督、舆论监督。

【理解与适用】

本条是关于广义的社会监督的规定,即以非国家党政机关为主体开展的监督,也被称为非国家权力监督。指各社会组织和公民依照宪法和有关法律,对监察机关各种活动合法性进行的监督。本条设定了监察机关依法公开监察工作信息及自觉接受民主监督、社会监督、舆论监督等各渠道监督的义务。

一、依法公开监察工作信息

"阳光是最好的防腐剂"是民主政治的一条"铁律"。党的二十大报告指出,要完善对权力监督和制约机制,以党内监督为主导,促进各类监督贯通协调,让权力在阳光下运行。"公开透明"是加强对权力运行制约监督、让人民监督权力的重要基础,也是外部各级各类社会力量开展监督的必要条件。

权力不仅要规范公正运行,还应当以"看得见"的方式行使,才能增强其公信力和说服力,也更能便于人民行使监督权,使民主监督成为现实。要让人民监督权力,必须保障参与这个前提,而参与的前提是公权力运行的公开与透明,"暗箱操作"从根本上排斥和否定了民主监督,公开化、"透明法案"是现代政务活动乃至规范所有公权力运行的主流选择。

监察工作信息公开利于推进整个民主政治制度的进程,对于监察职能的有效发挥具有非常重要的意义。一是将监察机关及其工作人员的活动置于人民群众的监督之下,促使监察机关及其工作人员廉洁从政,公正办事,确保监察权的"阳光运行";二是将监察的任务和困难"告诉"人民,争取人民群众和社会各界的广泛支持;三是也可使更广大的被监察者从中受到教育,受到震撼,吸取教训,利于日常监督工作的有效开展。因此,采取有效措施进一步增强依法公开监察工作信息制度,进一步建立健全监察工作信息发布机制,在主流媒体和主要网站第一时间发布监察工作信息,主动公开工作流程,自觉接受人民群众和新闻媒体监督。尤其是对于社会普遍关注、涉及人民群众切身利益的重大案件查办等工作,监察机关要严格执行信息公开规定,及时将有关情况公之于众,保障公民的知情权,及时回应社会各方关切。

二、民主监督

党的二十大报告强调,要健全人民当家作主制度体系,扩大人民有序政治参与,保证人民依法实行民主选举、民主协商、民主决策、民主管理、民主监督,发挥人民群众的积极性、主动性、创造性,巩固和发展生动活泼、安定团结的政治局面。

全面发展协商民主。协商民主不同于一般的社会监督和舆论监督,坚持党的领导、统一战线、协商民主有机结合,是坚持和完善中国共产党领导的多党合作和政治协商制度的重要基础,是我国政治监督体系不可或缺的重要组成部分。政协监督开展的依据为政协的章程,是民主监督的一种特殊形式,各民主党派的社会联系广泛,能反映各方面的真实情况,在履行监督职能的过程中充分汇集了来自社会各方面的不同意见,利于推动社会主义民主政治建设的进程。其中,应发挥人民政协作为专门协商机构的作用,依法积极保护政协委员的监督权利,扩大政协委员的知情范围和参与程度,创造宽松、和谐的环境,提高深度协商互动、意见充分表达、广泛凝聚共识水平,完善人民政协民主监督和委员联系界别群众制度机制。

民主党派的监督属于广义的民主监督范畴,主要通过批评、建议和提意见的方式来实现对中国共产党的监督。《中国共产党党内监督条例》第三十八条强调:"中国共产党同各民主党派长期共存、互相监督、肝胆相照、荣辱与共。各级党组应当支持民主党派履行监督职能,重视民主党派和无党派人士提出的意见、批评、建议,完善知情、沟通、反馈、落实等机制。"政协监督与民主党派监督属于非国家权力监督,与其他国家权力监督相辅相成,保障了监督形式和监督渠道的多样性。在中国特色社会主义的法律体系下,我国的民主党派与执政党均以宪法作为根本活动准则,依法享有平等的法律地位。因此,各民主党派开展工作也具有相对独立性。各民主党派的基本监督形式主要包括组织调研和受邀参与调研、提案、参事、特约员等。因此,应健全民主党派的监督机制,保障民主党派监督的规范化、程序化、实效性。

三、社会监督

这里的社会监督指狭义的社会监督,指公民、法人或其他社会组织对监察机关及其工作人员的工作进行的监督。广义的社会监督泛指一切非国家权力监督,包括政协监督、民主党派监督、舆论监督等监督类型。

（一）公民监督

公民监督主要以行使宪法保障的公民的政治参与权与民主监督权为主的监督。按照宪法公民权利基本理论及原理,公民权利大致可概括为自由权、平等权、参政权、生存发展权、民主监督权及权益保障权这六个方面。我国《宪法》第三十五条规定，"中华人民共和国公民有言论、出版、集会、结社、游行、示威的自由"，言论、出版、集会、结社、游行、示威这类权利属于公民参政权；第四十一条规定，"中华人民共和国公民，对任何国家机关和国家工作人员，有提出批评建议的权利；对于任何国家机关和国家工作人员的违法失职行为，有向有关国家机关提出申诉、控告和检举的权利"。批评、建议、检举、申诉和控告这类权利属于公民监督权。

公民监督权主要指的是根据现代政治契约和人民主权原则的原理，全体公民委托专门监察机关或上级国家机关监督下级国家机关，然后公民保留"监督者"的权利自己行使，只有公民作为"原始"和"最后"的监督者，才能从源头上堵塞从政道德的风险和行为。因此，强化公民监督的实质在于通过激发人民群众监督的主动性和积极性，发挥人民群众在监督中的主体地位。

随着改革开放和现代化建设的深入推进，全面依法治国的进程将不断深入推进，公民的民主法治意识、对权利和利益的保护要求、对自身能力的发挥和自身价值的追求将不断提升。尤其随着社会主义市场经济的发展，社会多元化的形成和电子信息技术的突飞猛进，人民群众参与政治和民主管理的需求与能力变得越来越强劲。这反映到问题线索发现渠道方面也发生了变化，以往纪检监察机关一般通过来访来函、巡视、暗访等渠道接受举报、发现线索，党的十八大以来，各级纪检监察机关积极利用新媒体、新技术，不断畅通举报渠道，建立健全完善"一网一端一微"的立体化监督平台，有效发挥了群众监督作用。2013年9月，中央纪委在官方网站开通"四风"问题举报直通车，此后举报量不断上升。在中纪委多次通报中表示"信访举报"是发现线索的主要渠道之一。根据中央纪委国家监委网站讯，2023年1—9月，全国纪检监察机关共接收信访举报261.7万件次，其中检举控告类信访举报81.9万件次，占30%左右。我国公民监督权利的有效实现过程，必将是中国民主政治不断发展和完善的过程。我国民主法治建设和国家监察体制改革积极主动地适应这一发展趋势，一方面，通过开展对公职人员行使公权力的监督，保障其在宪法法律设置的轨道上运行,维护好实现好发展好人民当家作主的各项法律权利。另一方面,通过畅通人民监督的渠道,汇集庞大的监督力量,使监察机关时时、事事、人人都受到监督,开启 24 小时全方位、全天候"探照灯"监督模式,真正使各种监察违法行为难有藏身之地,难以遁形。

（二）其他社会组织的监督

此外,应充分发挥其他社会团体的监督作用,自从英国经济学家舒马赫提出"小的是美好的"这样的经济学原则以来,"小政府、大社会"逐渐成为限制政府权力膨胀的社会普遍共识和一项重要原则。"小政府"以最精简的国家机构进行国家事务的管理,许多社会自治组织能管理的事务应交回社会自治组织手中由社会来做。我国古代的思想家"无为而治"和儒家的"政简刑清"也彰显了此种思想。20 世纪 90 年代以来,国家权力已不是唯一的权力源泉与统治社会、治理国家的唯一权力。与之并行或作为其互补互动力量的,还有非政府组织的社会权力（或社会强制力）。众多利益群体与社会组织与政府机构并存,社会权力与国家权力互补,是现代民主法治国家"多元化社会秩序"的特征。应充分发挥工会、共青团、妇联、居民委员会、村民委员会等群团组织的作用,进一步完善信访、举报制度。

四、舆论监督

舆论监督是指社会各界通过广播、影视、报刊、网络等传播媒介,表达意见并形成舆论,对监察机关及其工作人员的工作进行道义上的监督。舆论监督是党的新闻舆论工作的重要组成部分,是治国理政、定国安邦的大事。它对于维护社会稳定、推动社会进步、促进国家发展具有重要意义。在实践中,舆论监督要遵循新闻传播规律、互联网规律和新兴媒体发展规律,确保舆论监督的科学性和有效性。同时,要注重提升新闻舆论工作者的政治素养和专业能力,为舆论监督提供有力的人才保障。

舆论监督优势在于:（1）监督主体、监督客体的广泛性。监督主体存在于各种社会阶层、群体甚至全体公民之中。监督客体包括党和国家的一切政务、一切涉及公共利益的事务,乃至社会思想、文化、风尚等各种现象。(2)普遍公开性。通过新媒体可以使相关信息在较大的受众对象范围内进行披露和公开,公开的对象面更为广泛。(3)及时性、时效性或传播迅速性。舆论监督主要依靠新媒体传播,监督意见表达快,产生的效果也快,可以短时间甚至第一时间引起社会各方高度关注以形成舆论压力,利于涉及问题的迅速解决。

习近平同志强调,"运用舆论监督武器,要有强烈的社会责任感,讲究社会效果"[1]。党的十八大以来,以习近平同志为核心的党中央高度重视党的新闻舆论工作,多次研究有关问题,作出重要部署,习近平总书记明确指出,"舆论监督和正面宣传是统一的"[2]。这意味着新闻媒体在进行舆论监督的同时,也要注重正面宣传,二者相辅相成,共同为社会发展服务。一方面要直面问题、直面社会丑恶现象,激浊扬清、针砭时弊;但同时舆论监督出发点应积极、具有建设性,揭发事实需准确;这要求舆论监督在揭露问题的同时,也要注重提出建设性意见,推动问题的解决。习近平总书记关于舆论监督的重要论述,为我们指明了舆论监督的方向和要求,对于推动党的新闻舆论工作健康发展具有重要意义。

实践证明舆论监督这种被誉为"第四种权力"的力量在推进公权力的规范运行中具有重要作用。正如赫胥黎所言:"只要观察一下我们的周围,就可以看出,对人的约束力并非人对法律的畏惧,而是对他们同伴的舆论的畏惧。"这种畏惧源于其对荣誉感的需要,这种荣誉感来自于外在的评价,也即公众舆论。随着电子计算机和录像排印等现代科学技术的广泛应用,特别是随着通信卫星及网络技术的发达,大众传播新媒体的政治监督作用也越来越大,已经成为当今世界一支强大的社会力量。从实践效果看,舆论监督起到了针砭时弊、激浊扬清、促进问题合理解决与顺利解决的作用。

尤其随着以互联网为主要载体的媒体新时代的到来,舆论监督在及时性、

---

[1] 习近平:《摆脱贫困》,福建人民出版社1992年版,第66页。
[2] 《习近平谈治国理政》第二卷,外文出版社2017年版,第333页。

广度、深度、力度等方面都有实质性突飞猛进的进步。"不怕内部通报，就怕媒体曝光"正是舆论监督威力的真实写照。舆论监督作为现代社会治理中的重要一环，其在反腐败斗争中的威力早已被世界各国所证实。

通过媒体的报道和公众的关注，可以揭露和制止腐败行为，推动政治体制的完善和民主法治的进步。同时，舆论监督还可以促进政府的透明度和公信力提升，增强民众对政府的信任和支持。然而，舆论监督也面临着一些挑战和困难。例如，一些政治势力可能会利用权力干扰舆论监督的正常进行；一些媒体可能会为了追求点击率和收视率而夸大事实或传播不实信息；一些公众可能会因为缺乏专业知识和判断力而盲目跟风或传播谣言。因此，在加强舆论监督的同时，也需要加强法律法规的制定和执行，保障媒体的独立性和公正性；同时加强公众教育和引导，提高公众的信息素养和判断力。

综上所述，舆论监督在反腐败斗争中的作用不容忽视。通过加强舆论监督，可以揭露和制止腐败行为，推动政治体制的完善和民主法治的进步。同时，也需要加强法律法规的制定和执行以及公众教育和引导等方面的工作，以保障舆论监督的正常进行和有效性。

第六十二条　【特约监察员制度】

监察机关根据工作需要，可以从各方面代表中聘请特约监察员。特约监察员按照规定对监察机关及其工作人员履行职责情况实行监督。

【理解与适用】

本条是此次修法中增加的条款。监察机关聘请特约监察员制度是一种有效的外部监督机制，旨在增强监察工作的透明度和公信力。通过聘请来自不同领域的特约监察员，监察机关可以更加全面地了解社会各方面的意见和建议，从而更加规范有效履行职责。

一、特约监察员制度的历史沿革

特约监察员制度的历史沿革经历了多个阶段,体现了其在中国纪检监察体制改革中的重要地位。

1. 探索初建期:在土地革命初期,为保证新生革命政权的廉洁性,中央苏区成立了中央政府工农检察部,并探索了工农(监察)通讯员制度,这是特约监察员制度的早期形式。政务院监察委员会成立后,开始着手在中央人民政府各部门设立监察通讯员制度,并以中央直属机关、国营企业部门及全国性团体作为聘请监察通讯员的试点。这一制度在后来得到了广泛推广,监察通讯员队伍快速发展。

2. 恢复发展期:20世纪80年代后期,由于计划经济向市场经济转轨带来的价值观冲击以及党风廉政建设制度的不健全,国家监察部重新组建后,着手探索设置特邀监察员制度。1990年,国务院颁布了《行政监察条例》,在行政法规层面明确了特邀监察员的合法性地位。1991年,监察部颁布了《监察部聘请特邀监察员办法》,正式将特邀监察员的聘请条件、权利义务等管理办法明确化、制度化。

3. 转型完善期:党的十八大以来,全面从严治党对党风政纪建设提出了更高、更严的要求,纪检监察体制改革继续深化推进。2013年,监察部公布了修订版的《监察机关特邀监察员工作办法》,对特邀监察员制度作了新的规定,增加了特邀监察员对监察机关及其工作人员履行职责情况进行监督的职责。2018年,中华人民共和国国家监察委员会印发了《国家监察委员会特约监察员工作办法》,标志着特约监察员制度步入新的发展阶段。此时,特约监察员的选聘主体由国家监察部变为国家监察委员会,体现了政治地位的提高。同时,"特邀"改为"特约",凸显了地位更重要、责任也更重。

二、主要职责及工作形式

特约监察员的主要职责是对监察机关及其工作人员履行职责的情况进行监督。这包括监察机关在行使监督权、调查权和处置权时的合法性和合规性。

他们的监督活动是基于特定的规定和程序进行的,旨在确保监察机关及其工作人员的行为符合法律法规和职业道德标准。特约监察员通过参与监察机关的相关活动、听取汇报、查阅文件等方式进行监督。他们还可以提出意见和建议,帮助监察机关改进工作方法和提高工作效率。如果发现监察机关或其工作人员存在违法行为或不当行为,特约监察员有权向有关部门报告或提出处理建议。

特约监察员制度是指在国家机关、事业单位、企事业单位等组织中聘请一定数量的特约监察员,通过监督、检查等方式,参与组织内部的监督工作。

三、制度背景与目的

特约监察员制度的实施,旨在加强组织内部的自我监督,防止权力滥用和腐败行为的发生,推动组织提高工作效率、服务质量和领导水平。同时,该制度也有助于促使公民积极参与国家事务,发挥社会监督的作用,加强组织与社会之间的联系和互动。特约监察员制度的实施与党和国家反腐败斗争的形势任务发展紧密相关。

四、特约监察员的聘请与条件

聘请方式:特约监察员一般由监察机关根据工作需要,按照一定程序优选聘请。他们可以是公民,也可以是来自不同领域和背景的公信人士。

聘请条件:特约监察员应当具备专业性、独立性和公正性,同时满足以下基本条件:

1. 坚持中国共产党领导和拥护党的路线、方针、政策,走中国特色社会主义道路,遵守中华人民共和国宪法和法律、法规。

2. 有较高的业务素质,具备与履行职责相应的专业知识和工作能力,在各自领域有一定代表性和影响力。

3. 热心全面从严治党、党风廉政建设和反腐败工作,有较强的责任心,认真履行职责,热爱特约监察员工作。

4. 坚持原则、实事求是,密切联系群众,公正廉洁、作风正派,遵守职业道德和社会公德。

5. 身体健康,能够胜任特约监察员的工作。

五、特约监察员的管理与保障

监察机关负责特约监察员的聘请、换届、解聘等工作,同时对特约监察员进行动态管理和考核。特约监察员不脱离本职工作岗位,工资、奖金、福利待遇由所在单位负责。

监察机关为特约监察员依法开展对监察机关及其工作人员监督等工作提供必要的工作条件和便利。特约监察员因履行规定职责所支出的相关费用,由监察机关按规定核报。同时,监察机关还负责受理、移送、督办特约监察员提出的意见、建议和批评,并予以反馈。

六、特约监察员制度的意义与影响

特约监察员制度的实施,对于推动监察机关依法接受民主监督、社会监督、舆论监督具有重要意义。它有助于强化监察机关的自我监督,保障监察权更为精准有效运行;同时,也能切实敦促监察机关及其工作人员更加勤于政事、更好履行职责。此外,特约监察员制度还体现了监委作为监督者更要接受监督的理念,是对"谁来监督监委"这一时代课题的有力回应。

综上所述,特约监察员制度是一项重要的监督制度,它在加强组织内部监督、推动反腐败斗争等方面发挥着重要作用。

第六十三条 【内部专门机构监督及监察 队伍建设总体要求】

监察机关通过设立内部专门的监督机构等方式,加强对监察人员执行职务和遵守法律情况的监督,建设忠诚、干净、担当的监察队伍。

【理解与适用】

本条是关于通过在监察机关内部设置专门监督机构对监察人员进行内部

监督的规定,规定了履职及遵守法律法规两方面监督内容,提出监察队伍建设的总体要求,该条目的在于为加强监察机关自身监督和自身建设提供机构设置、建设标准等保障。

一、内部监督制度

党的二十大报告强调,党的自我革命永远在路上,必须持之以恒推进全面从严治党,深入推进新时代党的建设新的伟大工程,以党的自我革命引领社会革命。我们要落实新时代党的建设总要求,健全全面从严治党体系,全面推进党的自我净化、自我完善、自我革新、自我提高。健全党的统一领导、全面覆盖、权威高效的监督体系,完善权力监督制约机制,以党内监督为主导,促进各类监督融会贯通协调,让权力在阳光下运行。

监察机关内部监督制度,是指监察机关通过设立内部专门的监督机构、建立健全的监督机制等方式,对监察人员执行职务和遵守法律情况进行监督的一系列制度安排。这一制度的设立旨在确保监察工作的公正性、规范性和高效性,打造一支忠诚、干净、担当的监察队伍,是完善权力监督制约机制的重要方面。

监督的主体是监察机关内部的专门监督机构,这些机构负责具体实施监督行为,确保监督的权威性和专业性。监督的对象是监察人员,包括监察机关内部的所有工作人员,特别是直接参与监察工作的相关人员。监督的内容涵盖了监察人员执行职务的各个方面,如监察程序的合法性、监察行为的规范性、监察结果的公正性等,以及监察人员遵守法律的情况。监督方式包括但不限于定期检查、随机抽查、专项督查、案件回访等,通过多种方式确保监督的全面性和有效性。监督的目标是确保监察工作的公正性、规范性和高效性,防止和纠正监察人员的不当行为,维护监察机关的公信力和权威性。

监察机关内部监督制度具有如下特点:一是独立性。内部监督机构在职能上保持相对独立性,不受其他部门的干涉和影响,能够独立自主地开展监督工作。这种独立性确保了监督结果的客观性和公正性。二是专业性。内部监督机构由具备专业知识和技能的人员组成,能够针对监察工作的特点和需求,开展专业、深入的监督活动。这种专业性提高了监督的效率和准确性。三是全面性。内部监督制度涵盖了监察工作的各个方面和环节,确保了监督的全面性和无死角。无论是监察程序的合法性,还是监察行为的规范性,都在监督范围之内。四是预防性。内部监督制度注重预防功能,通过及时发现和纠正监察人员的不当行为,防止问题的发生和扩大。这种预防性有助于维护监察机关的公信力和权威性。五是动态性。内部监督制度不是一成不变的,而是随着监察工作的不断发展和变化而不断调整和完善。这种动态性确保了监督制度的适应性和有效性。

随着法治建设的不断推进,监察机关内部监督制度将更加注重监督的具体化、精准化、常态化建设。通过完善相关法律法规和制度规定,明确监督的权限、程序和责任,确保监督的合法性和规范性。未来监察机关内部监督将更加注重社会化的监督力量和注重专业化建设。通过加强人员培训和能力建设,提高监督人员的专业素养和业务能力,确保监督工作的专业性和权威性。同时,通过加强与社会各界的沟通与合作,引入社会监督力量,共同推动监察工作的公正性和透明性。

同时,随着科技的发展和应用,监察机关内部监督将更加注重科技化手段的运用。通过引入大数据、人工智能等先进技术,提高监督的效率和准确性,实现监督工作的智能化和精准化。随着全球化的发展和国际合作的加强,监察机关内部监督将更加注重与国际接轨。通过借鉴国际先进经验和做法,不断完善内部监督制度,提高监察工作的国际影响力和竞争力。

二、内部监督主体

(一)纪检监察干部监督室

作为中央纪委监察部机关内设职能部门之一,纪检监察干部监督室成立于 2014 年 3 月,主要工作职责是监督执纪问责,着眼于加强对中央纪委监察部机关、中央纪委派驻纪检组、各省区市纪委相关纪检监察领导干部的自我监督。干部监督室成立以来,在中央纪委领导同志的坚强领导下,紧紧围绕解决"灯下黑",加强内部监督,采取了一系列工作举措。

一是把纪律和规矩挺在前面,积极实践"四种形态",强化日常监督。在纪律审查工作中,干部监督室贯彻"纪在法前"的要求,把政治纪律和政治规矩、组织纪律问题放在审查的突出位置,把违反中央八项规定精神、违反工作纪律和审查纪律等问题作为审查的重点。积极探索运用监督执纪"四种形态"进行问题线索处置、抓早抓小,强化日常监督,让咬耳扯袖、红脸出汗成为常态,切实体现"惩前毖后、治病救人"的方针,用纪律管住大多数。

二是坚决清理门户,形成持续震慑。干部监督室成立以来,直接立案查处了一批严重违纪的纪检监察干部;督办了一些纪检监察干部违纪案;承担了有关一案双查工作;还协助纪委领导对履行监督职责不力的纪检监察干部进行了问责。对纪检监察干部违纪问题"零容忍",彰显了严防"灯下黑"的鲜明态度和坚定决心。

三是加强自身建设,用"铁律"锤炼"打铁人"。做好内部监督工作关键在人。在室内深入开展一系列学习教育,把强化内部监督管理放在极端重要位置,树立严格标准,完善工作流程,出台规章制度,严明纪律规矩,努力打造一支政治坚定、作风过硬、业务精良、能打胜仗的队伍。设立干部监督室之后,对于内部的监督和过去相比,有了很大变化,取得了比较好的效果。一是纪检监察干部真切感受到有了专门机构和人员履行监督职责,接受监督的意识更强了;二是与之前相比,内部监督标准更高、要求更严;三是真查真办,对自身问题更是"零容忍",绝不姑息、毫不手软,坚决清理门户,形成有力震慑。①

（二）监督管理室

正如监督执纪是纪委最重要的权力一样,调查处置也是监察机关最重要

---

① 中央纪委监察部网站:《中央纪委纪检监察干部监督室:严查违纪纪检监察干部　坚决防止"灯下黑"》,http://v.ccdi.gov.cn/2017/01/04/VIDEmroJbVEaIBgmMDmBjQcd170104.shtml,2018-04-14。

的权力,也是最容易出问题的环节。通过设立案件监督管理室,地市级以上监察机关探索提倡监督和案件调查部门分设,问题线索处置、调查、审理各部门建立相互协调、相互制约的工作机制等方式,真正落实信任不能代替监督的要求,把监督执纪、调查处置权力关进制度笼子。中央纪委机关 2007 年就成立了案件监督管理室,各级纪委先后成立了案件监督管理部门或者明确专人负责案件监督管理工作。为加强党对纪律检查和国家监察工作的统一领导,规范纪检监察机关的监督执纪工作,根据《中国共产党章程》和有关法律法规,2019 年 1 月,中共中央办公厅印发了《中国共产党纪律检查机关监督执纪工作规则》(以下简称《规则》)。《规则》旨在通过严格的监督执纪,推进全面从严治党,建设忠诚干净担当的纪检监察干部队伍,其实施将有效规范纪检监察机关的监督执纪工作,推动全面从严治党向纵深发展,为营造风清气正的政治生态提供有力保障。

《规则》强调,监督执纪工作应坚持以马克思列宁主义、毛泽东思想、邓小平理论、"三个代表"重要思想、科学发展观、习近平新时代中国特色社会主义思想为指导,全面贯彻纪律检查委员会和监察委员会合署办公要求,依规依纪依法严格监督执纪。同时,明确了监督执纪工作的四项原则:坚持和加强党的全面领导,坚持纪律检查工作双重领导体制,坚持实事求是,坚持信任不能代替监督。在领导体制方面,中央纪律检查委员会在党中央领导下工作,地方各级纪律检查委员会在同级党的委员会和上级纪律检查委员会双重领导下工作。纪检监察机关实行分级负责制,中央纪委国家监委负责监督检查和审查调查中央及省级重要领导干部,地方各级纪委监委负责相应层级的监督检查和审查调查工作。

《规则》详细规定了监督检查、线索处置、谈话函询、初步核实、立案审查调查、案件审理等各个环节的工作流程和要求。例如,纪检监察机关应当通过多种方式了解被监督对象的思想、工作、作风、生活情况,发现问题及时处置;对问题线索实行集中管理、分类处置、定期清理,确保不拖延、不积压;在审查调查过程中,应严格依规依纪依法收集证据,形成相互印证、完整稳定的证据链。

此外,《规则》还强调了纪检监察机关的自我监督和干部队伍建设。纪检监察机关应当严格干部准入制度,加强党的政治建设、思想建设、组织建设,力戒形式主义、官僚主义,不断提高思想政治水平和把握政策能力。同时,建立健全安全责任制,确保审查调查工作的安全进行。对于违反规定的纪检监察干部,《规则》明确了相应的处理措施,包括依规依纪严肃处理、依法追究法律责任等。此外,《规则》还规定了案件处置出现重大失误时的"一案双查"制度,既追究直接责任,也追究有关领导人员的责任。

三、内部监督内容

内部专门监督机构负责对监察人员执行职务和遵守法律情况的监督。"执行职务",是指监察人员代表监察机关履行法定监察职责、履行法定任务的情况,主要是履行宪法、监察法规定的情况,不管其是依法履职还是违法履职,其法律后果都由其所属的监察机关承担。"遵守法律",我国《宪法》第五十三条规定:"中华人民共和国公民必须遵守宪法和法律,保守国家秘密,爱护公共财产,遵守劳动纪律,遵守公共秩序,尊重社会公德。"遵守宪法和法律是公民的基本义务,作为国家机关公务人员,首先是我国公民,应当履行宪法规定的公民义务;同时,作为代表国家专司监察权的人员,遵守国家宪法法律不仅应达到公民基本要求,还应有更高的标准和要求,不仅应遵守,而应带头模范遵守。

四、对监察队伍的要求

(一)忠诚

习近平总书记强调,党内所有政治问题,归根到底就是对党是否忠诚。[①]政治忠诚是对监察人员第一位的政治要求,对党绝对忠诚,是党性强的表现。

---

① 《习近平关于全面从严治党论述摘编(2021年版)》,中央文献出版社2021年版,第128页。

忠诚包括理性的忠诚和利益的忠诚,理性的忠诚是建立在理想信念宗旨基础上的忠诚。1927 年成立的第一届中央监察委员会有 10 位委员,8 位献出了自己的生命,无一人叛变,用生命捍卫了忠诚。利益的忠诚就需要将个人利益与人民利益捆绑在一起,自觉把个人利益同人民利益统一起来,做到公私分明,先公后私,克己奉公。

监察机关及监察人员并不当然具有天然的防腐蚀的能力,其专责履行国家监察职能,依法承担监督调查处置职责,长期工作在反腐败斗争第一线,如果没有坚定的信念和坚强的党性,就很容易动摇,对未来失去信心。信任不能代替监督,对纪检监察干部应坚持严格要求、严格监督、严格管理,增强其政治敏锐性和政治警觉性,不断提高政治站位,确保其在严峻复杂形势面前时刻保持头脑清醒,做到立场坚定、服务人民、刚正不阿、秉公执纪,始终在思想上政治上行动上同党中央保持高度一致,坚决维护党中央权威和集中统一领导。

(二)干净

干净是做人的底线,监察干部自身行得正,自己干净才能要求别人干净。党中央始终要求保持监察队伍纯洁,监察人员自身廉洁过硬是监督调查处置最大的底气和硬气。监察机关不是保险箱,监察人员不是生活在真空里,对腐败也不具有天生的免疫力。在社会主义市场经济条件下,监察人员因为手握调查处置权力,同样会被别有用心的人,尤其是腐败分子拉拢腐蚀,甚至是被围猎。从近年来查处的监察干部问题来看:有的干部交往过杂过滥,朋友圈、关系圈不干净;有的违反中央八项规定精神,违规接受宴请、出入私人会所;有的无视审查纪律和保密纪律,跑风漏气,打探消息;个别人甚至利用党和人民赋予的权力说情抹案、以案谋私。执法违法犹如监守自盗危害更甚,一旦监察队伍出现"害群之马",性质和影响更为恶劣,负面影响就会成倍放大。

坚守干净这条底线,也就是守住党纪国法的底线,这就要求监察人员始终绷紧党纪国法这根弦,严格依法履职。只有守住了党纪国法,才能真正做到清清白白、干干净净,做遵守宪法法律的表率。监察人员应始终对宪法和法律心怀敬畏和戒惧,树立底线思维,做到心有所畏,行有所止。只有监察处置依法依规,做到严格规范,才能保证监督权威严肃有效。因此,监察机关要强化自身监督,必须坚持严管就是厚爱,坚决"清理门户",强扫"灯下黑",对"害群之马"决不姑息,坚决查处监察干部违纪违法案件,这也是坚持反腐败无禁区无例外、国家监察全覆盖的重要方面。

（三）担当

权力就是责任,责任就要担当。敢于担当是纪检监察干部对党忠诚的具体体现。担当体现在做好本职工作、勇于承担责任,同时也体现在对干部的严格要求、严格管理、严管厚爱的理念方面。

首先,纪检监察工作是政治性很强的工作,履行职责应当有担当。监督调查处置不是"巧宗",不是轻轻松松的,是"得罪人"的活儿,若不得罪腐败分子,就必然辜负党和人民的重托,监察人员必须时刻以党和人民的利益为重,始终以"我不得罪谁得罪"的职业情怀严格履职尽责。监察人员铁面执法、不怕得罪人、敢于担当、敢于监督体现的是对民族、历史负责的担当。如果畏首畏尾、不敢监督、不想监督,对不正之风和腐败现象无动于衷、无所作为,就必然会辜负于党、失信于民。监察人员特别是监察机关的领导干部更要切实履行好法律赋予的职责。

其次,管人方面也需要有担当,尤其是监察机关领导人员要进一步增强责任感、使命感,求真务实、真抓实干,对干部既要培养关爱,也要严格要求,始终为党和国家的事业发展着想,以身作则、严于律己、领好班子、带好队伍,营造好风清气正的政治生态,保障监察事业和监察干部队伍同步健康发展。

习近平总书记强调,执纪者必先守纪,律人者必先律己,要求纪检监察干部做到忠诚坚定、担当尽责、遵纪守法、清正廉洁。纪检监察机关承担着维护党纪政纪、推进反腐败斗争的重要职责,建设忠诚干净担当的队伍不仅是落实总书记的要求,更是监察机关的政治责任。必须以更高的标准、更严的纪律要求自己。中央要求全党做到的应首先做到,中央明令禁止的应带头坚决不做。

因为只有首先从严管好自己,严防"灯下黑",才有底气和自信履行好职责,才有底气和能力把党风廉政建设和反腐败斗争不断引向深入,为新时代反腐败斗争继续取得压倒性胜利提供坚强保障。

在建设忠诚干净担当的监察队伍方面国家监察机关责任重大,只有自身过硬,才能挺直腰杆去履行监督调查处置职责。要加强对纪律检查机关民主生活会、重要情况通报和报告情况的监督;加强对班子成员和干部报告个人有关事项情况的监督;加强对各级纪检监察机关领导干部特别是主要负责人发挥表率作用、带头加强党性修养,改进作风、遵守纪律、发扬民主、廉洁自律情况的监督;加强对纪检监察干部严格遵守政治纪律、工作纪律等情况的监督。

此外,还要以中央八项规定精神为切入口,把加强监督的触角延伸到纪检监察工作的各个方面,包括纪检监察干部"八小时以外"社交圈和生活的监督管理,真正体现"善禁者,先禁其身而后人",切实提升"打铁者"的自身硬度和底气。

第六十四条 【监察人员禁闭制度】

监察人员涉嫌严重职务违法或者职务犯罪,为防止造成更为严重的后果或者恶劣影响,监察机关经依法审批,可以对其采取禁闭措施。禁闭的期限不得超过七日。

被禁闭人员应当配合监察机关调查。监察机关经调查发现被禁闭人员符合管护或者留置条件的,可以对其采取管护或者留置措施。

本法第五十条的规定,适用于禁闭措施。

【理解与适用】

本条是本次修改新增条款,是关于监察人员禁闭制度的规定,主要阐述了禁闭制度的由来、内容、目的及与其他措施的关系。禁闭制度是监察机关在特定情况下对监察人员采取的一种强制措施。旨在当监察人员涉嫌严重职务违法或职务犯罪时,监察机关可经依法审批后采取禁闭措施,防止监察人员涉嫌严重职务违法或职务犯罪时造成更为严重、负面的后果或恶劣社会影响,确保监察系统的廉洁性和公正性,维护社会秩序和公共利益。

对监察人员实施禁闭是对监察人员职权及人身自由的限制,需要严格条件限制以保护监察人员正常行使职权,必须按照法定条件进行,即依法禁闭。本条规定禁闭的期限不得超过七日,也体现了该措施的暂时性、预防性和紧迫性。监察机关在调查后发现被禁闭人员符合管护或留置条件的,可进一步采取这些措施。被禁闭人员应当配合监察机关的调查工作,确保调查顺利进行。该制度是在监察体制改革和反腐败斗争不断深化的背景下逐步建立和完善起来的。随着反腐败斗争的深入和监察制度的不断完善,禁闭制度可能会根据实际需要不断规范化,尤其是对监察机关经依法审批的法定条件及程序将进一步进行细化和明确。通过实施禁闭制度,可以有效遏制监察人员的职务违法和犯罪行为,维护监察机关的权威性和公正性。该制度的实施将对监察人员产生一定的震慑作用,促进其更加严格地遵守法律法规和职业道德规范,规范行使监察权,是完善监察权的自身监督制约机制的又一重大制度举措。

第六十五条　【监察人员守法义务和业务能力要求】

监察人员必须模范遵守宪法和法律,忠于职守、秉公执法,清正廉洁、保守秘密;必须具有良好的政治素质,熟悉监察业务,具备运用法律、法规、政策和调查取证等能力,自觉接受监督。

【理解与适用】

本条是关于对监察人员守法义务和业务能力等方面的规定。本条规定的主要目的是明确监察人员素质及履责的基本要求,规范监察人员的行为,促进监察人员更好地依法履职尽责,增强监察工作质量。

"打铁必须自身硬",监察业务政治性、政策性、业务性都很强,需要一支忠于人民、熟悉法律、有高超的职业技能、有高尚道德品质和敬业精神的监察干部队伍。监察机关作为代表国家行使监察权的专责机关,在全面推进依法治国进程中,担负着重要职责,既是国家权力制约监督体系建设重要组成部分,又是深入开展反腐败斗争的主要力量,如何加强监察机关和队伍自身建设,显得尤为重要和迫切。加强对人员队伍的严格管理不仅是为适应监察工作新形势新任务,提高监督调查处置的质量和水平,更是强化自我监督、自我约束的重要方面。

一、模范遵守宪法和法律

宪法是我国的根本大法,法律是人民共同意志的体现,也是公民需遵守的共同行为规范。遵守宪法和法律是公民的基本义务,监察人员作为专司国家监察职责的人员,依据宪法法律对行使公权力的公职人员实施监察。正人先正己,监察人员需要有更强的法治意识和依法办事的能力和水平。因此,相对于公民遵守宪法和法律的义务,对监察人员必须作进一步严格要求。监察人员应牢固树立宪法至上的理念,自觉在宪法和法律的范围内活动,成为尊法守法用法护法的模范和楷模。监察人员在遵守宪法和法律方面应当具有带头标杆和引领示范的作用,做到自觉维护宪法与法律的权威。

二、忠于职守

忠于职守就是忠诚地对待自己的职业岗位,具有高尚的职业情怀操守和高度负责的责任心。监察人员应当依照法律规定的职责认真履行监察职责,爱岗敬业,恪尽职守,以对国家和人民高度负责的精神,尽职尽责履行国家监察职责,尽心尽力做好监督调查处置工作,对自己职业范围内的工作做到坚守原则,尽职尽责,尽心尽力,克服困难,兢兢业业,任劳任怨,高质量地完满完成各项工作任务。

三、秉公执法

公正是法律追求的主要价值之一。公正简言之,就是不偏私、正直,所侧重和关注的是社会的基本价值取向,强调这种价值取向的正当性。秉公执法指监察人员以事实为依据,以法律为准绳,不徇私枉法,客观、公正地执行法律。

(一)秉公执法是维护人民群众权益的必然要求

在我们党坚持立党为公、执政为民、实施全面依法治国方略的大背景下,人民群众日益重视执法的公平性、公正性,依法保护合法权利的意识越来越强。执法活动涉及千千万万人民群众的利益,执法公正的最大受益者是人民群众,执法不公的最大受害者也是人民群众;执法公正顺乎民心、合乎民意。

(二)秉公执法是建设社会主义法治国家的内在要求

党的二十大报告强调,全面依法治国是国家治理的一场深刻革命,关系党执政兴国,关系人民幸福安康,关系党和国家长治久安。必须更好发挥法治固根本、稳预期、利长远的保障作用,在法治轨道上全面建设社会主义现代化国家。社会主义法治是一个立法、执法、司法、守法各环节紧密联系、相互依存的系统工程,它的基本要求是坚持有法可依、有法必依、执法必严、违法必究,坚持法律面前人人平等。目前,有法可依已经基本实现,但是在有法必依、执法必严方面还存在一定差距。特别是在严格公正文明执法方面差距更大,没有执法的公正就等于没有法律本身的正义。因此,大力加强法律实施,促进执法公正,是推进中国特色社会主义法治体系建设、落实全面依法治国方略的重中之重。

(三)秉公执法是发展市场经济的应有之义

市场经济本质上是法治经济,统一、开放、竞争、有序的现代市场体系必须建立在法治的基础之上。充分发挥法律规范在发挥市场要素配置中的重要作用,实现企业为主体、市场为导向,创新和完善宏观调控,有效制约规范"无形之手"负面影响,才能加快完善社会主义市场经济体制,实现产权有效激励、要素自由流动、价格反应灵活、竞争公平有序、企业优胜劣汰。

四、清正廉洁

清正廉洁主要指监察人员在履行职责过程中必须廉洁奉公,不利用职权谋取个人私利。历史充分表明,保持干部队伍的清正廉洁,是我们党经受住执政考验、赢得人民群众拥护的重要保证。党的十八大以来,我们在管党治党方面取得了显著成绩,同时也要清醒认识到,我们面临的执政考验、改革开放考验、市场经济考验、外部环境考验"四大考验"是长期的、复杂的、严峻的,党风廉政建设和反腐败斗争永远在路上,干部面临的诱惑和考验越来越大。历史一再警示我们,能否保持干部队伍的清正廉洁,始终是我们党面临的政治考验。

清正廉洁不仅是对监察人员的要求,也是对所有公职人员的普遍性要求,规定在党内法规、法律法规中,成为公职人员的一项法定义务。对干部清正廉洁的要求具体体现在廉洁自律党内法规中,通过正面倡导划出了不可逾越的"底线"和"高压线"。

根据党的十八大以来全面从严治党形势任务发展和深入推进党风廉政建设的需要,2015年10月,中共中央在2010年《中国共产党党员领导干部廉洁从政若干准则》基础上,重新颁布实施了新修订的《中国共产党廉洁自律准则》,全文共8条281字,包括导语、党员廉洁自律规范和党员领导干部廉洁自律规范。是一部规范党员领导干部廉洁从政行为的基础性法规。

自2006年施行的《中华人民共和国公务员法》是一部规范公务员行为准则的法律,作为新中国成立50多年来我国第一部干部人事管理的综合性法律具有里程碑意义。2018年修订的《中华人民共和国公务员法》进一步规范公务员的管理,保障公务员的合法权益,加强对公务员的监督,促进公务员正确履职尽责,建设信念坚定、为民服务、勤政务实、敢于担当、清正廉洁的高素质专业化公务员队伍。第一条中将"建设清正廉洁的高素质专业化公务员队伍"作为立法目的之一,第十四条规定将"清正廉洁公道正派"作为公务员应当履行的法定义务。

五、保守秘密

根据《中华人民共和国保守国家秘密法》的规定,国家秘密是关系国家的安全和利益,依照法定程序确定,在一定时间内只限一定范围的人员知悉的事项。一切国家机关、武装力量、政党、社会团体、企业事业单位和公民都有保守国家秘密的义务。保守国家秘密的工作,实行积极防范、突出重点、既确保国家秘密安全又便利各项工作的方针。

国家秘密包括下列秘密事项:(1)国家事务重大决策中的秘密事项;(2)国防建设和武装力量活动中的秘密事项;(3)外交和外事活动中的秘密事项以及对外承担保密义务的秘密事项;(4)国民经济和社会发展中的秘密事项;(5)科学技术中的秘密事项;(6)维护国家安全活动和追查刑事犯罪中的秘密事项;(7)经国家保密行政管理部门确定的其他秘密事项。

国家秘密的密级分为绝密、机密、秘密三级。绝密级国家秘密是最重要的国家秘密,泄露会使国家安全和利益遭受特别严重的损害;机密级国家秘密是重要的国家秘密,泄露会使国家安全和利益遭受严重的损害;秘密级国家秘密是一般的国家秘密,泄露会使国家安全和利益遭受损害。

为了确保纪检监察机关在办案中严格保守国家秘密,加强办案中的保密工作,保证纪检监察工作的顺利进行,根据《中华人民共和国保守国家秘密法》《纪检监察工作中国家秘密及其密级具体范围的规定》和国家有关规定,中共中央纪律检查委员会、监察部于1996年8月19日印发了《纪检监察机关办案工作保密规定》,该规定适用于纪检监察机构办案人员和纪检监察机构内部因工作需要接触案情的人员。受理检举、控告、申诉的保密要求按照《关于保护检举、控告人的规定》的有关规定办理。对案件或问题初核时,不准向被调查人暴露意图。《立案呈批报告》《初步核实报告》等有关案件材料,应指定专人登记、管理。制订案件调查计划要同时制定保密措施,调查大案要案要有具体保密方案。拟采取的调查手段、措施要严格控制知悉范围,不准向被调查人泄露;严禁泄露当事人提供的物证、书证、证人证言等证据。外出调查一般不准携带案卷,如确需携带时必须经领导批准,并做到:两人专管,卷不离人严防丢失;上下车、船、飞机时,要及时检查,相互提示。不准在公共场所谈论案件内容,不准携带案卷和调查材料探亲访友、游览、购物等。汇报案情及有关情况时,应使用加密传真,不得使用平信、明码电报和电话。传递办案材料,应通过机要部门。出境调查携带案件材料,应当按国家保密局、海关总署《关于禁止邮寄或非法携运国家秘密文件、资料和其他物品出境的规定》执行。移送审理的案件材料,要严格登记和履行交接手续。在审理案件过程中,案卷材料由承办人负责保管,审理结束后,按规定移送。阅卷笔录、审理讨论笔录等,未经批准,不得向无关人员提供。案件材料及办案请示、报告和其他有关文字材料,均应按《纪检监察工作中国家秘密及其密级具体范围的规定》划定密级和期限,并妥善保管。正在办理的案件,一般不对外宣传报道;需要宣传报道时,必须经主管领导同意并报同级纪检监察机关领导批准。

办案中如发生泄密情况,要及时向主管领导和本单位保密委员会报告,同时采取有效措施尽力补救;事后要认真追查严肃处理,并向上一级纪检监察机关保密委员会报告。违反该规定的,应依照党纪、政纪的有关规定给予党纪处分、行政处分或其他处理;构成犯罪的,移送司法机关依法追究刑事责任。

六、良好的政治素质

监察权具有较强的政治属性,马克思主义国家学说认为,监督是国家和政党的一种基本职能,是维护一定社会政治和经济秩序的手段。从监察权的政治功能定位来看,一方面,监察权是作为平衡国家权力之间的工具,巩固政权的重要政治制度而存在的,监察制度在国家机器的组织运转、协调过程中处于调节矛盾和制约权力的重要地位。另一方面,作为一种国家权力,监察权是"治权之权""治官之权",其权力作用的对象并非具体的某一社会领域的管理事务或普通的公民,而是社会方方面面的具有公共性、公益性的国家公权力及公职人员,因此,其职能发挥的效果不仅限于直接规范约束公权力行使这一层面,更是在于通过对各层面的各行各业、各公共领域的公权力的有效治理,达到维护和巩固统治秩序和政权的终极目标,具有间接治国理政的重要政治功能。

监察权的政治属性决定了从事监察工作的人员需要有良好的政治素质。在纪检监察合署原则下,从国家监察与党内监督有机统一的角度,就是要求监察干部要牢固树立"四个意识",坚定"四个自信",做到"两个维护"。要增强政治意识,坚决维护党中央权威和集中统一领导,始终在政治立场、政治方向、政治原则、政治道路上同以习近平同志为核心的党中央保持高度一致,同党中央同向同行、同心同德,确保党的基本理论、基本路线、基本方略不折不扣地贯彻落实,对中央决策部署不能作任何变通、搞任何选择、打一丝折扣。尤其严明政治纪律和政治规矩,在重大政治原则和大是大非问题上立场坚定、旗帜鲜明,决不能含糊其词、摇摆不定,对"七个有之"问题高度警觉,坚决清除对党不忠诚不老实、阳奉阴违的两面人、两面派。严肃党内政治生活,大力营造和发展积极健康的党内政治文化。开展严肃认真的党内政治生活,严格执行《关于新形势下党内政治生活的若干准则》,确保民主集中制原则得到有效贯彻,确保党内政治生活各项制度落到实处。

另外,在监察干部的选任、提拔中注重政治素质的考核,将敢于监督、善于监督作为重要的考察标准,真正将法纪意识强、责任意识强、敢于负责、勇于担当、刚直不阿、清正廉洁的干部选入监察干部队伍。

七、熟悉监察业务

主要是指监察人员必须掌握监察法律法规及监察业务知识。熟悉监察业务包含具备运用法律、法规、政策知识。按照监察法规定,监察机关可以采取的十二种措施:谈话、讯问、询问、查询、冻结、调取、查封、扣押、搜查、勘验检查、鉴定、留置。监察人员应当熟练掌握每一种措施的适用情形及具体实体和程序要求,在其履行监督、调查、处置职责中熟练运用。熟悉监察业务还包括自觉接受监督的意识。

（一）熟悉监察业务的必要性

1. 监察机关特殊职能地位的必然要求

从监察对象上看，其监察对象涉及公权力行使、国有资产管理的国家治理及社会生活的方方面面。尤其随着社会主义市场经济的发展和完善，社会分工越来越细，国家对社会、经济的治理更趋于专业化，国家机关及其工作人员也享有越来越广泛的自由裁量权，公权力行为日益专业化、复杂化，以公权力运行为工作对象的监察人员必须适应这种形势变化。如果监察机关不具备监察工作基本业务知识，就难以实施有效的监督。如果监察人员素质不高，专业素养不够强，就难以对这些公权力和掌握这些公权力的公职人员实施有效的监督，以致这些监管薄弱地带和环节易发生腐败问题和出现不正之风，同时在全局范围内也将对各行业各战线产生深刻、深远影响。

2. 适应反腐败斗争新形势的客观要求

党的十八大以来，党中央把全面从严治党纳入"四个全面"战略布局，坚持思想从严、执纪从严、治吏从严、作风从严、反腐从严，坚持反腐败无禁区、全覆盖、零容忍，坚定不移"打虎""拍蝇""猎狐"，管党治党实现从"宽松软"到"严紧硬"的深刻转变，推动党和国家事业发生历史性变革。从作风建设永远在路上，到党风廉政建设和反腐败斗争永远在路上，再到全面从严治党永远在路上，彰显着党中央始终如一的冷静清醒和坚如磐石的韧劲，彰显越往后执纪越严的管党治党理念。当前，反腐败斗争形势依然严峻复杂，巩固压倒性态势、夺取压倒性胜利的决心必须坚如磐石，消除存量、遏制增量的任务依然艰巨繁重，不能有丝毫懈怠。要坚持无禁区、全覆盖、零容忍，坚持重遏制、强高压、长震慑。因此，必须加强监察机关队伍自身建设，以严明纪律提升监察组织的凝聚力和监察队伍的战斗力，才能更好坚持不敢腐、不能腐、不想腐一体推进，更加有力遏制增量，更加有效清除存量，坚决打赢反腐败斗争攻坚战持久战。

3. 实现监察人员深度整合的必然要求

在持续深化国家监察体制改革背景下,现有纪检监察人员与检察机关"两反"、预防人员纳入国家监察机关,需要优化有效融合以实现知识、能力互补达到监察人员队伍的有效"升级"。

(二)如何提高监察人员业务素质

一方面,把紧"入口关",提高监察官执业准入,在学历背景、专业知识、工作经历、年龄层次等方面提出更高更严格要求。对新进人员严格核查档案、要求本人作出守法守纪承诺,对不适合从事纪检监察工作的,坚决不予录用、不予选调,把那些政治上靠得住、群众认可,敢于监督、善于监督、勇于担当的优秀纪检监察干部选用起来。另一方面,盘活人员素质"存量",强化监察工作专业化、职业化建设。一是从监察干部队伍专业化入手,吸收一批谙熟经济、法律、金融、微机管理等方面的专门人才;二是畅通从政法学院、行政管理学院毕业生中挑选优秀学生充实到监察队伍的机制;三是进一步巩固在政法学院的法学学科下设置监察法方向、在管理学院的管理学科下设置监察学方向等有力举措,加大监察专业人才的培养力度;四是通过建立定期到纪检监察学院接受专业培训制度机制,系统轮训各级监察机关领导和培训各类专门监察人才,加强对监察人员政治素养、业务知识学习及业务技能的训练尤其是调查处置能力素质的培训。

第六十六条　【办理监察事项报告备案制度】

对于监察人员打听案情、过问案件、说情干预的,办理监察事项的监察人员应当及时报告。有关情况应当登记备案。

发现办理监察事项的监察人员未经批准接触被调查人、涉案人员及其特定关系人,或者存在交往情形的,知情人应当及时报告。有关情况应当登记备案。

【理解与适用】

本条是监察工作中一项重要的制度安排,旨在规范监察人员的行为,确保监察工作的公正、透明和高效。

随着监察体制改革的深入推进,监察工作的重要性日益凸显。监察机关作为党和国家自我监督的重要力量,承担着监督所有行使公权力的公职人员的重要职责。在监察过程中,监察人员的行为举止直接关系到监察工作的质量和效果,也直接影响到党和政府的形象和公信力。因此,建立健全监察事项报告备案制度,对于规范监察人员行为、提高监察工作效能具有重要意义。

设立办理监察事项报告备案制度主要目的有三个。一是规范监察人员行为:通过明确监察人员在办理监察事项过程中应遵守的规范和要求,防止监察人员打听案情、过问案件、说情干预等行为的发生,确保监察工作的公正性和独立性。二是强化内部监督:通过报告备案制度,加强对监察人员行为的监督和管理,及时发现和纠正存在的问题,防止权力滥用和腐败现象的发生。三是提高监察效能:通过规范监察人员的行为和提高内部监督水平,有助于提高监察工作的效率和质量,推动监察工作的深入开展。

监察事项报告备案制度包含以下要素。一是报告备案的主体。即办理监察事项的监察人员。这些人员在办理监察事项过程中,如遇到打听案情、过问案件、说情干预等情况,或者发现未经批准接触被调查人、涉案人员及其特定关系人等违规行为时,应及时报告并登记备案。二是报告备案的内容。主要包括监察人员在办理监察事项过程中遇到或发现的各种违规行为,如打听案情、过问案件、说情干预等,以及未经批准接触被调查人、涉案人员及其特定关系人等行为的具体情况。三是报告备案的程序。监察人员在遇到或发现上述情况时,应按照规定的程序和要求,及时向有关部门或领导报告,并填写相应的报告备案表格,将有关情况登记备案。四是报告备案的责任。监察人员作为报告备案的主体,应认真履行报告备案的职责和义务。对于未及时报告或未如实报告的情况,将依法依规追究相关责任。

监察事项报告备案制度在实施中的重点:一是加强宣传培训。通过宣传培训等方式,提高监察人员对报告备案制度的认识和理解,增强他们遵守制度的自觉性和主动性。二是完善制度机制。建立健全相关的制度机制,如制定具体的报告备案流程和表格,明确报告备案的责任主体和时限要求等,确保制度的有效执行。三是强化监督检查。加强对监察人员执行报告备案制度的监督检查力度,及时发现和纠正存在的问题,确保制度的严肃性和权威性。四是严格责任追究。对于违反报告备案制度的行为,要依法依规进行严肃处理,追究相关责任人的责任,形成有效的震慑和警示作用。

总之,监察事项报告备案制度作为一项重要的制度安排,对于规范监察人员行为、强化内部监督、提高监察效能具有重要意义。各级监察机关和广大监察人员应认真学习和贯彻执行这一制度,确保监察工作的公正、透明和高效。同时,也需要不断完善和优化相关制度机制,以适应新时代监察工作的需要。

第六十七条　【办理监察事项回避制度】

办理监察事项的监察人员有下列情形之一的,应当自行回避,监察对象、检举人及其他有关人员也有权要求其回避:

(一)是监察对象或者检举人的近亲属的;

(二)担任过本案的证人的;

(三)本人或者其近亲属与办理的监察事项有利害关系的;

(四)有可能影响监察事项公正处理的其他情形的。

【理解与适用】

保障监察权的独立性以确保监察工作的客观公正合法开展,防止有碍监察工作公正情况的发生,防止因人情、利益等因素影响监察工作的合法性、公平性,树立监察机关公正执法的良好社会形象。

一、任职回避

按照世界各国普遍立法经验,为防止利益冲突都实行任职回避制度,有地缘回避,如古代郡守、县令等地方长官不得到原籍任职的制度,也有亲缘回避,即在一定范围内的血亲及姻亲之间特定职务关系中的回避,我国宋代就建立了较为系统的任职回避制度,其中包括避宰相之亲(新宰相上任前经他推荐的或其亲属担任监察官职务的,必须调离监察岗位)、避同台之亲(在御史台、谏院、监司等机构内部上下级之间存在亲属关系的,只能一人留任,其他人员必须调离)、避台谏之亲(各监察机构内部有亲属关系的人,不能同时分别在御史台、谏院任职)的避亲制度及避监司之籍(作为地方监察官,监司及其各级属官不得由本地人担任)的避籍制度。① 各国公务人员管理立法中都普遍确立了回避原则,一般对有夫妻关系、直系亲属及三代旁系亲属血亲以及有利害关系的姻亲的官员,不得形成上下级之间的直接领导关系,或若其中一方是监察工作、财务工作、审计工作的负责人,在对另一方具有监督权、财务监管权的情况下,不得将另一方安排在同一个单位工作,甚至还有国家规定议员应在涉及与个人利益具有直接关系的表决时进行回避。除任职回避制度之外,同样,岗位轮换制度的意图在于避免公务员在一个部门时间长了形成利益冲突及利益固化影响监察中立性、公正性原则的问题,有的国家立法规定在政府机关特别是在一些重要的、有实权的岗位实行一定任期期满后进行岗位交流。

二、公务回避

即监察人员在办理监察事项中,对与案件处理监察事项相关的如监察对象、检举人及其他有关人员存在亲缘或其他利害关系的,需退出相关工作以防止事项的不公正处理,维护监察工作的公正性和权威性。我国公务员法、刑事诉讼法、行政诉讼法中都有关于公务回避的规定,相对于人事回避,公务回避是短期的。

---

① 参见王正:《监察史话》,社会科学文献出版社 2011 年版,第 109—110 页。

三、自行回避与申请回避

按照回避发起主体的不同,分为自行回避与申请回避。自行回避是指办理监察事项的人员在接受承办案件任务时或承担调查工作过程中,发现自己存在规定需回避情形,主动向有关部门或负责同志提出不参加或不继续参加查办本案的请求。申请回避是指监察对象、检举人及其他有关人员发现参加办理监察事项的人员符合回避条件,应当回避而不自行回避时,有权以口头或者书面方式向有权机关或负责同志提出申请,要求其回避的一种方式。这里的其他有关人员主要指被监督人、被调查人、被处置人、检举人、证人以及与案件的处理结果可能有某种利害关系的其他人员。

四、办理监察事项需回避情形

该条规定了四种需回避的情形:一是监察对象或者检举人的近亲属的;二是担任过本案的证人的;三是本人或者其近亲属与办理的监察事项有利害关系的;四是有可能影响监察事项公正处理的其他情形的。其中,回避制度的核心为利益冲突规则的运用,将其他违反利益冲突规则作为兜底,以增强法律条文的科学性。其他情形主要包括两种:(1)虽然不是监察对象、检举人及其他有关人员的近亲属,但是其朋友或其他亲戚的;(2)与监察对象有过私人恩怨,如与监察对象有借贷关系等。上述情形只有在可能影响公正处理案件的情况下适用回避。比如监察人员是监察对象的近亲属,应当无条件回避,但如果监察人员与监察对象是一种远亲关系,则要具体情况具体分析,结合案情综合研判看其是否可能影响公正处理案件,在此基础上才能决定回避与否,可能影响公正处理的就应当回避。

第六十八条　【监察人员脱密期管理和辞职、
退休后从业限制】

监察机关涉密人员离岗离职后,应当遵守脱密期管理规定,严格履行保密义务,不得泄露相关秘密。

监察人员辞职、退休三年内,不得从事与监察和司法工作相关联且可能发生利益冲突的职业。

【理解与适用】

本条是关于监察人员脱密期管理和辞职、退休后从业限制的规定。规定本条的主要目的是加强对监察人员的保密管理,防止发生失泄密问题,避免利益冲突,保障监察权安全、公正运行。本条分两款。第一款是关于监察人员脱密期管理的规定,第二款是关于监察人员辞职、退休后从业限制的规定。

一、脱密期管理

脱密期管理是指在一定期限内,从就业、出境等方面对离岗离职涉密人员采取限制措施。离岗,是指离开涉密工作岗位,仍在本机关、本单位工作的情形。离职,是指辞职、辞退、解聘、调离、退休等离开本机关、本单位的情形。脱密期管理要求主要包括:与原机关、单位签订保密承诺书,作出继续遵守保密义务、不泄露所知悉国家秘密的承诺;及时清退所持有和使用的国家秘密载体和涉密信息设备,并办理移交手续;未经审查批准,不得擅自出境;不得到境外驻华机构、组织或者外资企业工作;不得为境外组织人员或者外资企业提供劳务、咨询或者服务。

涉密人员的脱密期应根据其接触、知悉国家秘密的密级、数量、时间等情况确定。一般情况下,核心涉密人员为 3 年至 5 年,重要涉密人员为 2 年至 3 年,一般涉密人员为 1 年至 2 年。脱密期自机关、单位批准涉密人员离开涉密岗位之日起计算。对特殊的高知密度人员,可以依法设定超过上述期限的脱密期,甚至在就业、出境等方面予以终身限制。涉密人员离岗的,脱密期管理由本机关、本单位负责。涉密人员离开原涉密单位,调入国家机关和涉密单位的,脱密期管理由调入单位负责;属于其他情况的,由原涉密单位、保密行政管理部门或者公安机关负责。

监察工作尤其是对公职人员职务违法、职务犯罪调查工作中涉及大量国家秘密和工作机密，要严格防范监察人员工作中接触的秘密因人员流动而流失造成不利影响，脱密期管理可使保密责任不因监察人员离岗离职而消失。脱密期内的相关人员要严格遵守保密法律和纪律，在脱密期内自觉遵守保密承诺及就业、出境等方面的限制性要求，责任部门和单位也要切实加强对离岗离职后涉密人员的教育、管理和监督。

二、辞职、退休后从业限制

第二款规定监察人员辞职、退休三年内不得从事与监察和司法工作相关联且可能发生利益冲突的职业，是关于从业限制的规定。监察人员掌握监察权，不仅要对监察人员在职期间的行为加以严格约束，而且要对监察人员辞职、退休后的行为作出一定的限制，避免监察人员在职期间利用手中权力为他人谋取利益换取辞职、退休后的回报，或在辞职、退休后利用自己在原单位的影响力为自己谋取不当利益。为增加反腐败合力，国家监察体制改革整合了原有的行政监察及司法工作中职务犯罪侦查等权力，对机构和人员也进行了整合，因此，对监察人员辞职、退休后从业限制的范围不仅限于监察工作，还包括与司法相关的工作，就是为了对整合前从事司法工作的相关人员也进行从业限制，防止遗漏。因此，监察人员应当履行谨慎注意的义务，在辞职、退休三年内，如果打算从事的职业与监察和司法工作有关且可能引致他人怀疑与原工作内容产生利益冲突的，应当事先征求原单位意见。需要注意的是，如果监察人员是被辞退、被开除而离职的，不适用本条第二款关于从业限制的规定。这主要是考虑到被动离职人员，已经失去良好的个人信誉，离职后即使从事与监察和司法工作相关联且可能发生利益冲突的职业，也难以在原单位产生影响力。但是，监察机关涉密人员是被辞退、被开除而离职的，仍要遵守本条第一款关于脱密期管理的要求。

法律对行政机关公务员、法官、检察官辞职后都有从业限制规定。我国《公务员法》第一百零七条第一款规定："公务员辞去公职或者退休的，原系领导成员、县处级以上领导职务的公务员在离职三年内,其他公务员在离职两年内,不得到与原工作业务直接相关的企业或者其他营利性组织任职,不得从事与原工作业务直接相关的营利性活动。"这是对离职公务员从业限制的法律规定。我国《法官法》也有类似法官从人民法院离任后一定期限内,不得以律师身份担任诉讼代理人或者辩护人。审判人员及法院其他工作人员从人民法院离任后,不得担任原任职法院所审理案件的诉讼代理人或者辩护人,但是作为当事人的监护人或者近亲属代理诉讼或进行辩护的除外。

三、利益冲突

利益冲突,指政府官员公职上代表的公共利益与其自身具有的私人利益之间的冲突。这里的利益,不仅是经济利益,还包括专业利益、个人声誉等。目前我国各个领域普遍存在利益冲突问题,已成为引发腐败问题的重要根源。防止利益冲突被多数国家视为有效预防腐败的前瞻性策略。此次监察法制定中引入防止利益冲突原则,将积极推进廉政建设的总体成效。

第六十九条 【侵害被调查人合法权益的申诉制度】

监察机关及其工作人员有下列行为之一的,被调查人及其近亲属、利害关系人有权向该机关申诉:

(一)采取强制到案、责令候查、管护、留置或者禁闭措施法定期限届满,不予以解除或者变更的;

(二)查封、扣押、冻结与案件无关或者明显超出涉案范围的财物的;

(三)应当解除查封、扣押、冻结措施而不解除的;

(四)贪污、挪用、私分、调换或者违反规定使用查封、扣押、冻结的财物的;

(五)利用职权非法干扰企业生产经营或者侵害企业经营者人身权利、财产权利和其他合法权益的;

（六）其他违反法律法规、侵害被调查人合法权益的行为。

受理申诉的监察机关应当在受理申诉之日起一个月内作出处理决定。申诉人对处理不服的，可以在收到处理决定之日起一个月内向上一级监察机关申请复查，上一级监察机关应当在收到复查申请之日起二个月内作出处理决定，情况属实的，及时予以纠正。

【理解与适用】

本条是关于申诉制度的规定，该条款在原《监察法》第六十条的基础上有所调整。提起申诉的主体中增加了利害关系人。六种可以提起申诉的违法行为中，第一种行为由"留置法定期限届满，不予以解除的"；改为"采取强制到案、责令候查、管护或者留置措施法定期限届满，不予以解除或者变更的"，扩展了该条的适用范围，赋予更大的申诉权限，相应对监察机关行使监察权进行了进一步的限制和规范。调查工作对明确被调查人是否构成职务违法或者职务犯罪行为至关重要，规定本条的主要目的是强化对监察机关及其工作人员调查工作的监督管理，保护被调查人的合法权益不受侵犯。

本条分两款。第一款规定了被调查人及其近亲属、利害关系人的申诉权。申诉是宪法规定的公民基本权利。监察机关采取相关调查措施过程中，侵害被调查人的人身权、财产权等合法权益的，被调查人及其近亲属有权向监察机关就该监察机关或监察人员侵犯被调查人合法权益的违法操作提起申诉。

本款规定的被调查人的近亲属，是指被调查人的夫或妻、父、母、子、女、同胞兄弟姊妹。利害关系人是指其合法权益与某一行政行为或法律事项之间存在因果关系的公民、法人或其他组织。这种利害关系可以是直接的，也可以是间接的。利害关系人具有独立的权益、价值取向以及对自身权利的保护要求，并承担相应的社会责任和义务。利害关系人的权益可能因某一事项或行为而受到实质性侵害，且这种侵害与事项或行为之间存在明确的因果关系。如合同当事人、相邻权关系中的利害关系人、竞争关系中的利害关系人、知识产权关系中的利害关系人、契约关系中的利害关系人以及人格权、身份权关系中的利害关系人等。

　　本款列举了六种可以申诉的违法行为。一是采取强制到案、责令候查、管护、留置或者禁闭措施法定期限届满，不予解除或者变更的。强制到案是指侦查机关或监察机关为调查案件事实，保障刑事诉讼或监察调查的顺利进行，而依法对涉案人员采取的强制其到案接受调查或讯问的措施。如果法定期限届满，侦查机关或监察机关不予以解除或变更强制到案措施，将构成对涉案人员合法权益的侵害，涉案人员及其近亲属有权向有关机关申诉或控告。责令候查是监察机关对涉嫌严重职务违法或职务犯罪的被调查人，在特定情况下，经依法审批后采取的一种限制其人身自由的措施。管护措施类似对涉案人员采取的类似留置或责令候查的强制措施。责令候查、管护措施的法定期限需根据具体案件情况和监察机关的决定而定，但应当遵循合法、公正、文明执法的原则。留置措施是指监察机关对涉嫌贪污贿赂、失职渎职等严重职务违法或职务犯罪的被调查人，在已经掌握部分违法犯罪事实及证据，且仍有重要问题需要进一步调查时，经依法审批后将其留置在特定场所的措施。省级以下监察机关采取留置措施的，延长留置时间应当报上一级监察机关批准。如果以上措施的法定期限届满，监察机关不予以解除或变更措施，将构成对被调查人合法权益的侵害。被调查人及其近亲属、利害关系人有权向监察机关就该监察机关或监察人员侵犯被调查人合法权益的违法操作提起申诉。监察机关采取禁闭措施法定期限届满，不予解除变更的，被禁闭人员及其近亲属、利害关系人有权向该机关申诉。

　　二是查封、扣押、冻结与案件无关或者明显超出涉案范围的财物的。查封、扣押、冻结是指对涉案人员的财物或场所进行就地封存，以防止案件当事人处分、转移财产而对涉案财产采取的临时强制措施。这种临时强制措施也会影响公民财产权行使，因此，必须规定严格的适用条件和程序，防止滥用造成不利影响。监察机关在调查过程中，可以调取、查封、扣押用以证明被查人涉嫌违法犯罪的财物、文件和电子数据等信息，监察机关调查涉嫌贪污贿赂、失职等严重职务违法或者职务犯罪，根据工作需要，可以依照规定查询、冻结涉案单位和个人的存款汇款、货券、股票、基金份额等财产。如果超出规定的范围，任意查封、扣押、冻结与案件无关或者明显超出涉案范围的财产就属于本条第二项规定的情形。

三是应当解除查封、扣押、冻结措施而不解除的。查封、扣押、冻结的对象是被调查人的财产，涉及宪法保障的公民财产权，因属于临时性强制措施，若采取强制措施的理由不存在时应及时解除。监察法规定，查封、扣押的财物、文件经查明与案件无关的，应当在查明后三日内解除查封、扣押，予以退还；冻结的财产经查明与案件无关的，应当在查明后三日内解除冻结，予以退还，应当及时解除查封、扣押、冻结措施，否则就属于本条第三项规定的情形。经查明确实与案件无关的财物、文件、财产，包括案件处置完或者司法程序完结后不需要追缴、没收的财物、财产必须在三日内予以退还或解冻予以退还，以保障被调查人的财产权。

四是贪污、挪用、私分、调换或者违反规定使用查封、扣押、冻结的财物的。贪污一般是指监察机关及其工作人员非法将被查封、扣押、冻结的财物占为己有；挪用一般是指将该财物私自挪作他用；私分一般是指将该财物在不公开的情况下在特定的范围内进行瓜分；调换一般是指将该财物以旧换新，或者高档品换成低档品等情形；违反规定使用一般是指擅自将财物任意使用，如违规使用被扣押的车辆等。

五是利用职权非法干扰企业生产经营或者侵害企业经营者人身权利、财产权利和其他合法权益的。

六是其他违反法律法规、侵害被调查人合法权益的行为。本项是为了全面保护被调查人的合法权益设置的兜底条款。除了前五项规定的情形外，对于其他违法违规侵害被调查人合法权益的行为，也可以提出申诉。

第二款是关于申诉处理程序的规定。本款规定了申诉的两级处理终裁的模式。一是原监察机关处理。被调查人及其近亲属对于监察机关及其工作人员具有前情形之一的,可以向该机关提出申诉。受理申诉的监察机关应当在受理申诉之日起一个月内作出处理决定。二是上一级监察机关处理。上一级监察机关领导下级监察机关的工作,申诉人对受理申诉的监察机关作出的处理决定不服的,可以在收到处理决定之日起一个月内向上一级监察机关申请复查。注意,超过相应期限,无权对处理决定申请复查。上一级监察机关应当在收到复查申请之日起二个月内作出处理决定,情况属实的,予以纠正。

需要注意的是,原监察机关处理为前置程序,当事人不能直接向上一级监察机关申请复查。上一级监察机关的复查决定具有最终效力,监察机关不是行政机关,被调查人及其近亲属对上一级监察机关复查结果不服的,不能提起行政复议或者行政诉讼。经过上一级监察机关复查,查明申诉情况属实的,将予以纠正,根据情况对违法失职的监察机关和监察人员进行处理。

第七十条 【案件处置严重违法责任追究的"一案双查"】

对调查工作结束后发现立案依据不充分或者失实,案件处置出现重大失误,监察人员严重违法的,应当追究负有责任的领导人员和直接责任人员的责任。

【理解与适用】

本条规定的是监察人员在案件处置中违法失职行为的责任追究,其中对监察人员严重违法的,将同时追究本人及其有责任领导人员的法律责任。体现"有权必有责、用权受监督、失职受追究"的原则和理念。

一、"一案双查"制度

"一案双查"指纪检监察机关在进行责任追究时,既追究当事人的直接责任,也追究相关领导失职的领导责任,其本质在于加大对失职失责行为的问责力度。按照"刀刃向内"的要求,"一案双查"原则也被引入《中国共产党纪律检查机关监督执纪工作规则》中,适用于对纪检干部执纪违纪行为的处置。这是对纪委审查权力的监督和制约。

案件处置失误违法的责任追究将倒逼监察干部在立案审查前必须做实做细初步核实等基础工作,做到事实充分,案件处置准确无误;同时,按照"权责一致"原则,领导人员若疏于管理,失职失责,也会被问责。这就倒逼监察机关各级领导时刻牢记职责,加强审核把关,既要以身作则,遵纪守法,也要勇于担当,敢抓敢管,以对监察事业和监察干部队伍高度责任心加强监督管理,从严管理,领好班子,带好队伍,是对"两个责任"和《中国共产党问责条例》的贯彻落实。

本条规定适用"一案双查"的三种情形:

一是关于立案依据不充分或者失实。监察工作中初核工作至关重要,如果初核证据搜集不扎实、对问题定性不准确,必然影响立案决定的准确性。监察法规定,经过初步核实,对监察对象涉嫌职务违法犯罪,需要追究法律责任的,监察机关应当按照规定的权限和程序办理立案手续。必须掌握足够确凿的事实涉嫌职务违法犯罪需要追究法律责任的情况下,监察机关才能办理立案程序。如果立案依据存在明显错误,将影响案件调查处置。同时,监察机关主要负责人依法批准立案后,应当主持召开专题会议,研究确定调查方案,决定需要采取的调查措施。这就同时规定了监察机关主要负责人的监管责任,必须加强对初核、立案工作的审核把关。若出现立案依据不充分或者失实,却顺利通过批准进入立案环节,负责同志也要被问责,就符合"一案双查"责任追究情形。

二是关于案件处置出现重大失误。案件处置是监察的重要职能和环节。监察法规定了监察权限及监察程序,监察机关及监察人员必须严格按照规定的权限和程序要求开展处置工作。监察机关根据监督、调查结果,对职务违法行为进行批评诫勉或政务处分、作出问责决定,对涉嫌职务犯罪的移送人民检察院审查起诉、对监察对象所在单位提出监察建议或撤销案件等处理,处置环节直接涉及被监察对象的权利义务,如果在案件处置过程中出现重大失误,如该进行政务处分的仅批评了之,该移送起诉的用政务处分替代,该撤销案件而不撤销案件等可能会严重损害被监察对象的合法权益或者客观上造成违法犯罪职务行为没有得到应有的惩罚而损害了国家和人民的利益,都是非常严重的,依法追究负有责任的领导人员和直接责任人员的责任无异于上了"双保险"。

三是关于监察人员严重违法。办理案件的监察人员执法违法、失职失责,肯定会影响办案的公正性和社会效果,也会对监察机关的形象和监察工作的公信力、权威性造成损害。监察人员违法情形主要有:(一)未经批准、授权处置问题线索,发现重大案情隐瞒不报,或者私自留存、处理涉案材料的;(二)利用职权或者职务上的影响干预调查工作、以案谋私的;(三)违法窃取、泄露调查工作信息,或者泄露举报事项、举报受理情况以及举报人信息的;(四)对被调查人或者涉案人员逼供、诱供,或者侮辱、打骂、虐待、体罚或者变相体罚的;(五)违反规定处置查封、扣押、冻结的财物的;(六)违反规定发生办案安全事故,或者发生安全事故后隐瞒不报、报告失实、处置不当的;(七)违反规定采取留置措施的;(八)违反规定限制他人出境,或者不按规定解除出境限制的;(九)其他滥用职权、玩忽职守、徇私舞弊的行为。对构成以上严重违法行为的,对负有责任的领导人员和直接责任人员依法给予处理。

第八章　法律责任

第七十一条　【拒不执行监察决定等法律责任】

有关单位拒不执行监察机关作出的处理决定，或者无正当理由拒不采纳监察建议的，由其主管部门、上级机关责令改正，对单位给予通报批评；对负有责任的领导人员和直接责任人员依法给予处理。

【理解与适用】

本条是关于对拒不执行处理决定或者无正当理由拒不采纳监察建议的单位给予处理的规定。该条规范的对象是被监察的单位，对以上两类行为必须存在主观故意，执行本条的主要目的是保障监察机关专责监督职责及监察工作的权威性。

一、拒不执行处理决定

本条规定主要包括两个方面的内容：一是对有关单位拒不执行监察机关作出的处理决定的处理。监察机关作出的处理决定一般是指监察机关依据本法第五十二条规定，根据监督、调查结果，向职务违法的监察对象作出警告、记过、记大过、降级、撤职、开除等政务处分决定；二是对不履行或者不正确履行职责负有责任的领导人员，按照管理权限对其直接作出问责决定，或者向有权作出问责决定的机关提出问责建议。《监察法实施条例》第二百七十四条对"负有责任的领导人员和直接责任人员依法给予处理"给出了进一步解释。

列举了六种处理方式:(一)政务处分决定;(二)问责决定;(三)谈话提醒、批评教育、责令检查,或者予以诫勉的决定;(四)采取调查措施的决定;(五)复审、复核决定;(六)监察机关依法作出的其他处理决定。

监察机关作出的处理决定一经作出即产生法律效力,具有强制性,监察对象及有关单位必须执行,并且要将执行的情况通报监察机关。监察对象对监察机关涉及本人的处理决定不服的,应当依照本法第五十六条规定的法定程序提出。有关单位对监察机关作出的处理决定有异议的,应当依照法定程序提出。拒不执行处理决定的,应当依法承担相应的法律责任。

二、拒不采纳监察建议

监察建议一般是指监察机关依据本法第五十二条规定,在监督、调查、处置的基础上,对监察对象所在单位廉政建设和履行职责存在的问题等提出监察建议。对于监察机关提出的监察建议,监察对象及其所在单位如无正当理由,应当采纳,并且将采纳监察建议的情况通报监察机关。监察对象所在单位未按照法定程序向监察机关提出异议,又拒不采纳监察建议的,应当追究监察对象所在单位及人员的法律责任。

《政务处分法》第六十一条对拒不采纳监察建议的法律责任作了专门规定:"有关机关、单位无正当理由拒不采纳监察建议的,由其上级机关、主管部门责令改正,对该机关、单位给予通报批评,对负有责任的领导人员和直接责任人员依法给予处理。"

三、责令改正

责令改正或者限期改正违法行为,是指监察机关责令违法行为人停止和纠正违法行为,以恢复原状,维持法定的秩序或者状态,具有事后救济性。对违法行为给予处罚,目的在于维护监察管理秩序。责令改正能很好地体现"处罚与教育相结合的原则"。因此,在对违法行为人给予处理时,要同时责令行为人改正违法行为,不能以罚了事,让违法行为继续下去。《政务处分法》第六十二条对于责令改正作出了具体规定:"有关机关、单位、组织或者人员有下列情形之一的,由其上级机关,主管部门,任免机关、单位或者监察机关责令改正,依法给予处理:(一)拒不执行政务处分决定的;(二)拒不配合或者阻碍调查的;(三)对检举人、证人或者调查人员进行打击报复的;(四)诬告陷害公职人员的;(五)其他违反本法规定的情形。"

另外,《行政处罚法》第二十八条,《产品质量法》第五十三条、五十四条,《农产品质量安全法》第六十九条,《食品安全法》第一百二十六条,《粮食安全保障法》第六十九条,《公司法》第二百五十条至二百五十三条、二百五十五条、二百五十六条、二百五十九条、二百六十一条,《能源法》第七十条至七十三条,《未成年人保护法》第一百一十九条、一百二十四条、一百二十七条等也都规定了责令改正。

四、通报批评

通报批评实际上是由"通报"与"批评"两个概念复合而成的。通报是指上级机关将有关情况以书面形式告知下级机关或本机关内部职工。而批评是指对缺点和错误所提出的意见,目的是希望对方吸取教训,引以为戒。由此来看,广义的通报批评是指某一主体将行为人的有关缺点和错误在一定范围内予以公布,希望行为人或其他人吸取教训、引以为戒的一种措施。这里,通报批评的实施主体是不确定的,既可以是公司企业,也可以是行政机关,还可以是某一组织,如党组织对党内违纪问题的通报批评。

国家机关所实施的通报批评行为主要有两种:一种是国家机关内部上级处理违纪的下级,或者监察机关或者纪委处理违反纪律的人,这时通报批评只是一种行政处分。另一种是国家机关在一定范围内对违法行为人的违法事实予以公布,以对其声誉和信誉造成损害,既制裁和教育违法者,又广泛教育他人的一种措施,这时通报批评属于行政处罚范畴。

需要注意的是,一旦有关单位发生上述违法行为,不但要对单位给予通报批评,对负有责任的领导人员和直接责任人员也要依法给予处理,适用"一案双查"制度。实行"一案双查",不仅追究当事人责任,而且追究相关领导的监管责任,将当事人和监管者一同进行处理。

第七十二条 【违法阻碍、干扰监察工作的法律责任】

有关人员违反本法规定,有下列行为之一的,由其所在单位、主管部门、上级机关或者监察机关责令改正,依法给予处理:

(一)不按要求提供有关材料,拒绝、阻碍调查措施实施等拒不配合监察机关调查的;

(二)提供虚假情况,掩盖事实真相的;

(三)串供或者伪造、隐匿、毁灭证据的;

(四)阻止他人揭发检举、提供证据的;

(五)其他违反本法规定的行为,情节严重的。

【理解与适用】

本条是关于对阻碍、干扰监察工作的行为进行处理的规定。

本条旨在克服和排除对监察机关依法行使权力的各种阻力和干扰,保证监察活动的顺利进行。本条列举了五种阻碍、干扰监察机关行使职权的违法情形。对于有下列行为的人员,由有关单位依照管理权限责令改正,依法给予处理。

一是不按要求提供有关材料,拒绝、阻碍调查措施实施等拒不配合监察机关调查的。这主要是指监察对象及相关人员有义务提供与监察事项有关的文件、财务账目及其他有关材料的,不得故意拖延履行或者拒绝履行,也不得拒绝、阻碍搜查、留置等调查措施实施,若有上述拒不配合监察机关调查的行为,则违反了监察法规定的法定配合义务,将承担相应的法律责任。

二是提供虚假情况,掩盖事实真相的。这主要是指在监察机关及其工作人员要求监察对象提供与违法犯罪行为有关的真实情况和违法犯罪事实时,故意提供虚假情况,或提供虚假证明,掩盖违法犯罪事实,意图阻碍监察机关调查,逃避法律追究。提供虚假情况、掩盖事实真相的行为违反了监察法规定的法定配合义务,也应承担相应的法律责任。

三是串供或者伪造、隐匿、毁灭证据的。"串供"包括监察对象与他人相互串通,捏造虚假口供,以逃避处罚的行为。"伪造、隐匿、毁灭证据",包括有关人员编造虚假证据,提供虚假的事实证明,或者将能够证明案件真实情况的书证、物证或其他证据予以毁灭或者隐藏起来,使其不能证明案件真实情况的行为。"伪造"证据,包括伪造、变造和篡改证据等。串供或者伪造、隐匿、毁灭证据的行为违反了监察法规定的法定配合义务,也应承担相应的法律责任。

四是阻止他人揭发检举、提供证据的。这主要是指监察对象通过各种方式为他人揭发检举、提供证据材料的行为设置障碍。阻止他人揭发检举、提供证据的行为违反了监察法规定的法定配合义务,也应承担相应的法律责任。

五是其他违反本法规定的行为,情节严重的。本项是为了保障监察工作顺利开展设置的兜底条款。由于监察工作所涉及的事项纷繁复杂,阻碍、干扰监察工作的行为在立法上不可能穷尽,因此,在立法上留有余地。除了前四项规定的情形外,如果有阻碍、干扰监察机关行使职权的其他行为,情节严重的,也要予以处理。比如为同案人员通风报信,为同案人员藏匿、转移赃款、赃物等。

第七十三条　【报复陷害和诬告陷害的法律责任】

监察对象对控告人、检举人、证人或者监察人员进行报复陷害的;

控告人、检举人、证人捏造事实诬告陷害监察对象的,依法给予处理。

【理解与适用】

本条是关于监察对象对控告人、检举人、证人或者监察人员实施报复陷害行为的法律责任及控告人、检举人、证人对监察对象实施诬告陷害行为的法律责任。本条针对特殊主体,专指监察对象;对象为特定的控告人、检举人、证人或者监察人员。

一、报复陷害行为

报复陷害是指国家机关工作人员滥用职权、假公济私,对控告人、申诉人、批评人、举报人实行报复陷害的行为。该条特指监察对象(行使公权力的公职人员)滥用职权、假公济私,对控告人、检举人、证人或者监察人员进行报复陷害的行为。其侵犯的是公民的民主权利和国家监察机关、监察工作人员依法履行国家监察职责的权力。这里的民主权利是指公民的批评权、申诉权和控告权。这些权利是我国公民享有的重要的民主权利,是公民管理国家事务的权利的一个重要方面,受到国家宪法、法律的严格保护。

《宪法》第四十一条规定:"中华人民共和国公民对于任何国家机关和国家工作人员,有提出批评和建议的权利;对于任何国家机关和国家工作人员的违法失职行为,有向有关国家机关提出申诉、控告或者检举的权利,但是不得捏造或者歪曲事实进行诬告陷害。对于公民的申诉、控告或者检举,有关国家机关必须查清事实,负责处理。任何人不得压制和打击报复。"《监察法实施条例》第二百七十五条规定:"监察对象对控告人、申诉人、批评人、检举人、证人、监察人员进行打击、压制等报复陷害的,监察机关应当依法给予政务处分。构成犯罪的,依法追究刑事责任。"报复陷害是同行使公权力的公职人员滥用职权、假公济私联系在一起的,因此,该行为不仅侵犯了公民的民主权利,而且损害了公权力的公共性,损害了国家公职人员形象和国家权力机关的声誉,破坏了国家机关的正常管理秩序和活动。报复陷害的对象包括控告人、举报人、证人或监察人员。

所谓控告人,是指向监察机关、司法机关或其他党政机关告发、检举监察对象具有职务违法行为或职务犯罪行为的人,控告人既可以是一般公民,也可以是公职人员。所谓检举人，是指揭发、举报监察对象职务违法、职务犯罪事实的人。这里的控告人、检举人并不限于对实施报复陷害的监察对象进行控告与检举的人，还包括对与监察对象有其他关系的人进行控告与检举的人。例如，被害人向国家机关工作人员甲提出控告，国家机关工作人员乙滥用职权进行报复陷害的，仍然构成报复陷害。再如，被害人控告某国家机关工作人员子女的犯罪行为，该国家机关工作人员滥用职权进行报复陷害的，也构成报复陷害。因为一切公民的控告权、检举权都是受法律保护的，要做到这点，就不能允许国家机关工作人员对任何控告人、举报人进行报复陷害，否则就不利于保护公民的民主权利和国家机关的正常活动。

报复陷害在客观方面表现为滥用职权、假公济私，对控告人、举报人实行打击报复陷害的行为。行为须是滥用职权、假公济私，即违反有关规定，超出职权范围，假借公事名义，陷害他人，在这个意义上说，报复陷害行为是一种凌职行为。报复陷害的方式多种多样，如捏造理由或借口，非法克扣工资、奖金，或开除公职、党籍，或降职、降薪，或压制学术、技术职称的评定等。如果所采取的报复陷害行为与行为人的职权没有关系，则不构成报复陷害，如行为人对控告人进行身体伤害的行为，就不是滥用职权，不构成报复陷害。监察对象滥用职权实行打击报复，但情节显著轻微，危害不大的，一般不以犯罪论处，可予批评教育，或者给予相应的行政纪律或政务处分。

二、诬告陷害行为

（一）诬告陷害行为的构成要件

一是行为的主体。本条规定的是一般主体，主要指控告人、检举人、证人。二是行为的主观方面。本行为的主观方面必须是故意，即行为人明知自己的行为会发生侵犯监察对象人身权利的结果而希望此结果的发生。同时，行为人必须具有使他人受到纪律或者法律追究的目的。三是行为的客体。本行为的客体是复杂客体，包括监察对象的人格权、财产权、名誉权，国家监察机关的正常活动，有时同时侵犯了其他人的权利。四是行为的客观方面。本行为的客观方面表现为捏造监察对象的违纪违法事实,向监察机关或者领导干部作虚假告发。

(二)处理诬告陷害行为应注意的几个问题

第一,要正确区分诬告陷害行为和错告、检举失实。诬告陷害行为是一种侵犯党员、公民人身权利,应受党纪处分的违纪行为,但是错告、检举失实则不构成违纪。正确区分二者,对于保证党的纪律的公正性、严肃性和权威性具有重要意义。所谓错告、检举失实,是指党员在行使控告权、检举权时,由于对情况了解不清,认识上出现偏差,而向党和国家的有关机关、组织或者领导干部作了不符合实际情况的告发。

第二,要正确区分诬告陷害行为和诽谤行为。诬告陷害行为和诽谤行为都是侵犯党员、公民人身权利的行为,两者在客观上都有捏造事实的行为,在实践中要准确区分两者,必须把握以下两点。一是两者主观目的不同。诬告陷害行为的目的是使他人受到纪律或者法律追究;而诽谤行为的目的只在于损害他人人格和名誉。二是诬告陷害行为的行为人一般要将其所捏造的事实以某种方式直接或者间接地向有关机关或党组织告发,从而引起有关机关或者党组织对告发"事实"的关注;而诽谤行为的行为人则只是将捏造的事实在群众中扩散,并不向有关机关或者党组织告发。控告人、检举人、证人捏造事实诬告陷害监察对象,但情节显著轻微,危害不大的,一般不以犯罪论处,可予批评教育,或者给予相应的行政纪律或政务处分。

《监察法实施条例》第二百七十六条规定:"控告人、检举人、证人采取捏造事实、伪造材料等方式诬告陷害的,监察机关应当依法给予政务处分,或者移送有关机关处理。构成犯罪的,依法追究刑事责任。监察人员因依法履行职责遭受不实举报、诬告陷害、侮辱诽谤,致使名誉受到损害的,监察机关应当会同有关部门及时澄清事实,消除不良影响,并依法追究相关单位或者个人的责任。"

第七十四条　【滥用职权、玩忽职守、徇私舞弊、泄露秘密等监察违法行为的处理】

监察机关及其工作人员有下列行为之一的,对负有责任的领导人员和直接责任人员依法给予处理:

(一)未经批准、授权处置问题线索,发现重大案情隐瞒不报,或者私自留存、处理涉案材料的;

(二)利用职权或者职务上的影响干预调查工作、以案谋私的;

(三)违法窃取、泄露调查工作信息,或者泄露举报事项、举报受理情况以及举报人信息的;

(四)对被调查人或者涉案人员逼供、诱供,或者侮辱、打骂、虐待、体罚或者变相体罚的;

(五)违反规定处置查封、扣押、冻结的财物的;

(六)违反规定发生办案安全事故,或者发生安全事故后隐瞒不报、报告失实、处置不当的;

(七)违反规定采取强制到案、责令候查、管护、留置或者禁闭措施,或者法定期限届满,不予以解除或者变更的;

(八)违反规定采取技术调查、限制出境措施,或者不按规定解除技术调查、限制出境措施的;

(九)利用职权非法干扰企业生产经营或者侵害企业经营者人身权利、财产权利和其他合法权益的。

【理解与适用】

本条是对监察违法行为的处理。《中国共产党纪律检查机关监督执纪工作规则》也对滥用职权、失职失责等行为的处理进行了规定。第七十三条规定,"对案件处置出现重大失误,纪检监察干部涉嫌严重违纪或者职务违法、职务犯罪的,开展'一案双查',既追究直接责任,还应当严肃追究有关领导人员责任。建立办案质量责任制,对滥用职权、失职失责造成严重后果的,实行终身问责。"

本条款规定了滥用职权、玩忽职守、徇私舞弊、泄露秘密四类问题的九种情形。此外,《监察官法》第五十二条列举了监察官十种监察违法行为,《监察法实施条例》第二百七十八条列举了监察人员十一种监察违法行为,《政务处分法》第六十三条列举了监察机关及其工作人员十一种监察违法行为。一般而言,徇私舞弊属故意,玩忽职守属过失,滥用职权既有故意也有过失。泄露秘密有故意也有过失。对本条规定的严重监察违法行为实行"一案双查",对负有责任的领导人员和直接责任人员都依法追究责任,给予处理。本条规定针对线索处置、调查两个关键工作环节及监察机关留置,查封、扣押、冻结财物,限制他人出境等重点措施运用的违法监察行为。本法第四章规定了监察权限,第五章规定了监察程序,这两章详细规定了监察权限、监察措施运用的法定情形及工作程序。监察机关及其工作人员违反这些规定及程序就是违法监察行为,影响监察工作的合法性、实效性及权威性,同时对监察对象的合法权益造成损害,因此,必须严格规范监察行为,并对违法操作进行严肃的法律责任追究。

此外,对比原规定,本条存在三处修改:

一是第七项由原来的"违反规定采取留置措施的"修改为"违反规定采取强制到案、责令候查、管护、留置或者禁闭措施,或者法定期限届满,不予以解除或者变更的"。在本条增加以上内容,是为了与修改后的《监察法》对应,第四章"监察权限"中增加了"强制到案、责令候查和管护措施",第七章"对监察机关和监察人员的监督"中增加了"禁闭措施"。修改后的第七项坚持授权与控权相结合,在依法授予必要的监察强制措施的同时,对新增监察强制措施违法适用和期限届满后应解除和变更进行了规定。

　　监察委员会作为行使国家监察职能的专责机关,对所有行使公权力的公职人员进行监察,调查职务违法和职务犯罪。监察机关工作人员在监察活动中行使职权时,享有一定的裁量权。而强制到案、责令候查和管护措施在一定程度上都限制了被调查者的人身自由。如若监察机关工作人员违反法律规定,对被调查者任意适用以上措施,会侵害被调查者的合法权益,同时会削弱监察机关的公信力。因此有必要对此类行为进行规制,促进监察机关工作人员依法依规行使监察权。

　　二是第八项由原来的"违反规定限制他人出境,或者不按规定解除出境限制的"修改为"违反规定采取技术调查、限制出境措施,或者不按规定解除技术调查、限制出境措施的"。违法行为方式增加了"违反规定采取技术调查"和"不按规定解除技术调查"。此次修改,将有关技术调查措施的违反规定采取和不按规定解除的情形加入本条的监察违法行为,是对技术调查措施的规制,有助于督促监察机关工作人员依法依规使用技术调查措施。

　　《监察法》第四章"监察权限"第三十一条规定,监察机关调查涉嫌重大贪污贿赂等职务犯罪,根据需要,经过严格的批准手续,可以采取技术调查措施,按照规定交有关机关执行。定位技术、监控类技术等在监察调查中发挥了重要作用。技术调查固然具有高效、便捷的特点,但是其天然也具有侵犯隐私权、破坏社会互信等潜在风险。而且现行立法缺乏技术调查的准确定义、具体内容和行为界限,因此在监察调查中存在滥用的风险。此外,因技术调查措施具有高度的秘密性和内部审批制的流程,其很难受到外部监督。习近平总书记多次强调要把权力关进制度的笼子里,此次修改在本条中增加违反规定使用技术调查措施的处理规定,本身就是制约权力的体现,彰显立法者决心对存在已久、现实中广泛应用的技术调查措施进行规制,从而维护监察调查活动的公正性和监察委员会的公信力。

　　三是增加一项,作为第九项:"利用职权非法干扰企业生产经营或者侵害企业经营者人身权利、财产权利和其他合法权益的。"这与《监察法实施条例》

第二百七十一条第一项的规定有相似之处,其规定"监察机关在履行职责过程中应当依法保护企业产权和自主经营权,严禁利用职权非法干扰企业生产经营。需要企业经营者协助调查的,应当依法保障其合法的人身、财产等权益,避免或者减少对涉案企业正常生产、经营活动的影响"。两者都旨在依法保护企业生产经营权和企业经营者的人身、财产等权益,进一步强化监察调查工作中对各类企业产权和企业经营者合法权益的保障,避免或者减少对涉案企业正常生产、经营活动的影响。

一、滥用职权

滥用职权,是指不法行使职务上的权限的行为。滥用监察权行为是指监察人员违反法律规定,滥用职权,致使公共财产、国家和人民合法权益遭受损失的行为。

滥用职权的构成要件:

一是滥用职权侵犯的客体是国家机关的正常活动,本条规定的滥用监察职权侵犯的客体为正常的监察机关活动及监察工作秩序。其中有三点值得注意:首先,滥用的职权属于法定职权,即属于监察机关及其工作人员一般职务权限的事项,以不当目的或者以不法方法,实施违反职务行为宗旨的活动。如果行为人实施的行为与其一般的职务权限没有任何关系,则不属于滥用职权。其次,行为人或者是以不当目的实施职务行为或者是以不法方法实施职务行为。在出于不正当目的实施职务行为的情况下,即使从行为的方法上看没超越职权,也属于滥用职权。最后,滥用职权的行为违反了职务行为的宗旨,或者说与其职务行为的宗旨相悖。由于监察机关及其工作人员滥用职权,致使监察机关的某项具体工作遭到破坏,给国家、集体和人民利益造成严重损害,从而危害了监察工作的正常开展和权威性。滥用监察职权客观方面表现为,使公共财产、国家和人民利益遭受损失的行为。

二是滥用职权的行为主要表现为超越职权决定或处理没有处理权限的事项,故意不履行应当履行的职责,或者说任意放弃职责都属此情形。本条列举了六种滥用职权的行为,第一项"未经批准、授权处置问题线索,发现重大案情隐瞒不报,或者私自留存、处理涉案材料的",第四项"对被调查人或者涉案人员逼供、诱供,或者侮辱、打骂、虐待、体罚或者变相体罚的",第五项"违反规定处置查封、扣押、冻结的财物的",第七项"违反规定采取强制到案、责令候查、管护、留置或者禁闭措施,或者法定期限届满,不予以解除或者变更的",第八项"违反规定采取技术调查、限制出境措施,或者不按规定解除技术调查、限制出境措施的",第九项"利用职权非法干扰企业生产经营或者侵害企业经营者人身权利、财产权利和其他合法权益的"。这类滥用职权行为在《监察法实施条例》《监察官法》《政务处分法》中亦有规制。前五种滥用职权的行为与《监察法实施条例》第二百七十八条第三项"未经批准、授权处置问题线索,发现重大案情隐瞒不报,或者私自留存、处理涉案材料的"、第六项"对被调查人或者涉案人员逼供、诱供,或者侮辱、打骂、虐待、体罚或者变相体罚的"、第七项"违反规定处置查封、扣押、冻结的财物的"、第九项"违反规定采取留置措施的"、第十项"违反规定限制他人出境,或者不按规定解除出境限制的"相对应。根据该条规定,监察人员在履行职责中有上述行为的,依法严肃处理,严重的滥用职权行为构成犯罪的,依法追究刑事责任。《监察官法》第五十二条也对监察官滥用职权的行为进行了规制,第三项"未经批准、授权处置问题线索,发现重大案情隐瞒不报,或者私自留存、处理涉案材料的"、第七项"对被调查人或者涉案人员逼供、诱供,或者侮辱、打骂、虐待、体罚、变相体罚的"、第八项"违反规定采取调查措施或者处置涉案财物的",依法给予处理,严重的滥用职权行为构成犯罪的,依法追究刑事责任。《政务处分法》第六十三条第一项"违反规定处置问题线索的"、第三项"对被调查人或者涉案人员逼供、诱供,或者侮辱、打骂、虐待、体罚或者变相体罚的"、第五项"违反规定处置涉案财物的"、第六项"违反规定采取调查措施的",对负有责任的领导人员和直接责任人员依法给予处理。以上这些都属于超越职权决定或处理没有处理权限的事项。

滥用职权的行为,极大可能会导致公共财产、国家和人民利益遭受损失,包括物质性损失和非物质性损失。物质性损失一般是指人身伤亡和公私财物的损失,是确认滥用职权行为的重要依据;非物质性损失是指损害国家机关的正常活动和声誉等。轻微的滥用职权行为应当给予行政处分,严重的滥用职权行为构成犯罪的,依法追究刑事责任。

二、徇私舞弊

徇私舞弊是监察人员利用职务之便,以权谋私,通过虚构事实、掩盖真相等非法手段弄虚作假,违法行使职权,致使公共财产、国家和人民利益遭受损失的行为。本条第二项"利用职权或者职务上的影响干预调查工作、以案谋私的"属于徇私舞弊情形。轻微的徇私舞弊行为应当给予政务处分,严重的徇私舞弊行为构成犯罪的,依法追究刑事责任。相关内容在《监察法实施条例》《监察官法》《政务处分法》中也有所体现。《监察法实施条例》第二百七十八条第一项"贪污贿赂、徇私舞弊的"、第四项"利用职权或者职务上的影响干预调查工作的",依法严肃处理,严重的徇私舞弊行为构成犯罪的,依法追究刑事责任。《监察官法》第五十二条第四项"利用职权或者职务上的影响干预调查工作、以案谋私的"、第一项"贪污贿赂的"也属于徇私舞弊行为,监察官有以上行为的,依法给予处理,严重的徇私舞弊行为构成犯罪的,依法追究刑事责任。《政务处分法》第六十三条第七项"利用职权或者职务上的影响干预调查工作、以案谋私的"、第四项"收受被调查人或者涉案人员的财物以及其他利益的",对负有责任的领导人员和直接责任人员依法给予处理。

三、玩忽职守

玩忽职守是指监察人员严重不负责任,不履行或者不认真履行职责,致使公共财产、国家和人民利益遭受损失的行为。玩忽职守主要表现为违反工作纪律和规章制度,擅离职守,致使公共财产、国家和人民利益遭受损失,本条第六项"违反规定发生办案安全事故,或者发生安全事故后隐瞒不报、报告失实、处置不当的"属玩忽职守。具体表现有:(一)不以职守为己任,思想上不重视、态度上不严肃;(二)擅离职守,不坚守岗位,逃避职责义务;(三)不认真执行职责权限或者不认真履行职责义务;(四)不全面执行职权或不全面履行职责义务;(五)其他玩忽职守的行为。轻微的玩忽职守行为应当给予行政处分,严重的玩忽职守行为构成犯罪的,依法追究刑事责任。相关内容在《监察法实施条例》《监察官法》《政务处分法》中也有所体现。《监察法实施条例》第二百七十八条第二项"不履行或者不正确履行监督职责,应当发现的问题没有发现,或者发现问题不报告、不处置,造成严重影响的"、第八项"违反规定导致发生办案安全事故,或者发生安全事故后隐瞒不报、报告失实、处置不当的",依法严肃处理,严重的玩忽职守行为构成犯罪的,依法追究刑事责任。《监察官法》第五十二条第二项"不履行或者不正确履行监督职责,应当发现的问题没有发现,或者发现问题不报告、不处置,造成恶劣影响的"、第九项"违反规定发生办案安全事故,或者发生安全事故后隐瞒不报、报告失实、处置不当的"也属于玩忽职守,监察官有以上行为的,依法给予处理,严重的玩忽职守行为构成犯罪的,依法追究刑事责任。《政务处分法》第六十三条第八项"违反规定发生办案安全事故,或者发生安全事故后隐瞒不报、报告失实、处置不当的"、第九项"违反回避等程序规定,造成不良影响的"、第十项"不依法受理和处理公职人员复审、复核的",对负有责任的领导人员和直接责任人员依法给予处理。

四、泄露秘密

泄露秘密是指违反法律规定泄露相关秘密,导致公共财产、国家和人民利益遭受损失的行为。泄露秘密可以是故意的,也可以是过失。本条第三项"违法窃取、泄露调查工作信息,或者泄露举报事项、举报受理情况以及举报人信息的"就是违反保密规定,泄露监察工作秘密的行为。轻微泄露秘密的行为应当给予行政处分或政务处分,严重泄露秘密的行为构成犯罪的,依法追究刑事责任。相关内容在《监察法实施条例》《政务处分法》中也有所体现。《监察法实施条例》第二百七十八条第五项也规定了对"违法窃取、泄露调查工作信息,或者泄露举报事项、举报受理情况以及举报人信息的",应依法给予处理,严重泄露秘密的行为构成犯罪的,依法追究刑事责任。《政务处分法》第六十三条第二项"窃取、泄露调查工作信息,或者泄露检举事项、检举受理情况以及检举人信息的",对负有责任的领导人员和直接责任人员依法给予处理。

此外,《中国共产党纪律检查机关监督执纪工作规则》对纪检监察干部违法行为也进行了规制,根据第七十一条的规定,"对纪检监察干部越权接触相关地区、部门、单位党委(党组)负责人,私存线索、跑风漏气、违反安全保密规定,接受请托、干预审查调查、以案谋私、办人情案,侮辱、打骂、虐待、体罚或者变相体罚被审查调查人,以违规违纪违法方式收集证据,截留挪用、侵占私分涉案财物,接受宴请和财物等行为,依规依纪严肃处理;涉嫌职务违法、职务犯罪的,依法追究法律责任。"

第七十五条 【构成犯罪应承担刑事责任】

违反本法规定,构成犯罪的,依法追究刑事责任。

【理解与适用】

本条是违反本法规定构成犯罪应承担刑事责任的规定。

本条旨在打击严重破坏监察工作秩序的犯罪,保障监察法各项制度顺利实施,维护监察法的权威性。违反本法规定,可能构成犯罪应依法追究刑事责任的,以犯罪主体为标准,主要分为以下四类犯罪。

第一类是以与监察对象有关的人员为犯罪主体的犯罪。

违反本法第七十二条规定,构成犯罪的,依法追究刑事责任。比如串供或者伪造、隐匿、毁灭证据情节严重的,可能构成帮助伪造证据罪,根据《刑法》第三百零七条"帮助当事人毁灭、伪造证据,情节严重的,处三年以下有期徒刑或者拘役"的规定进行处罚。阻止他人揭发检举、提供证据,情节严重的,可能构成妨害作证罪,根据《刑法》第三百零七条"以暴力、威胁、贿买等方法阻止证人作证或者指使他人作伪证的,处三年以下有期徒刑或者拘役;情节严重的,处三年以上七年以下有期徒刑"的规定进行处罚。

第二类是以监察对象为犯罪主体的犯罪。

违反本法第七十三条规定,构成犯罪的,依法追究刑事责任。监察对象对控告人、检举人、证人或者监察人员进行报复陷害行为,情节严重的,可构成报复陷害罪。《刑法》第二百五十四条规定:"国家机关工作人员滥用职权、假公济私,对控告人、申诉人、批评人、举报人实行报复陷害的,处二年以下有期徒刑或者拘役;情节严重的,处二年以上七年以下有期徒刑。"据此,监察对象致使被害人的人身权利、民主权利或者其他权益受到严重损害的,手段恶劣的,致使人精神失常或自杀的,以及造成其他严重后果的,应当以报复陷害罪论处。

第三类是以控告人、检举人、证人为犯罪主体的犯罪。

违反本法第七十三条规定,构成犯罪的,依法追究刑事责任。控告人、检举人、证人捏造犯罪事实诬告陷害监察对象,以诬告陷害罪论处。诬告陷害罪是指捏造犯罪事实,作虚假告发,意图使他人受到刑事追究,情节严重的行为。《刑法》第二百四十三条第一款规定:"捏造事实诬告陷害他人、意图使他人受刑事追究,情节严重的,处三年以下有期徒刑、拘役或者管制;造成严重后果的,处三年以上十年以下有期徒刑。"不是有意诬告,而是错告,或者检举失实的,不构成犯罪。"捏造",是指无中生有,虚构犯罪事实向有关单位进行告发,意图使被诬告者受到错误侦查、起诉、审判等。告发的形式多种多样,可以是书面的,也可以是口头的;可以是署名的,也可以是匿名的。诬告陷害罪在主观方面必须是故意,具有陷害他人、意图使他人受到刑事追究的目的,故其行为不仅侵犯了公民的合法权利,同时也影响了司法机关的正常活动。按照有关规定,行为人涉嫌诬告陷害,具有下列情形之一的,应予立案:一是捏造的犯罪事实情节严重的;二是诬告陷害的手段恶劣的;三是严重影响了司法机关的正常工作的;四是有其他情节严重的情形。

第四类是以监察机关及其工作人员为犯罪主体的犯罪。

监察机关及其工作人员违反本法第七十四条规定,构成犯罪的,依法追究刑事责任。

一是故意或者过失泄露国家秘密罪。监察工作人员泄露调查工作信息,可能构成故意或者过失泄露国家秘密罪。根据《刑法》第三百九十八条"国家机关工作人员违反保守国家秘密法的规定,故意或者过失泄露国家秘密,情节严重的,处三年以下有期徒刑或者拘役;情节特别严重的,处三年以上七年以下有期徒刑"的规定进行处罚。

二是滥用职权罪。国家机关工作人员超越职权,违法决定、处理其无权决定、处理的事项,或者违反规定处理公务,致使公共财产、国家和人民利益遭受重大损失的行为。根据《最高人民检察院关于渎职侵权犯罪案件立案标准的规定》的规定,涉嫌下列情形之一的,人民检察院应予立案:(1)造成死亡1人以上,或者重伤2人以上,或者重伤1人、轻伤3人以上,或者轻伤5人以上的;(2)导致10人以上严重中毒的;(3)造成个人财产直接经济损失10万元以上,或者直接经济损失不满10万元,但间接经济损失50万元以上的;(4)造成公共财产或者法人、其他组织财产直接济损失20万元以上,或者直接经济损失不满20万元,但间接经济损失100万元以上的;(5)虽未达到3、4两项数额标准,但3、4两项合计直接经济损失20万元以上,或者合计直接经济损失不满20万元,但合计间接经济损失100万元以上的;(6)造成公司、企业等单位停业、停产6个月以上,或者破产的;(7)弄虚作假,不报、缓报、谎报或者授意、指使、强令他人不报、缓报、谎报情况,导致重特大事故危害结果继续、扩大,或者致使抢救、调查、处理工作延误的;(8)严重损害国家声誉,或者造成恶劣社会影响的;(9)其他致使公共财产、国家和人民利益遭受重大损失的情形。滥用职权行为与造成的严重危害结果之间的因果关系错综复杂,有直接原因,也有间接原因;有主要原因,也有次要原因;有领导者的责任,也有直接责任人员的过失行为。构成滥用职权罪,应当追究刑事责任的,则是指滥用职权行为与造成的严重危害结果之间有必然因果联系的行为。否则,一般不构成滥用职权罪,而是属于一般工作上的错误问题,应由行政主管部门处理。滥用职权罪在主观方面表现为故意,行为人明知自己滥用职权的行为会发生致使公共财产、国家和人民利益遭受重大损失的结果,并且希望或者放任这种结果发生。从司法实践来看,对危害结果持间接故意的情况比较多见。至于行为人是为自己的利益滥用职权,还是为了他人利益滥用职权,则不影响罪名的成立。构成滥用职权罪的,处 3 年以下有期徒刑或者拘役;情节特别严重的,处 3 年以上 7 年以下有期徒刑。

三是徇私舞弊罪。其犯罪构成包括:(1)犯罪主体是特殊主体,国家机关工作人员。(2)犯罪客观方面表现为,首先有舞弊行为,即利用职务之便,以权谋私,弄虚作假,违法行使职权;其次,徇私舞弊的行为致使公共财产、国家和人民利益遭受了重大损失。本罪属于结果犯罪,也即只有造成严重损害结果的才构成犯罪。(3)犯罪主观方面由故意构成,而且一般是直接故意。(4)犯罪侵犯的客体是国家机关正常的管理活动。国家机关工作人员徇私舞弊,处 5 年以下有期徒刑或者拘役;情节严重的,处 5 年以上 10 年以下有期徒刑。

四是玩忽职守罪。国家机关工作人员严重不负责任,不履行或者不认真履行职责,致使公共财产、国家和人民利益遭受重大损失的行为。本罪由《刑法》第三百九十七条规定。犯罪主体是特殊主体,即只有具有国家机关工作人员身份的人才能成为本罪的主体。犯罪主观方面只能是过失,即行为人作为国家机关的工作人员,理应恪尽职守,尽心尽力,履行公职中时刻保持必要的注意,但行为人却持一种疏忽大意或过于自信的心态,对自己玩忽职守的行为可能导致的公共财产、国家和人民利益的重大损失应当预见而没有预见,或者已经预见而轻信能够避免。犯罪客体是国家机关的正常管理活动。犯罪客观方面表现为行为人实施了玩忽职守的行为,并使公共财产、国家和人民利益遭受了重大的损失。

根据《最高人民检察院关于渎职侵权犯罪案件立案标准的规定》,玩忽职守罪的立案标准如下:(1)造成死亡1人以上,或者重伤3人以上,或者重伤2人、轻伤4人以上,或者重伤1人、轻伤7人以上,或者轻伤10人以上的;(2)导致20人以上严重中毒的;(3)造成个人财产直接经济损失15万元以上,或者直接经济损失不满15万元,但间接经济损失75万元以上的;(4)造成公共财产或者法人、其他组织财产直接经济损失30万元以上,或者直接经济损失不满30万元,但间接经济损失150万元以上的;(5)虽未达到3、4两项数额标准,但3、4两项合计直接经济损失30万元以上,或者合计直接经济损失不满30万元,但合计间接经济损失150万元以上的;(6)造成公司、企业等单位停业、停产1年以上,或者破产的;(7)海关、外汇管理部门的工作人员严重不负责任,造成100万美元以上外汇被骗购或者逃汇1000万美元以上的;(8)严重损害国家声誉,或者造成恶劣社会影响的;(9)其他致使公共财产、国家和人民利益遭受重大损失的情形。

国家机关工作人员玩忽职守,符合《刑法》第九章所规定的特殊渎职罪构成要件的,按照该特殊规定追究刑事责任;主体不符合《刑法》第九章所规定的特殊渎职罪的主体要件,但玩忽职守涉嫌前款第1项至第9项规定情形之一的,按照《刑法》第三百九十七条的规定以玩忽职守罪追究刑事责任。

玩忽职守罪的处罚标准如下:(1)处3年以下有期徒刑或者拘役;(2)情节特别严重的,处3年以上7年以下有期徒刑;(3)国家机关工作人员犯本罪,处5年以下有期徒刑或者拘役;(4)国家机关工作人员犯本罪,情节特别严重的,处5年以上10年以下有期徒刑。

需要注意的是,违反本法其他法律规定,构成犯罪的,也应当依法追究刑事责任。

第七十六条　【监察机关及其工作人员的国家赔偿责任】

监察机关及其工作人员行使职权,侵犯公民、法人和其他组织的合法权益造成损害的,依法给予国家赔偿。

【理解与适用】

本条是关于监察机关及其工作人员国家赔偿责任的规定。

本条旨在救济和保护公民、法人或者其他组织的合法权益,促进监察机关依法开展工作。监察机关因其履行职责构成侵权,应承担赔偿责任时,一般要具备以下几个条件:一是公民、法人或者其他组织受到的损害必须是监察机关或者监察人员违法行使职权所造成的。"行使职权",一般是指监察机关及其工作人员依据职责和权限所进行的活动。监察人员在从事与行使职权无关的个人活动时,给公民、法人或者其他组织造成损害的,监察机关不承担国家赔偿责任。二是损害事实与违法行使职权的行为之间存在因果关系。违法行使职权的行为既包括侵犯公民、法人或者其他组织财产权的行为,如违法提请人民法院冻结案件涉嫌人员的存款等,也包括侵犯人身权的行为,如采取留置措施时超过法定期限等。三是损害必须是现实已经产生或者必然产生的,不是想象的、虚拟的,是直接的,不是间接的。四是赔偿是法律规定的。国家赔偿责任是一种法律责任,只有当法律规定的各项条件具备后,国家才予以赔偿。受损害人提出国家赔偿请求,应当在法定范围和期限内依照法定程序提出。对于不符合法定条件,或者不属于法定赔偿范围的,国家不负赔偿责任。

监察机关和监察人员违法行使职权,侵犯公民、法人和其他组织的合法权益造成损害的,应当依照《国家赔偿法》予以赔偿。

根据该条规定,《国家赔偿法》应作相应修改,增加对监察机关的国家赔偿责任的内容。公民、法人和其他组织请求监察机关给予国家赔偿的具体程序,按照《国家赔偿法》的有关规定执行。此外,《监察法实施条例》也规定了受害人可以申请国家赔偿,根据第二百八十条的规定,"监察机关及其工作人员在行使职权时,有下列情形之一的,受害人可以申请国家赔偿:(一)采取留置措施后,决定撤销案件的;(二)违法没收、追缴或者违法查封、扣押、冻结财物造成损害的;(三)违法行使职权,造成被调查人、涉案人员或者证人身体伤害或者死亡的;(四)非法剥夺他人人身自由的;(五)其他侵犯公民、法人和其他组织合法权益造成损害的。受害人死亡的,其继承人和其他有扶养关系的亲属有权要求赔偿;受害的法人或者其他组织终止的,其权利承受人有权要求赔偿。"第二百八十一条对赔偿义务机关和赔偿方式进行了规定,"监察机关及其工作人员违法行使职权侵犯公民、法人和其他组织的合法权益造成损害的,该机关为赔偿义务机关。申请赔偿应当向赔偿义务机关提出,由该机关负责复审复核工作的部门受理。赔偿以支付赔偿金为主要方式。能够返还财产或者恢复原状的,予以返还财产或者恢复原状。"

第九章　附　则

附则是附在法律、法规后面的规则,是在法律规范的整体中作为总则和分则辅助性内容而存在的一个组成部分。一般是法律文本的附属部分,主要对实施日期、有关专门术语以及与过去相关法律的关系等内容作出规定,一般不对实质性内容作出规定,即不对权利与义务作出规定。从立法实践来看,附则作为法律的附带条款,主要可以对以下内容作出规定。

一是关于名词、术语的定义。对法律、法规中的专(行)业名词、术语和需要定性、定量的名词、术语进行必要的解释,可以使有关规定更加准确,便于人们理解和贯彻执行。这种解释,一般出现在附则中,当然,也可以放在总则或在需要解释的内容出现时随即加以说明,还可以由实施细则(或办法)去解释。

二是法律、法规的适用范围。适用范围一般放在总则中,但也有少数放在附则中,经常放在附则中的是一些有关"参照适用""比照适用"的规定。

三是关于解释权的规定,即在附则中明确规定有权解释该法律、法规的机关。从近年的立法实践来看,解释权一般在法律、行政法规中不作规定。

四是关于授权制定实施细则或具体办法的规定,即在附则中明确有权制定实施细则或具体办法的机关。

五是关于制定变通或者补充规定的授权规定。

六是关于与有关国际公约、条约关系的规定以及与其他法律、法规的关系的规定。

七是关于实施时间的规定。所有的法律、法规不论是否设立了附则一章，都有实施时间的规定，并且只要设有附则一章，其实施时间一般都放在附则中规定。

八是其他不适合在总则和分则中规定的内容。

由于我国目前对附则的内容没有统一的规定，因此上述内容并不是每个法律、法规的附则中都必须予以一一规定的，对哪些内容进行规定应当根据实际需要确定。

本章包括两个条款，一是对中央军事委员会的授权，二是实施时间的规定。

第七十七条 【特别立法授权】

中国人民解放军和中国人民武装警察部队开展监察工作，由中央军事委员会根据本法制定具体规定。

【理解与适用】

本条是关于中国人民解放军和中国人民武装警察部队开展监察工作的特殊规定。

本条旨在对中国人民解放军和中国人民武装警察部队制定军事监察工作的具体规定进行立法授权。

一、立法授权

授权立法制度是国家立法制度的重要组成部分，现已成为各国政府管理的重要手段，是 19 世纪 30 年代由英国开始的，自产生后它就伴随着社会生活的复杂化和政府职能的扩张而逐步发展起来。授权立法主要有四种情形：一是立法尚且缺乏必要的经验积累，需要"试验田"进行试验立法时才可能出现授权立法；二是立法内容单一且专业性和技术性较强的事项，可以授权立法；

三是立法主体时间不够且授权其他主体立法并无不妥时,为加快立法步伐可授权立法;四是应各自体现特色或特殊的非统一标准事项可授权立法。

授权立法具有如下特征:第一,从属性,即授权立法来源于享有职权立法权机构的授权,从属于职权立法,授权立法是由职权立法派生出来的。第二,有限性,即授权立法不仅受到宪法限制,还直接受到授权法限制,受到授权机关的监督和制约。第三,灵活性,授权立法根据社会的不断变化,及时制定或修改法律实施细则、处理突发事件,它是在宪法高度稳定性、分权原则权威性与社会对政府职能灵活性需要之间的一种平衡。

二、中国人民解放军和中国人民武装警察部队监察工作特殊性

党的二十大报告强调,必须贯彻习近平强军思想,贯彻新时代军事战略方针,坚持党对人民军队的绝对领导,坚持政治建军、改革强军、科技强军、人才强军、依法治军。本条规定就是贯彻落实依法治军的要求。根据宪法规定,一切国家机关和武装力量、各政党和各社会团体、各企业事业组织都必须遵守宪法和法律。一切违反宪法和法律的行为,必须予以追究。因此,《监察法》作为全国人民代表大会通过的适用全国的法律,武装力量也必须遵守执行。但是,武装力量的监察工作具有特殊性。从实际出发,根据有关法律规定,本条授权作为军事立法机关的中央军事委员会按照法定程序起草军事监察工作的具体规定,作为《监察法》的配套法规。军事监察工作的具体规定,应当依据《监察法》的基本原则、精神,结合军事监察工作的特殊情况制定。

第七十八条 【施行日期和废止日期】

本法自公布之日起施行。《中华人民共和国行政监察法》同时废止。

【理解与适用】

本条是关于《监察法》的施行日期以及《行政监察法》的废止日期的规定。

本条旨在确保《监察法》与《行政监察法》这两部法律在时间效力上的无缝衔接，避免出现法律适用上的真空或者冲突。

一、法律生效

法律的施行时间也就是法律的生效时间，法律的施行日期不同于法律的通过日期和公布日期，它是法律正式生效的唯一标志。正确地理解法律的生效时间，是运用法律不可缺少的条件。法律从何时开始生效，一般根据该项法律的性质和实际需要来决定，通常有以下三种方式。

第一种是法律条文中明确规定，从其公布之日起生效施行。《监察法》采取的是第一种方式，自公布之日起施行，《监察法》生效时，《行政监察法》同时废止。

第二种是法律公布后，并不立即生效施行，而是经过一定时期后才开始施行，法律中明确规定生效施行的日期。例如，《刑法》《行政诉讼法》《教育法》等。

第三种是法律公布后先予以试行或者暂行，而后由立法部门加以补充修改，再通过为正式法律，公布施行，在试行期间也具有约束力。如1982年第五届全国人民代表大会常务委员会第二十二次会议通过了《民事诉讼法（试行）》，经过近十年的司法实践，1991年第七届全国人民代表大会第四次会议通过了正式的《民事诉讼法》；再比如，1982年第五届全国人民代表大会第二十五次会议通过的《食品卫生法（试行）》规定："本法自1983年7月1日起试行。"经过十二年的试行，1995年第八届全国人民代表大会常务委员会第十六次会议通过了正式的《食品卫生法》。

还有一种特殊的生效形式，即法律的施行时间以另一部法律的施行为条件。1986年12月2日第六届全国人民代表大会常务委员会第十八次会议通过的《企业破产法（试行）》即为一例。该法第四十三条规定，"本法自全民所有制工业企业法实施满三个月之日起试行。"1988年4月13日第七届全国人民代表大会第一次会议通过的《全民所有制工业企业法》规定，"本法自1988

年 8 月 1 日起施行。"即《企业破产法（试行）》从 1986 年 12 月 2 日通过后要到 1988 年 11 月 1 日起才施行。这样的法律施行日期，在十一届三中全会以后，我国法制建设刚刚恢复时期多一些，到了 80 年代后期以及进入 90 年代以后，这样的情况就不多了。

二、法律的失效

法律的失效方式一般有以下三种。

一是制定、颁布了新的法律，原法律的全部或部分内容与新的法律相抵触，而全部或部分自然失效。

二是对不合时宜的法律在清理之后公告失效。

三是新的法律载明原法律失效或部分失效。

《行政监察法》于 1997 年 5 月 9 日正式发布实施，2010 年 6 月 25 日修正，明确规定了我国监察机关的性质、工作原则、领导体制、管辖、职责、权限、监察程序和法律责任等内容。《监察法》（2018）通过后，监察机关性质、职能、监察对象、监察权限和程序等均发生重大调整。因此，在《监察法》生效的同时，《行政监察法》已不具有实际作用，也就丧失了其法的效力，有必要宣布对其予以废止。《中共中央关于进一步全面深化改革、推进中国式现代化的决定》指出，"推进反腐败国家立法，修改监察法"是当下完善党和国家监督体系的重要任务，新修改的《监察法》将成为未来监察工作的基本依据。

附录：中华人民共和国监察法

（2018 年 3 月 20 日第十三届全国人民代表大会第一次会议通过 根据 2024 年 12 月 25 日第十四届全国人民代表大会常务委员会第十三次会议《关于修改〈中华人民共和国监察法〉的决定》修正）

目 录

第一章 总 则

第一条 为了深入开展廉政建设和反腐败工作，加强对所有行使公权力的公职人员的监督,实现国家监察全面覆盖,持续深化国家监察体制改革,推进国家治理体系和治理能力现代化,根据宪法,制定本法。

第二条　坚持中国共产党对国家监察工作的领导,以马克思列宁主义、毛泽东思想、邓小平理论、"三个代表"重要思想、科学发展观、习近平新时代中国特色社会主义思想为指导,构建集中统一、权威高效的中国特色国家监察体制。

第三条　各级监察委员会是行使国家监察职能的专责机关,依照本法对所有行使公权力的公职人员(以下称公职人员)进行监察,调查职务违法和职务犯罪,开展廉政建设和反腐败工作,维护宪法和法律的尊严。

第四条　监察委员会依照法律规定独立行使监察权,不受行政机关、社会团体和个人的干涉。

监察机关办理职务违法和职务犯罪案件,应当与审判机关、检察机关、执法部门互相配合,互相制约。

监察机关在工作中需要协助的,有关机关和单位应当根据监察机关的要求依法予以协助。

第五条　国家监察工作严格遵照宪法和法律,以事实为根据,以法律为准绳;权责对等,严格监督;遵守法定程序,公正履行职责;尊重和保障人权,在适用法律上一律平等,保障监察对象及相关人员的合法权益;惩戒与教育相结合,宽严相济。

第六条　国家监察工作坚持标本兼治、综合治理,强化监督问责,严厉惩治腐败;深化改革、健全法治,有效制约和监督权力;加强法治教育和道德教育,弘扬中华优秀传统文化,构建不敢腐、不能腐、不想腐的长效机制。

第二章　监察机关及其职责

第七条　中华人民共和国国家监察委员会是最高监察机关。

省、自治区、直辖市、自治州、县、自治县、市、市辖区设立监察委员会。

第八条 国家监察委员会由全国人民代表大会产生,负责全国监察工作。

国家监察委员会由主任、副主任若干人、委员若干人组成,主任由全国人民代表大会选举,副主任、委员由国家监察委员会主任提请全国人民代表大会常务委员会任免。

国家监察委员会主任每届任期同全国人民代表大会每届任期相同,连续任职不得超过两届。

国家监察委员会对全国人民代表大会及其常务委员会负责,并接受其监督。

第九条 地方各级监察委员会由本级人民代表大会产生,负责本行政区域内的监察工作。

地方各级监察委员会由主任、副主任若干人、委员若干人组成,主任由本级人民代表大会选举,副主任、委员由监察委员会主任提请本级人民代表大会常务委员会任免。

地方各级监察委员会主任每届任期同本级人民代表大会每届任期相同。

地方各级监察委员会对本级人民代表大会及其常务委员会和上一级监察委员会负责,并接受其监督。

第十条 国家监察委员会领导地方各级监察委员会的工作,上级监察委员会领导下级监察委员会的工作。

第十一条 监察委员会依照本法和有关法律规定履行监督、调查、处置职责:

(一)对公职人员开展廉政教育,对其依法履职、秉公用权、廉洁从政从业以及道德操守情况进行监督检查;

(二)对涉嫌贪污贿赂、滥用职权、玩忽职守、权力寻租、利益输送、徇私舞弊以及浪费国家资财等职务违法和职务犯罪进行调查;

(三)对违法的公职人员依法作出政务处分决定;对履行职责不力、失职失责的领导人员进行问责;对涉嫌职务犯罪的,将调查结果移送人民检察院依法审查、提起公诉;向监察对象所在单位提出监察建议。

第十二条　各级监察委员会可以向本级中国共产党机关、国家机关、中国人民政治协商会议委员会机关、法律法规授权或者委托管理公共事务的组织和单位以及辖区内特定区域、国有企业、事业单位等派驻或者派出监察机构、监察专员。

经国家监察委员会批准,国家监察委员会派驻本级实行垂直管理或者双重领导并以上级单位领导为主的单位、国有企业的监察机构、监察专员,可以向驻在单位的下一级单位再派出。

经国家监察委员会批准,国家监察委员会派驻监察机构、监察专员,可以向驻在单位管理领导班子的普通高等学校再派出;国家监察委员会派驻国务院国有资产监督管理机构的监察机构,可以向驻在单位管理领导班子的国有企业再派出。

监察机构、监察专员对派驻或者派出它的监察委员会或者监察机构、监察专员负责。

第十三条　派驻或者派出的监察机构、监察专员根据授权,按照管理权限依法对公职人员进行监督,提出监察建议,依法对公职人员进行调查、处置。

第十四条　国家实行监察官制度,依法确定监察官的等级设置、任免、考评和晋升等制度。

第三章　监察范围和管辖

第十五条　监察机关对下列公职人员和有关人员进行监察:

(一)中国共产党机关、人民代表大会及其常务委员会机关、人民政府、监察委员会、人民法院、人民检察院、中国人民政治协商会议各级委员会机关、民主党派机关和工商业联合会机关的公务员,以及参照《中华人民共和国公务员法》管理的人员；

（二）法律、法规授权或者受国家机关依法委托管理公共事务的组织中从事公务的人员；

（三）国有企业管理人员；

（四）公办的教育、科研、文化、医疗卫生、体育等单位中从事管理的人员；

（五）基层群众性自治组织中从事管理的人员；

（六）其他依法履行公职的人员。

第十六条　各级监察机关按照管理权限管辖本辖区内本法第十五条规定的人员所涉监察事项。

上级监察机关可以办理下一级监察机关管辖范围内的监察事项，必要时也可以办理所辖各级监察机关管辖范围内的监察事项。

监察机关之间对监察事项的管辖有争议的，由其共同的上级监察机关确定。

第十七条　上级监察机关可以将其所管辖的监察事项指定下级监察机关管辖，也可以将下级监察机关有管辖权的监察事项指定给其他监察机关管辖。

监察机关认为所管辖的监察事项重大、复杂，需要由上级监察机关管辖的，可以报请上级监察机关管辖。

第四章　监察权限

第十八条　监察机关行使监督、调查职权，有权依法向有关单位和个人了解情况，收集、调取证据。有关单位和个人应当如实提供。

监察机关及其工作人员对监督、调查过程中知悉的国家秘密、工作秘密、商业秘密、个人隐私和个人信息，应当保密。

任何单位和个人不得伪造、隐匿或者毁灭证据。

第十九条　对可能发生职务违法的监察对象，监察机关按照管理权限，可以直接或者委托有关机关、人员进行谈话，或者进行函询，要求说明情况。

第二十条　在调查过程中，对涉嫌职务违法的被调查人，监察机关可以进行谈话，要求其就涉嫌违法行为作出陈述，必要时向被调查人出具书面通知。

对涉嫌贪污贿赂、失职渎职等职务犯罪的被调查人，监察机关可以进行讯问，要求其如实供述涉嫌犯罪的情况。

第二十一条　监察机关根据案件情况，经依法审批，可以强制涉嫌严重职务违法或者职务犯罪的被调查人到案接受调查。

第二十二条　在调查过程中，监察机关可以询问证人等人员。

第二十三条　被调查人涉嫌严重职务违法或者职务犯罪，并有下列情形之一的，经监察机关依法审批，可以对其采取责令候查措施：

（一）不具有本法第二十四条第一款所列情形的；

（二）符合留置条件，但患有严重疾病、生活不能自理的，系怀孕或者正在哺乳自己婴儿的妇女，或者生活不能自理的人的唯一扶养人；

（三）案件尚未办结，但留置期限届满或者对被留置人员不需要继续采取留置措施的；

（四）符合留置条件，但因为案件的特殊情况或者办理案件的需要，采取责令候查措施更为适宜的。

被责令候查人员应当遵守以下规定：

（一）未经监察机关批准不得离开所居住的直辖市、设区的市的城市市区或者不设区的市、县的辖区；

（二）住址、工作单位和联系方式发生变动的，在二十四小时以内向监察机关报告；

（三）在接到通知的时候及时到案接受调查；

（四）不得以任何形式干扰证人作证；

（五）不得串供或者伪造、隐匿、毁灭证据。

被责令候查人员违反前款规定，情节严重的，可以依法予以留置。

第二十四条　被调查人涉嫌贪污贿赂、失职渎职等严重职务违法或者职务犯罪，监察机关已经掌握其部分违法犯罪事实及证据，仍有重要问题需要进一步调查，并有下列情形之一的，经监察机关依法审批，可以将其留置在特定场所：

（一）涉及案情重大、复杂的；

（二）可能逃跑、自杀的；

（三）可能串供或者伪造、隐匿、毁灭证据的；

（四）可能有其他妨碍调查行为的。

对涉嫌行贿犯罪或者共同职务犯罪的涉案人员，监察机关可以依照前款规定采取留置措施。

留置场所的设置、管理和监督依照国家有关规定执行。

第二十五条　对于未被留置的下列人员，监察机关发现存在逃跑、自杀等重大安全风险的，经依法审批，可以进行管护：

（一）涉嫌严重职务违法或者职务犯罪的自动投案人员；

（二）在接受谈话、函询、询问过程中，交代涉嫌严重职务违法或者职务犯罪问题的人员；

（三）在接受讯问过程中，主动交代涉嫌重大职务犯罪问题的人员。

采取管护措施后，应当立即将被管护人员送留置场所，至迟不得超过二十四小时。

第二十六条　监察机关调查涉嫌贪污贿赂、失职渎职等严重职务违法或者职务犯罪，根据工作需要，可以依照规定查询、冻结涉案单位和个人的存款、汇款、债券、股票、基金份额等财产。有关单位和个人应当配合。

冻结的财产经查明与案件无关的，应当在查明后三日内解除冻结，予以退还。

第二十七条　监察机关可以对涉嫌职务犯罪的被调查人以及可能隐藏被调查人或者犯罪证据的人的身体、物品、住处和其他有关地方进行搜查。在搜查时,应当出示搜查证,并有被搜查人或者其家属等见证人在场。

搜查女性身体,应当由女性工作人员进行。

监察机关进行搜查时,可以根据工作需要提请公安机关配合。公安机关应当依法予以协助。

第二十八条　监察机关在调查过程中,可以调取、查封、扣押用以证明被调查人涉嫌违法犯罪的财物、文件和电子数据等信息。采取调取、查封、扣押措施,应当收集原物原件,会同持有人或者保管人、见证人,当面逐一拍照、登记、编号,开列清单,由在场人员当场核对、签名,并将清单副本交财物、文件的持有人或者保管人。

对调取、查封、扣押的财物、文件,监察机关应当设立专用账户、专门场所,确定专门人员妥善保管,严格履行交接、调取手续,定期对账核实,不得毁损或者用于其他目的。对价值不明物品应当及时鉴定,专门封存保管。

查封、扣押的财物、文件经查明与案件无关的,应当在查明后三日内解除查封、扣押,予以退还。

第二十九条　监察机关在调查过程中,可以直接或者指派、聘请具有专门知识的人在调查人员主持下进行勘验检查。勘验检查情况应当制作笔录,由参加勘验检查的人员和见证人签名或者盖章。

必要时,监察机关可以进行调查实验。调查实验情况应当制作笔录,由参加实验的人员签名或者盖章。

第三十条　监察机关在调查过程中,对于案件中的专门性问题,可以指派、聘请有专门知识的人进行鉴定。鉴定人进行鉴定后,应当出具鉴定意见,并且签名。

第三十一条　监察机关调查涉嫌重大贪污贿赂等职务犯罪,根据需要,经过严格的批准手续,可以采取技术调查措施,按照规定交有关机关执行。

批准决定应当明确采取技术调查措施的种类和适用对象,自签发之日起三个月以内有效;对于复杂、疑难案件,期限届满仍有必要继续采取技术调查措施的,经过批准,有效期可以延长,每次不得超过三个月。对于不需要继续采取技术调查措施的,应当及时解除。

第三十二条 依法应当留置的被调查人如果在逃,监察机关可以决定在本行政区域内通缉,由公安机关发布通缉令,追捕归案。通缉范围超出本行政区域的,应当报请有权决定的上级监察机关决定。

第三十三条 监察机关为防止被调查人及相关人员逃匿境外,经省级以上监察机关批准,可以对被调查人及相关人员采取限制出境措施,由公安机关依法执行。对于不需要继续采取限制出境措施的,应当及时解除。

第三十四条 涉嫌职务犯罪的被调查人主动认罪认罚,有下列情形之一的,监察机关经领导人员集体研究,并报上一级监察机关批准,可以在移送人民检察院时提出从宽处罚的建议:

(一)自动投案,真诚悔罪悔过的;

(二)积极配合调查工作,如实供述监察机关还未掌握的违法犯罪行为的;

(三)积极退赃,减少损失的;

(四)具有重大立功表现或者案件涉及国家重大利益等情形的。

第三十五条 职务违法犯罪的涉案人员揭发有关被调查人职务违法犯罪行为,查证属实的,或者提供重要线索,有助于调查其他案件的,监察机关经领导人员集体研究,并报上一级监察机关批准,可以在移送人民检察院时提出从宽处罚的建议。

第三十六条 监察机关依照本法规定收集的物证、书证、证人证言、被调查人供述和辩解、视听资料、电子数据等证据材料,在刑事诉讼中可以作为证据使用。

监察机关在收集、固定、审查、运用证据时,应当与刑事审判关于证据的要求和标准相一致。

以非法方法收集的证据应当依法予以排除,不得作为案件处置的依据。

第三十七条　人民法院、人民检察院、公安机关、审计机关等国家机关在工作中发现公职人员涉嫌贪污贿赂、失职渎职等职务违法或者职务犯罪的问题线索,应当移送监察机关,由监察机关依法调查处置。

被调查人既涉嫌严重职务违法或者职务犯罪,又涉嫌其他违法犯罪的,一般应当由监察机关为主调查,其他机关予以协助。

第五章　监察程序

第三十八条　监察机关对于报案或者举报,应当接受并按照有关规定处理。对于不属于本机关管辖的,应当移送主管机关处理。

第三十九条　监察机关应当严格按照程序开展工作,建立问题线索处置、调查、审理各部门相互协调、相互制约的工作机制。

监察机关应当加强对调查、处置工作全过程的监督管理,设立相应的工作部门履行线索管理、监督检查、督促办理、统计分析等管理协调职能。

第四十条　监察机关对监察对象的问题线索,应当按照有关规定提出处置意见,履行审批手续,进行分类办理。线索处置情况应当定期汇总、通报,定期检查、抽查。

第四十一条　需要采取初步核实方式处置问题线索的,监察机关应当依法履行审批程序,成立核查组。初步核实工作结束后,核查组应当撰写初步核实情况报告,提出处理建议。承办部门应当提出分类处理意见。初步核实情况报告和分类处理意见报监察机关主要负责人审批。

第四十二条　经过初步核实,对监察对象涉嫌职务违法犯罪,需要追究法律责任的,监察机关应当按照规定的权限和程序办理立案手续。

监察机关主要负责人依法批准立案后,应当主持召开专题会议,研究确定调查方案,决定需要采取的调查措施。

立案调查决定应当向被调查人宣布,并通报相关组织。涉嫌严重职务违

325

法或者职务犯罪的,应当通知被调查人家属,并向社会公开发布。

第四十三条 监察机关对职务违法和职务犯罪案件,应当进行调查,收集被调查人有无违法犯罪以及情节轻重的证据,查明违法犯罪事实,形成相互印证、完整稳定的证据链。

调查人员应当依法文明规范开展调查工作。严禁以暴力、威胁、引诱、欺骗及其他非法方式收集证据,严禁侮辱、打骂、虐待、体罚或者变相体罚被调查人和涉案人员。

监察机关及其工作人员在履行职责过程中应当依法保护企业产权和自主经营权,严禁利用职权非法干扰企业生产经营。需要企业经营者协助调查的,应当保障其人身权利、财产权利和其他合法权益,避免或者尽量减少对企业正常生产经营活动的影响。

第四十四条 调查人员采取讯问、询问、强制到案、责令候查、管护、留置、搜查、调取、查封、扣押、勘验检查等调查措施,均应当依照规定出示证件,出具书面通知,由二人以上进行,形成笔录、报告等书面材料,并由相关人员签名、盖章。

调查人员进行讯问以及搜查、查封、扣押等重要取证工作,应当对全过程进行录音录像,留存备查。

第四十五条 调查人员应当严格执行调查方案,不得随意扩大调查范围、变更调查对象和事项。

对调查过程中的重要事项,应当集体研究后按程序请示报告。

第四十六条 采取强制到案、责令候查或者管护措施,应当按照规定的权限和程序,经监察机关主要负责人批准。

强制到案持续的时间不得超过十二小时;需要采取管护或者留置措施的,强制到案持续的时间不得超过二十四小时。不得以连续强制到案的方式变相拘禁被调查人。

责令候查最长不得超过十二个月。

监察机关采取管护措施的,应当在七日以内依法作出留置或者解除管护的决定,特殊情况下可以延长一日至三日。

第四十七条 监察机关采取留置措施,应当由监察机关领导人员集体研究决定。设区的市级以下监察机关采取留置措施,应当报上一级监察机关批准。省级监察机关采取留置措施,应当报国家监察委员会备案。

第四十八条 留置时间不得超过三个月。在特殊情况下,可以延长一次,延长时间不得超过三个月。省级以下监察机关采取留置措施的,延长留置时间应当报上一级监察机关批准。监察机关发现采取留置措施不当或者不需要继续采取留置措施的,应当及时解除或者变更为责令候查措施。

对涉嫌职务犯罪的被调查人可能判处十年有期徒刑以上刑罚,监察机关依照前款规定延长期限届满,仍不能调查终结的,经国家监察委员会批准或者决定,可以再延长二个月。

省级以上监察机关在调查期间,发现涉嫌职务犯罪的被调查人另有与留置时的罪行不同种的重大职务犯罪或者同种的影响罪名认定、量刑档次的重大职务犯罪,经国家监察委员会批准或者决定,自发现之日起依照本条第一款的规定重新计算留置时间。留置时间重新计算以一次为限。

第四十九条 监察机关采取强制到案、责令候查、管护、留置措施,可以根据工作需要提请公安机关配合。公安机关应当依法予以协助。

省级以下监察机关留置场所的看护勤务由公安机关负责,国家监察委员会留置场所的看护勤务由国家另行规定。留置看护队伍的管理依照国家有关规定执行。

第五十条 采取管护或者留置措施后,应当在二十四小时以内,通知被管护人员、被留置人员所在单位和家属,但有可能伪造、隐匿、毁灭证据,干扰证人作证或者串供等有碍调查情形的除外。有碍调查的情形消失后,应当立即通知被管护人员、被留置人员所在单位和家属。解除管护或者留置的,应当及时通知被管护人员、被留置人员所在单位和家属。

被管护人员、被留置人员及其近亲属有权申请变更管护、留置措施。监察机关收到申请后,应当在三日以内作出决定;不同意变更措施的,应当告知申请人,并说明不同意的理由。

监察机关应当保障被强制到案人员、被管护人员以及被留置人员的饮食、休息和安全,提供医疗服务。对其谈话、讯问的,应当合理安排时间和时长,谈话笔录、讯问笔录由被谈话人、被讯问人阅看后签名。

被管护人员、被留置人员涉嫌犯罪移送司法机关后,被依法判处管制、拘役或者有期徒刑的,管护、留置一日折抵管制二日,折抵拘役、有期徒刑一日。

第五十一条 监察机关在调查工作结束后,应当依法对案件事实和证据、性质认定、程序手续、涉案财物等进行全面审理,形成审理报告,提请集体审议。

第五十二条 监察机关根据监督、调查结果,依法作出如下处置:

(一)对有职务违法行为但情节较轻的公职人员,按照管理权限,直接或者委托有关机关、人员,进行谈话提醒、批评教育、责令检查,或者予以诫勉;

(二)对违法的公职人员依照法定程序作出警告、记过、记大过、降级、撤职、开除等政务处分决定;

(三)对不履行或者不正确履行职责负有责任的领导人员,按照管理权限对其直接作出问责决定,或者向有权作出问责决定的机关提出问责建议;

(四)对涉嫌职务犯罪的,监察机关经调查认为犯罪事实清楚,证据确实、充分的,制作起诉意见书,连同案卷材料、证据一并移送人民检察院依法审查、提起公诉;

(五)对监察对象所在单位廉政建设和履行职责存在的问题等提出监察建议。

监察机关经调查,对没有证据证明被调查人存在违法犯罪行为的,应当撤销案件,并通知被调查人所在单位。

第五十三条 监察机关经调查,对违法取得的财物,依法予以没收、追缴或者责令退赔；对涉嫌犯罪取得的财物，应当随案移送人民检察院。

第五十四条 对监察机关移送的案件，人民检察院依照《中华人民共和国刑事诉讼法》对被调查人采取强制措施。

人民检察院经审查，认为犯罪事实已经查清，证据确实、充分，依法应当追究刑事责任的，应当作出起诉决定。

人民检察院经审查，认为需要补充核实的，应当退回监察机关补充调查，必要时可以自行补充侦查。对于补充调查的案件，应当在一个月内补充调查完毕。补充调查以二次为限。

人民检察院对于有《中华人民共和国刑事诉讼法》规定的不起诉的情形的，经上一级人民检察院批准，依法作出不起诉的决定。监察机关认为不起诉的决定有错误的，可以向上一级人民检察院提请复议。

第五十五条 监察机关在调查贪污贿赂、失职渎职等职务犯罪案件过程中，被调查人逃匿或者死亡，有必要继续调查的，应当继续调查并作出结论。被调查人逃匿，在通缉一年后不能到案，或者死亡的，由监察机关提请人民检察院依照法定程序，向人民法院提出没收违法所得的申请。

第五十六条 监察对象对监察机关作出的涉及本人的处理决定不服的，可以在收到处理决定之日起一个月内，向作出决定的监察机关申请复审，复审机关应当在一个月内作出复审决定；监察对象对复审决定仍不服的，可以在收到复审决定之日起一个月内，向上一级监察机关申请复核，复核机关应当在二个月内作出复核决定。复审、复核期间，不停止原处理决定的执行。复核机关经审查，认定处理决定有错误的，原处理机关应当及时予以纠正。

第六章　反腐败国际合作

第五十七条 国家监察委员会统筹协调与其他国家、地区、国际组织开展的反腐败国际交流、合作，组织反腐败国际条约实施工作。

第五十八条　国家监察委员会会同有关单位加强与有关国家、地区、国际组织在反腐败方面开展引渡、移管被判刑人、遣返、联合调查、调查取证、资产追缴和信息交流等执法司法合作和司法协助。

第五十九条　国家监察委员会加强对反腐败国际追逃追赃和防逃工作的组织协调，督促有关单位做好相关工作：

（一）对于重大贪污贿赂、失职渎职等职务犯罪案件，被调查人逃匿到国（境）外，掌握证据比较确凿的，通过开展境外追逃合作，追捕归案；

（二）向赃款赃物所在国请求查询、冻结、扣押、没收、追缴、返还涉案资产；

（三）查询、监控涉嫌职务犯罪的公职人员及其相关人员进出国（境）和跨境资金流动情况，在调查案件过程中设置防逃程序。

第七章　对监察机关和监察人员的监督

第六十条　各级监察委员会应当接受本级人民代表大会及其常务委员会的监督。

各级人民代表大会常务委员会听取和审议本级监察委员会的专项工作报告，组织执法检查。

县级以上各级人民代表大会及其常务委员会举行会议时，人民代表大会代表或者常务委员会组成人员可以依照法律规定的程序，就监察工作中的有关问题提出询问或者质询。

第六十一条　监察机关应当依法公开监察工作信息，接受民主监督、社会监督、舆论监督。

第六十二条　监察机关根据工作需要，可以从各方面代表中聘请特约监察员。特约监察员按照规定对监察机关及其工作人员履行职责情况实行监督。

第六十三条 监察机关通过设立内部专门的监督机构等方式,加强对监察人员执行职务和遵守法律情况的监督,建设忠诚、干净、担当的监察队伍。

第六十四条 监察人员涉嫌严重职务违法或者职务犯罪,为防止造成更为严重的后果或者恶劣影响,监察机关经依法审批,可以对其采取禁闭措施。禁闭的期限不得超过七日。

被禁闭人员应当配合监察机关调查。监察机关经调查发现被禁闭人员符合管护或者留置条件的,可以对其采取管护或者留置措施。

本法第五十条的规定,适用于禁闭措施。

第六十五条 监察人员必须模范遵守宪法和法律,忠于职守、秉公执法,清正廉洁、保守秘密;必须具有良好的政治素质,熟悉监察业务,具备运用法律、法规、政策和调查取证等能力,自觉接受监督。

第六十六条 对于监察人员打听案情、过问案件、说情干预的,办理监察事项的监察人员应当及时报告。有关情况应当登记备案。

发现办理监察事项的监察人员未经批准接触被调查人、涉案人员及其特定关系人,或者存在交往情形的,知情人应当及时报告。有关情况应当登记备案。

第六十七条 办理监察事项的监察人员有下列情形之一的,应当自行回避,监察对象、检举人及其他有关人员也有权要求其回避:

(一)是监察对象或者检举人的近亲属的;

(二)担任过本案的证人的;

(三)本人或者其近亲属与办理的监察事项有利害关系的;

(四)有可能影响监察事项公正处理的其他情形的。

第六十八条 监察机关涉密人员离岗离职后,应当遵守脱密期管理规定,严格履行保密义务,不得泄露相关秘密。

监察人员辞职、退休三年内,不得从事与监察和司法工作相关联且可能发生利益冲突的职业。

第六十九条 监察机关及其工作人员有下列行为之一的,被调查人及其近亲属、利害关系人有权向该机关申诉:

(一)采取强制到案、责令候查、管护、留置或者禁闭措施法定期限届满,不予以解除或者变更的;

(二)查封、扣押、冻结与案件无关或者明显超出涉案范围的财物的;

(三)应当解除查封、扣押、冻结措施而不解除的;

(四)贪污、挪用、私分、调换或者违反规定使用查封、扣押、冻结的财物的;

(五)利用职权非法干扰企业生产经营或者侵害企业经营者人身权利、财产权利和其他合法权益的;

(六)其他违反法律法规、侵害被调查人合法权益的行为。

受理申诉的监察机关应当在受理申诉之日起一个月内作出处理决定。申诉人对处理决定不服的,可以在收到处理决定之日起一个月内向上一级监察机关申请复查,上一级监察机关应当在收到复查申请之日起二个月内作出处理决定,情况属实的,及时予以纠正。

第七十条 对调查工作结束后发现立案依据不充分或者失实,案件处置出现重大失误,监察人员严重违法的,应当追究负有责任的领导人员和直接责任人员的责任。

第八章 法律责任

第七十一条 有关单位拒不执行监察机关作出的处理决定,或者无正当理由拒不采纳监察建议的,由其主管部门、上级机关责令改正,对单位给予通报批评;对负有责任的领导人员和直接责任人员依法给予处理。

第七十二条 有关人员违反本法规定,有下列行为之一的,由其所在单位、主管部门、上级机关或者监察机关责令改正,依法给予处理:

（一）不按要求提供有关材料，拒绝、阻碍调查措施实施等拒不配合监察机关调查的；

（二）提供虚假情况，掩盖事实真相的；

（三）串供或者伪造、隐匿、毁灭证据的；

（四）阻止他人揭发检举、提供证据的；

（五）其他违反本法规定的行为，情节严重的。

第七十三条 监察对象对控告人、检举人、证人或者监察人员进行报复陷害的；控告人、检举人、证人捏造事实诬告陷害监察对象的，依法给予处理。

第七十四条 监察机关及其工作人员有下列行为之一的，对负有责任的领导人员和直接责任人员依法给予处理：

（一）未经批准、授权处置问题线索，发现重大案情隐瞒不报，或者私自留存、处理涉案材料的；

（二）利用职权或者职务上的影响干预调查工作、以案谋私的；

（三）违法窃取、泄露调查工作信息，或者泄露举报事项、举报受理情况以及举报人信息的；

（四）对被调查人或者涉案人员逼供、诱供，或者侮辱、打骂、虐待、体罚或者变相体罚的；

（五）违反规定处置查封、扣押、冻结的财物的；

（六）违反规定发生办案安全事故，或者发生安全事故后隐瞒不报、报告失实、处置不当的；

（七）违反规定采取强制到案、责令候查、管护、留置或者禁闭措施，或者法定期限届满，不予以解除或者变更的；

（八）违反规定采取技术调查、限制出境措施，或者不按规定解除技术调查、限制出境措施的；

（九）利用职权非法干扰企业生产经营或者侵害企业经营者人身权利、财产权利和其他合法权益的；

（十）其他滥用职权、玩忽职守、徇私舞弊的行为。

第七十五条　违反本法规定，构成犯罪的，依法追究刑事责任。

第七十六条　监察机关及其工作人员行使职权，侵犯公民、法人和其他组织的合法权益造成损害的，依法给予国家赔偿。

第九章　附　　则

第七十七条　中国人民解放军和中国人民武装警察部队开展监察工作，由中央军事委员会根据本法制定具体规定。

第七十八条　本法自公布之日起施行。《中华人民共和国行政监察法》同时废止。

责任编辑：王青林
封面设计：林芝玉

图书在版编目（CIP）数据

新编《中华人民共和国监察法》理解与适用 / 马怀德主编；施鹏鹏，吴建雄副主编. -- 北京 ： 人民出版社，2025. 2. -- ISBN 978－7－01－027097－5

Ⅰ. D922. 114. 5

中国国家版本馆 CIP 数据核字第 20254WM265 号

新编《中华人民共和国监察法》理解与适用
XINBIAN ZHONGHUA RENMIN GONGHEGUO JIANCHAFA LIJIE YU SHIYONG

马怀德　主编

施鹏鹏　吴建雄　副主编

人民出版社 出版发行
（100706　北京市东城区隆福寺街 99 号）

北京汇林印务有限公司印刷　新华书店经销

2025 年 2 月第 1 版　2025 年 2 月北京第 1 次印刷
开本：710 毫米×1000 毫米 1/16　印张：21.75
字数：298 千字

ISBN 978－7－01－027097－5　定价：59.00 元

邮购地址 100706　北京市东城区隆福寺街 99 号
人民东方图书销售中心　电话（010）65250042　65289539